教育部高等学校电子商务专业教学指导委员会指导
新一代高等学校电子商务实践与创新系列规划教材

网络营销

（第2版）

郦 瞻 谭福河 盛振中 韩 涛 赵奉军 沈春玲 编著

清华大学出版社
北京

内容简介

本书针对电子商务与网络营销发展日新月异的形势，基于 Web 2.0 背景，力求充分体现本书的前沿性、规范性与先进性；突破国内外原有的网络营销教材的逻辑体系与知识内容，创新性地构建网络营销基础和战略、网络消费者理论、网络营销组合、社会化媒体营销与网络营销技术和工具五大模块。全书共分 5 篇 18 章。其内容基本覆盖了网络营销理论知识与实践前沿的要点与工具，能够充分满足网络营销课程的教学与应用要求。

本书立足前沿，结构新颖，体系规范，侧重应用，既可作为大学电子商务专业基础教程，也适合有志于从事电子商务与网络营销的创业者进行通用性学习。

图书在版编目(CIP)数据

网络营销/郦瞻等编著. —2 版. —北京：清华大学出版社，2018(2021.12重印)
(新一代高等学校电子商务实践与创新系列规划教材)
ISBN 978-7-302-51411-4

Ⅰ. ①网… Ⅱ. ①郦… Ⅲ. ①网络营销—高等学校—教材 Ⅳ. ①F713.365.2

中国版本图书馆 CIP 数据核字(2018)第 239127 号

责任编辑：袁勤勇
封面设计：常雪影
责任校对：白 蕾
责任印制：宋 林

出版发行：清华大学出版社
网 址：http://www.tup.com.cn，http://www.wqbook.com
地 址：北京清华大学学研大厦 A 座 **邮 编**：100084
社 总 机：010-62770175 **邮 购**：010-83470235
投稿与读者服务：010-62776969，c-service@tup.tsinghua.edu.cn
质量反馈：010-62772015，zhiliang@tup.tsinghua.edu.cn
课件下载：http://www.tup.com.cn，010-83470236
印 刷 者：北京富博印刷有限公司
装 订 者：北京市密云县京文制本装订厂
经 销：全国新华书店
开 本：185mm×260mm **印 张**：18.25 **字 数**：418 千字
版 次：2013 年 3 月第 1 版 2018 年 12 月第 2 版 **印 次**：2021 年12月第 8 次印刷
定 价：49.00元

产品编号：079713-02

新一代高等学校电子商务实践与创新系列规划教材

编写委员会

丛书序

自电子商务引入我国以来，其在各个领域均发生了巨大变化，从形式到内涵的各个方面都更加丰富和完善，在国民经济中的作用显著增强，对电子商务人才的需求愈来愈大，也对高等学校电子商务人才的培养工作提出更高的要求。因此，如何面向日新月异的电子商务发展，开展各具特色的电子商务专业人才培养工作，打造新型的电子商务教材体系和系列教材，显得十分必要。

杭州师范大学阿里巴巴商学院是一所产学研相结合，充满创新创业激情的新型校企合作商学院。这次由教育部高等学校电子商务专业教学指导委员会指导，该商学院组织开展的高等学校本科教学电子商务实践与创新系列教材建设工作，是一次针对产业界需求、校企合作开展电子商务人才培养工作改革的有益实践，对探索我国现代服务业和工程创新人才的培养具有积极的意义。

电子商务实践与创新系列教材建设目标是打造一套结合电子商务产业和经济社会发展需要，面向电子商务实践，体现校企合作和创新创业人才培养特点的新一代电子商务本科教学系列教材，旨在为电子商务人才的培养工作服务。系列教材建设工作，前期已经过半年多时间的调查和研究，形成了面向电子商务发展的新一代教材体系基本框架。该系列教材针对电子商务中的零售、贸易、服务、金融和移动商务等不同的领域，对学生进行实践与创新的培训，不但吻合电子商务业界的发展现状和趋势，也属校企合作教学改革的一次实践与创新。

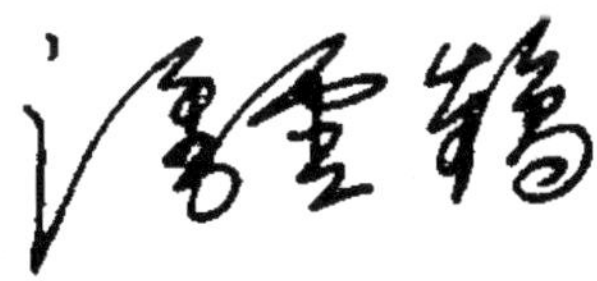

序言

一直觉得,自己人生中最快乐的日子,是站在讲台上当老师的那段时光。看着学生不断成长,真的是一件很有意义的事。

很多人说,良好的教育可以改变人的一生,教育对人的创新能力的培养非常重要。一方面,我国每年有几百万大学生毕业,但很多人走出校园却找不到工作;另一方面又有很多中小企业的老板对我说,自己的企业招聘不到合适的人才。这种反差说明我们的教育发生了偏离。现在学校里灌输的更多的是知识,而不是思维方式,这不是一种文化的传递。

现在很多大学都开设了电子商务专业,对于阿里巴巴这样的电子商务公司来说是件好事。阿里巴巴自成立以来,我们证明了一件事情,就是互联网和电子商务在中国能成功。同时我们相信互联网和电子商务的发展会影响我们的生活,并将影响未来。我相信电子商务未来会成为国家的竞争力,而不仅仅是企业的竞争力。但我觉得很多大学在培养电子商务专业人才时可能需要更加脚踏实地,更加务实,因为理论上可行的东西在实践上不一定能做到。我在阿里巴巴商学院成立仪式上说过,这是阿里巴巴在电子商务教育上的一个摸索,商学院要加强对学生创业方面的指导、培训,中国中小企业发展需要创业者,他们更需要商学院的培训和教育。

这个世界在呼唤一个新的商业文明,我们认为新商业文明的到来、展开与完善,有赖于每一个公司、每一个人的创新实践。未来的商业人才须具备四个特质:拥有开放的心态、学会分享、具有全球化的视野、有责任感。过去十多年来,我们看到越来越多的年轻人加入网商行列,他们是改革开放以来最具创造能力的新一代,他们更有知识,更懂得诚信,更懂得开放。

分享和协作是互联网的价值源泉。作为一家生于杭州、长于杭州的企业,阿里巴巴乐意为电子商务未来的发展作贡献。阿里巴巴创业团队自创业到现在,积累了许多经验和大量案例,阿里巴巴希望将这些案例与中国的中小企业人、创业者及学子们分享,形成教育、企业、产业及社会通力发展的模式。

阿里巴巴商学院组织编写的电子商务实践与创新系列教材正是基于这一点进行策划酝酿的。这套教材融合了数以千万计网商的电子商务实践,从理论层次进行了总结升华，同时，教材编写团队中不仅有电子商务理论界的著名教授和学者，也有电子商务企业界专家，相信这套教材对高等学校电子商务教学改革将是一次很好的探索和实践。

感谢教育部高等学校电子商务专业教学指导委员会给予的指导，感谢所有参加系列教材编写工作的专家、学者，以及系列教材组织编写委员会的顾问、领导和专家。相信这次合作不仅是一次教材编写的合作，同时也是新一代电子商务实践与创新系列教材建设工程的开篇，更是一次全国电子商务界精英的大联盟，衷心期待我们的老师、同学们能够从教材中汲取知识，快速成长。

马云

阿里巴巴集团

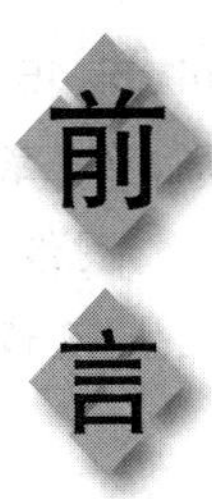

前言

《网络营销》(第2版)是在第1版的基础上修改而成的。根据网络营销的理论发展与产业实践,原有的部分内容已不能适应和满足网络营销领域的知识要求。第2版在内容体系上与第1版相比没有大的变动,但是对于多数章节进行了较大的更新与修改。其中,主要的更新体现在原第6章"网货与网货品牌"全面更新为"网络产品和网络品牌";原第12章"博客营销"全面更新为"微信营销";原第16章"搜索引擎营销"内容全面更新为搜索引擎营销、搜索引擎营销之自然搜索和搜索引擎营销之付费搜索。其他主要修改体现为:第1章系统地介绍了Web 1.0、2.0、3.0时代的特点以及Web 1.0、2.0、3.0时代的网络营销;第3章对于网络消费者市场的相关数据、案例等进行了补充与更新;第4章重新编写客户关系管理概述和客户关系管理流程的有关内容;第17章对于客户界面设计的原则进行了进一步的补充。

互联网与信息技术的迅速发展,网络营销已经成为信息经济背景下商业组织开展网络商务的新型营销模式。与传统营销相比,网络营销无论在理论、实践还是方法上都存在相当大的差异。特别是近年来以社会化媒体兴起为标志,其开放、分享、自主、互动的Web 2.0特性使得网络营销进入一个新的发展时代。

网络营销课程是电子商务及其相关专业的必修课程,可以作为高等学校大学生从事电子商务实践以及网络创业等工作的重要支撑课程。本书基于理论性和实践性相结合的原则,一方面,注重学生掌握网络营销的基本原理、知识与方法,学生可以全面系统地掌握网络营销的理论基础;另一方面,介绍最新的网络营销工具与技能,尤其加强学生网络营销方法和技巧方面的基本训练,引导学生基于时下流行的网络营销平台与工具进行深度应用。

这是一本理论与实践紧密结合的教材,全书共分为5篇。具体包括网络营销基础与战略、网络消费者理论、网络营销组合、社会化媒体营销和网络营销技术与工具。教材力求通过本课程的学习,能够使学生应用网络营销专业知识去认识和理解专业领域问题,培养学生通过积极主动的创新精神,运用科学思维的方法,增强学生分析和解决问题的能力,将所学的知识在网络营销乃至电子商务的实际中积极而合理地运用。

本书由郦瞻任主编,负责本书的总体设计和统稿,第1、2、6、7、9、10、11、

14、15、16、17、18 章由郦瞻编写，第 3 章由韩涛、沈春玲编写，第 4 章和第 5 章由谭福河编写，第 8 章由赵奉军编写，第 12 章由沈春玲编写，第 13 章由盛振中编写。

网络营销的发展日新月异，由于作者水平有限、编写时间较为仓促，书中的疏漏、不当之处，还请读者不吝赐教指正。

编　者

2018 年 9 月

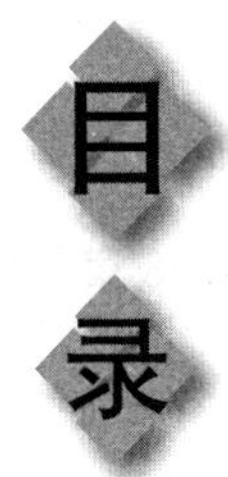

第一篇　网络营销基础与战略

第二篇　网络消费者理论

第三篇 网络营销组合

第五篇 网络营销技术与工具

第一篇

网络营销基础与战略

第 1 章　网络营销概述

第 2 章　网络营销战略计划

第1章　网络营销概述

学习目标

- 掌握电子商务与网络营销的概念及区别；
- 理解 Web 2.0 时代网络营销的特征与内容。

1.1　电子商务与网络营销

电子商务(E-Commerce)是指基于互联网(internet)、企业内部网(intranet)和增值网(value added network)以电子应用方式进行商业和相关服务活动，是传统商业活动各环节的电子化、网络化。

电子商务包括电子货币交换、供应链管理、电子交易市场、网络营销、在线事务处理、电子数据交换(EDI)、存货管理和自动数据收集系统。电子商务不仅包括单纯的商品与服务的买卖关系，而且包括服务顾客、协作商业伙伴和实施企业内部电子交易等。例如，从业务流程的角度考虑，电子商务是基于电子网络实施业务流程；从服务的角度考虑，电子商务是满足公司、消费者削减服务成本的愿望，同时改善客户服务质量与增加服务响应速度；从协作的角度考虑，电子商务是作为外部与内部组织的架构；从社会化媒体的角度考虑，电子商务提供在线学习、交易与协作的聚合场所。例如，我们在亚马逊订购图书的行为毫无疑问属于电子商务，那么，我们利用谷歌地图从始发地寻找去往目的地的路线是否属于电子商务呢？借鉴上述的电子商务定义，这一行为也属于电子商务。

概括而言，电子商务的内涵较为广泛，其主要涵盖供应链、网络营销、电子化运营三块核心内容。相对于电子商务，网络营销则显得更为具体。网络营销指基于互联网平台，利用信息技术与工具满足公司与客户之间交换概念、产品、服务的过程，通过在线活动创造、宣传、传递客户价值，并且对客户关系进行管理，以达到一定营销目的的新型营销活动。网络营销可以通过互联网创造更为先进的营销理念、更为有效的市场细分、更富效率的渠道策略，对促销策略、产品价格、分销策略、服务及创意等进行更为有效的规划和实施，创造满足个人和组织需求的网络交易，为顾客创造更大价值。

网络营销的特征具体表现在下列 8 个方面。

1. 时空的无限性

互联网的“一周 7 日，一日 24 小时”特点，只要产品与服务的信息内容存在，就可以在任何时间进行不断的沟通。同时，只要企业有愿景，就可以将其信息与产品在地区乃至全球进行传播与扩散。

2. 成本的经济性

相对于传统媒体，例如报纸、广播、电视等，网络营销能够有效降低企业营销沟通成本，进而提高企业营销信息传播效率；同时，由于没有店面租金成本，企业提供的产品与服务具有较低的价格成本，具备明显的价格竞争力。

3. 市场的精准性

基于互联网与信息技术的背景，网络营销可以使企业充分地体现出在线空间的市场细分、选择与定位。

4. 信息的透明性

网络营销中，互联性使信息的非对称性大大减少。消费者可以从网上搜索自己想要掌握的任何信息，甚至可以得到网络意见领袖的推荐指导。

5. 资讯的快捷性

互联网使得营销活动具备快速运行的特征，可以迅速搜索到所需要的任何信息，并对市场做出即时反应。

6. 效果的可衡量性

网络营销可以有效地衡量在线营销效果。例如，点击率、网页浏览量、网络广告成本等都可以借助网络平台与工具进行即时有效的跟踪与度量。营销效果的可衡量性使得营销人员可以更为精确地把握促销支出。

7. 买卖双方的互动性

互联网环境下，传统经济条件下的"面对面"向"屏对屏"的转移，使得企业可以利用各种网络平台与客户充分地实现在线互动。

8. 大规模个性化

个性化是互联网的另一个根本属性。互联网环境下，消费者的个性化得以充分释放，企业针对这一趋势实施网络营销，可以充分保证为消费者提供个性化的商品与服务。

总体而言，电子商务与网络营销密切相关，网络营销在其中占据举足轻重的地位，并日益受到企业的广泛重视与应用。同时，二者的侧重范围也明显不同：网络营销注重以互联网为主要手段的营销活动；电子商务体系中的重要支撑内容，诸如网络金融、物流配送、电子商务法律等并不涉及网络营销的范畴。

1.2 Web 1.0时代的网络营销

互联网产生于1969年初，它的前身是阿帕网(ARPA网)，是美国国防部高级研究计划管理局为准军事目的而建立的，开始只连接了4台主机，这便是只有4个网点的"网络之父"；到了1972年公开展示时，由于学术研究机构及政府机构的加入，这个系统已经连接了50所大学和研究机构的主机；1982年ARPA网又实现了与其他多个网络的互联，从而形成以ARPANET为主干网的互联网。1983年，美国国家科学基金会NSF提供巨资，建造了全美五大超级计算中心。1986 年，NFSNET 建成后取代了 ARPA 网而成为互联网的主干网。早期以 ARPANET 为主干网的互联网只对少数的专家和政府要员开放，而以 NFSNET 为主干网的互联网则向社会开放。到 20 世纪 90 年代，随着计算机的普及和信息技术的发展，互联网迅速地商业化，以其独有的魅力和爆炸式的传播速度成为当今的热点。商业利用是互联网前进的发动机，一方面，网点的增加和众多企业商家的参与使互联网的规模急剧扩大，信息量也成倍增加；另一方面，商业利用更刺激了网络服务的发展。

Web 1.0 是第一代互联网，起始于 20 世纪 90 年代，主导其发展的就是以互联网和信息技术为代表的技术创新。以新浪、搜狐、网易为代表的综合性门户网站以及谷歌、百度为代表的通用搜索网站是 Web 1.0 的典型体现。Web 1.0 的时代，也可以理解为 2003 年以前的互联网模式。

1.2.1 Web 1.0 时代的特点

在 Web 1.0 这一时期，用户上网主要就是浏览信息与搜索信息，流量和广告是这一时期互联网商业模式的核心体现。Web 1.0 的特点主要体现在：

1. 技术创新

Web 1.0 时代的发展，以互联网和信息技术的发展为代表的技术创新起到了决定性的作用。无论是百度的搜索引擎、腾讯的即时通讯，还是盛大的网络游戏，技术创新都在其中起到了主导性的作用。

2. 门户网站

Web 1.0 时代，综合门户网站是各大网络新贵的首选。无论是新浪、搜狐，还是网易、腾讯、MSN 等，都将门户网站作为自己的互联网产业布局的着力点，配置大量的人力、物力与财力致力于综合门户网站的发展。这一情况的出现，源于门户网站的盈利空间更为宽广，盈利模式更加多元化，从而可以更为有效地实现增值服务。

3. 流量至上

Web 1.0 背景下，网站的盈利普遍都依赖于点击流量。网络用户的规模大小与发展速度，是互联网站点“跑马圈地”，实现网络效应的集中体现。

1.2.2 Web 1.0 时代的网络营销

Web 1.0 的网络营销与传统的线下营销在理论上并无明显差异，消费者还是作为“读者”或“听众”，延续着被动的信息接收。在 Web 1.0 时代，网民的身份只是一名网络读者，或者是一名网络信息接受者。而这个时代的网络营销主要体现在以广告投放为主的网络宣传推广。在 Web 1.0 时代，网络营销包括网络广告、搜索引擎营销、电子邮件营销和即时通讯营销等。

1. 网络广告

网络广告即广告商在第三方网络平台投放关于产品或服务的广告以提高品牌知名度和销售收入。在 Web 1.0 背景下，伴随着互联网的快速发展和网民的大量增加，网络广告日益成为消费者生活不可缺少的媒体形式,网络广告成为 Web 1.0 时代广告主实施网络营销的重要方式之一。

2. 搜索引擎营销

搜索引擎营销分为搜索引擎优化与付费搜索两种。搜索引擎优化是通过对网站结构(内部链接结构、网站物理结构、网站逻辑结构)、高质量的网站主题内容、丰富而有价值的相关性外部链接进行优化而使网站对用户及搜索引擎更加友好,以获得在搜索引擎上的优势排名,为网站引入流量。付费搜索重点体现为关键字广告或竞价位广告,即广告商通过网民搜索结果页上的广告位来实现营销目的。

3. 电子邮件营销

电子邮件营销是以订阅的方式将行业及产品信息通过电子邮件的方式提供给所需要的用户,以此建立与用户之间的信任与信赖关系。电子邮件作为互联网基础应用服务之一,绝大部分公司及网站都在利用电子邮件营销方式。

4. 即时通讯营销

即时通讯营销,顾名思义,是利用互联网即时聊天工具进行推广宣传的营销方式。

1.3 Web 2.0 时代的网络营销

Web 2.0 是互联网的一次革命性的升级换代,由原来的自上而下的由少数资源控制者集中控制主导的互联网体系转变为自下而上的由广大用户集体智慧和力量主导的互联网体系。2004 年,美国学者蒂姆·欧雷利(Tim O'Reilly)提出:Web 2.0 的内在含义包括"网络作为平台(the web as platform)、采摘集体智慧(harnessing collective intelligence)、内在数据驱动(data is the software release cycle)、轻量级规划模型(lightweight programming models)、超越单一设备水平的软件(software above the level of a single device)、富含充分的使用者体验(rich user experiences)"。它强调以单个平等个体为核心的"去中心化"、发挥以每个"草根"为基础的群体智能、突破了网络社会的信息虚假瓶颈,通过个人与群体间的自组织协同效应,力求构建真实、互动的网络社会。

Web 2.0 由于充分发掘了个人的主动性与积极性,极大解放了个人的创作和潜能,使得互联网的创造力发生了历史性的提升,从而在根本上改变了 Web 1.0 时代互联网为少数人所控制和制造的影响。Web 2.0 时代将互联网的主导权交还给网民,使个人成为真正意义的主体,由成千上万的网民所形成的动力充分地推动 Web 2.0 的发展。Web 2.0 时代无论是从理念还是技术角度都在实践网民个性化和网络社会化。这里可以将 Web 2.0 描述为以微博、社会化网络、视频、图片和论坛等网站为代表,依据六度分隔、XML、AJAX 等新理论和技术实现的互联网新一代模式,如图 1-1 所示。

1.3.1 Web 2.0 时代的特点

Web 2.0 的核心理念可以归结为它所包含的三大文化,即自由、开放和共享。自由是个人化的前提,开放是自组织的基础,共享是信息化的核心。Web 2.0 代表了未来互联网

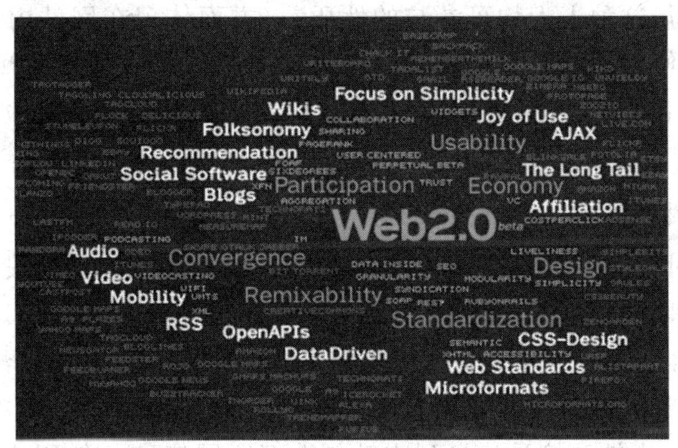

图 1-1　Web 2.0 构建图

的发展，其带来的是理念上的发展，具有去中心化、草根性、真实性、自组织协同和主体参与性等独特属性。

1. 去中心化

去中心化是 Web 2.0 最显著的特征。我们可以发现，在现有的 Web 2.0 典型应用中，“人”被提到了很高的高度，每个人作为一个平等的主体而存在，他们在接受信息的同时也在创造信息，传播主体的不确定性，使得 Blog、SNS、Wiki 等诸如此类的 Web 2.0 应用出现了去中心化的特征。去中心化，同时又意味着 Web 2.0 具有开放性和共享性特征。

2. 草根性

草根性是 Web 2.0 的核心属性。以前只有作家、记者等社会的精英人物才能撰写并发表专业文章，现在普通的大众用户都可以通过写作来与大家分享自己的心情、经验或技术。草根用户也成为精英群体的一部分，此处的草根性，是指精英草根化和草根精英化。

3. 真实性

在 Web 1.0 时期，网络大都为虚拟社区、虚拟个体，但 Web 2.0 的基本原则是真实。Amazon 公司的前首席科学顾问安德烈亚斯 · S. 维根认为，“随着 Web 2.0 应用范围的扩大，它的内容的真实性和引导性会表现出来，用户长时间在网络上创作，已经建立了类似于现实世界的声誉，只有这样才能在 Web 2.0 环境下的网络聚群中生存”。因此，真实性是 Web 2.0 的必然要求和本质属性之一。

4. 自组织协同性

Web 2.0 发挥的是自组织的力量。个人与个人之间、个人创造的内容与内容之间，以及个人汇聚的群体与群体之间都是通过 TAG 标签、RSS 聚合自组织而成的，他们结合成为一个个有着共同特征的网络群体。因此，Web 2.0 发挥的是网络的自组织协同效应，以自组织的方式让人、内容和应用等充分“活动”起来，使得协同力量最大限度地爆发。

5. 主体参与性

Web 2.0 采用的是一种用户参与和贡献的构架，改变了以往“只读”的属性，将网站变成既可读又可写，这种人人均可参与的性质，一方面体现在网站内容，通过鼓励用户的参与构建网络，使网站的服务更具吸引力；另一方面，通过开放API，利用用户的参与和贡献，形成一个围绕网站服务的良性生态网络，增强了Web 2.0服务的功能与竞争力。

6. 用户生成内容

在Web 2.0时代，原本处于被动接受方的用户参与到互联网建设中来，他们积极表达自己的思想，使得个体的声音得到充分表达。用户原创内容(User Generated Content，UGC)，即用户将自己原创的内容通过互联网平台进行展示或者提供给其他用户。从内容层面来看，Web 2.0是2003年以来新的一类互联网应用的统称，由单纯的"读"向"写"和"共同创建"发展；由被动接受信息到主动创造互联网信息。在Web 2.0时代，网络上内容的产出主要来自用户，每一个用户都可以生成自己的内容，互联网上的所有内容由用户创造，而不只是以前的某一些人，所以互联网上的内容会飞速增长，形成一个多、广、专的局面。微信、视频、百科等都是UGC的主要应用形式。

7. 网络社会化

Web 2.0由于充分发掘了个人的主动性与积极性，极大解放了个人的创作和贡献的潜能，使得互联网的创造力发生了历史性的提升，从而在根本上改变了Web 1.0时代互联网为少数人所控制和制造的影响。Web 2.0时代将互联网的主导权交还给网民，使个人成为真正意义的主体，由成千上万的网民所形成的动力充分地推动Web 2.0的发展。Web 2.0时代无论是从理念还是技术角度，都在实践着网络的社会化。

1.3.2 Web 2.0时代的网络营销

在Web 2.0时代，用户原创内容并不是某一种具体的业务，而是一种用户使用互联网的新方式，即由原来的以下载为主变成下载和上传并重。YouTube、MySpace等网站都可以视为UGC的成功案例，社区网络、视频分享、博客和播客(视频分享)等都是UGC的主要应用形式。

消费者由原来搜索、获取信息转变为现在的主动创造信息，其主动性有了本质的加强，实现了由网站对人到人对人(P2P)的转变。P2P是一种分布式网络，网络的参与者共享他们所拥有的一部分硬件资源(处理能力、存储能力、网络连接能力、打印机等)，这些共享资源需要由网络提供服务和内容，能被其他对等结点(Peer)直接访问而无须经过中间实体。在此网络中的参与者既是资源(服务和内容)提供者(server)，又是资源(服务和内容)获取者(client)。虽然上述定义稍有不同，但共同点都是P2P打破了传统的Client/Server (C/S)模式，在网络中的每个结点的地位都是对等的。每个结点既充当服务器，为其他结点提供服务，同时也享用其他结点提供的服务。P2P与C/S模式的对比如图1-2所示。

随着互联网发展至Web 2.0时代，网络应用服务不断增多，网络推广方式也越来越丰富，包括博客营销、播客营销、RSS(Really Simple Syndication，简易信息聚合)营销、SNS(Social Network Service，社会化网络服务)营销、口碑营销和联属网络营销等。

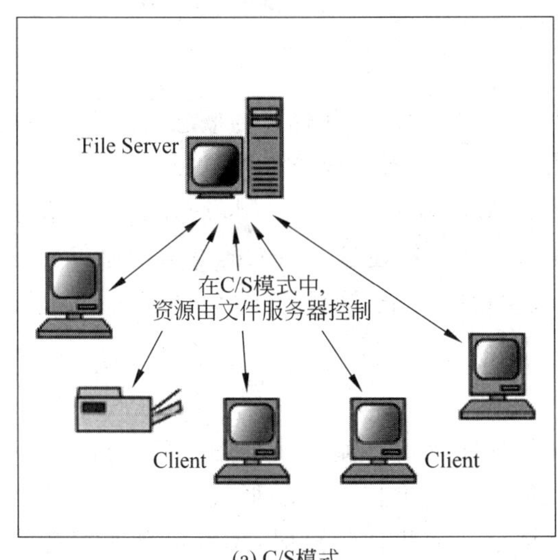

(a) C/S模式

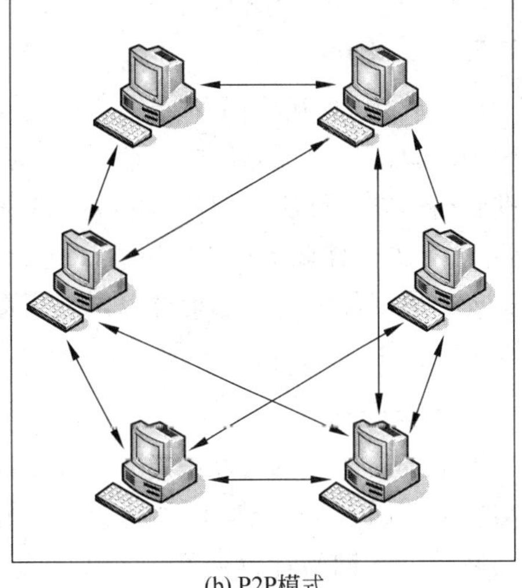
(b) P2P模式

图 1-2　P2P 与 C/S 模式对比图

1. 博客营销

博客营销是建立企业博客,用于企业与用户之间的互动交流以及企业文化的体现,一般以诸如行业评论、工作感想、心情随笔和专业技术等作为企业博客内容,深化品牌影响力,使用户更加信赖企业。相对于广告而言,企业博客营销是一种间接的营销,企业通过博客与消费者沟通、发布企业新闻、收集反馈和意见、实现企业公关等,这些虽然没有直接宣传产品,但是让用户接近、倾听、交流的过程本身就是最好的营销手段。博客营销有低成本、贴近大众、信息性强等特点,博客营销往往会形成众人的谈论,达到很好的二次传播效果。博客营销可以是企业自建博客或者通过第三方 BSP 来实现,企业通过博客来进行交流沟通,达到增进客户关系,改善商业活动的效果。

2. 播客营销

播客营销是在广泛传播的个性视频中植入广告或在播客网站进行创意广告征集等方式来进行品牌宣传与推广。例如,“百事我创,网事我创”的广告创意征集活动,通过发布创意视频广告延伸品牌概念,使品牌效应不断地被深化。

3. RSS 营销

RSS 营销是指利用 RSS(Really Simple Syndication)聚合技术传递营销信息的网络营销模式。RSS 搭建了信息迅速传播的一个技术平台,使得每个人都成为潜在的信息提供者。无论是个人还是企业,在发布信息后,网络使用者可以非常便捷地获取相关主题的内容信息。

4. 联属网络营销

自 1996 年 Amazon 发布它的联属网络营销项目以来,联属网络营销模式已经被成千上万的网站使用。Web 2.0 的时代,在以互动、个性、分享为主的时代背景下,联属网络营销不仅可以为数以万计的中小网站提供额外的收入来源,同时,也可以为数以万计的商家站点提供无限的网络分销空间与渠道。

5. SNS 营销

SNS 营销，是互联网 Web 2.0 基于圈子、人脉、六度空间这样的概念而产生的，即主题明确的圈子、俱乐部等进行自我扩充的营销策略，一般以成员推荐机制为主要形式，为精准营销提供了可能。例如，Google 的 gmail 邮箱即采用推荐机制，只有别人发给你邀请，你才有机会体验 gmail 邮箱。Google 的 gmail 邮箱通过人与人的不断传递与相互关联实现了品牌的传递。这也可以说是病毒式营销的升华，这对于用户认可产品的品牌起到很强的作用。

6. 社群营销

Web 2.0 使得具有特殊爱好或共同利益的顾客群体基于市场细分的维度，形成用户高度参与、以兴趣为聚合点的虚拟社群，可以通过虚拟社群的形式，建立起某种经常性的联系。当网络社群的参与者发表或分享个人或集体信息时，浏览信息所获得的用户体验可以得到提高。从营销的角度讲，这种用户根据兴趣爱好分类聚合而形成一个个志趣相投的群体，就是一个个自然形成的细分市场。企业针对这些细分市场，一方面分析和挖掘用户的现实和潜在需求；另一方面，充分运用有效的手段、恰当的方法来开展双向互动的、直接锁定目标客户群的精准营销，降低企业的营销成本，提高企业的营销效能。

1.4 Web 3.0 时代的网络营销

Web 3.0 是由互联网业内人员制造出来的概念。常见的解释为：网站内的信息可以直接和其他网站相关信息进行交互，能够通过第三方信息平台同时对多家网站的信息进行整合使用；用户在互联网上拥有自己的数据，并能在不同网站上使用；完全基于 Web，用浏览器即可以实现复杂的系统才具有的功能。Web 3.0 与 Web 2.0 一样，仍然不仅是技术的创新，更是思想的创新，特别是用户理念的创新。相对于 Web 2.0 通过网络获取用户信息，Web 3.0 背景下，网络成为用户需求的理解者和提供者，网络对用户了如指掌，知道用户有什么、要什么以及行为习惯，从而基于此进行快速有效的资源筛选、智能匹配。如果说 Web 2.0 解决了个性解放的问题，那么 Web 3.0 就是解决信息社会机制的问题，也就是最优化信息聚合的问题。所以，Web 3.0 的核心内涵就是信息的高度整合和高度的智能化服务。

1.4.1 Web 3.0 时代的特点

Web 3.0 区别于 Web 2.0 中最广为认同的是语义网。语义网的建立极大地涉及了人工智能领域的部分。通俗地说，语义网就是能够根据语义进行判断的智能网络，实现人与计算机之间的无障碍沟通。它就像一个巨型的大脑，智能化程度极高，协调能力非常强大。在语义网上连接的每一台计算机不但能够理解词语和概念，而且还能够理解它们之间的逻辑关系，可以干人所从事的工作。它将使人类从搜索相关网页的繁重劳动中解放出来。语义网中的计算机能利用自己的智能软件，在万维网上的海量资源中找到你所需要的信息，从而将一个个现存的信息孤岛发展成一个巨大的数据库。可以说，Web 3.0 时代的特点突出表现在互联网的个性化与聚合化。

1. 个性化

Web 3.0 将为用户提供个性化整合服务。Web 3.0 环境下的网络营销不仅是按照用户提出的要求为其提供全面的服务，更要提供针对用户爱好、行为、习惯而设计的个性化服务；也可根据用户提交的需求信息，让其深入定制个性化页面的门户网站。系统将用户的偏好作为主要的考量要素，在对用户生成内容进行筛选过滤的基础上，同时引入偏好信息处理与个性化搜索引擎技术，对用户的行为特征进行分析。依据用户的行为轨迹，通过归纳不同的细分群体的用户行为轨迹来开展营销。例如，商务人群的互联网行为轨迹、年轻女性的互联网行为轨迹等，找到他们的行为轨迹，就能够了解他们的在线触点，从而可以有针对性地设计和传播信息。Web 3.0 的个性化是用户最喜爱的方式，其节约了用户大量的时间，获得大量用户的青睐，与此同时，它也慢慢培养一批新生用户的上网习惯，用户自己选择上网的方式和关注的方向。Web 3.0 背景下，基于用户行为、习惯和信息而构建的，能够充分满足个性化需求设置才是互联网的发展趋势。

2. 聚合化

互联网的不断发展，在海量信息时代，用户需要更快捷、更精准地找到自己需要的信息，这就需要数据整合，智能化聚合用户需要的信息。Web 3.0 是全新的人与机器交互的时代，大量冗余的信息越来越少，人性化和精准化的聚合信息越来越多，使得每个角落的用户都能够交流和分享。Web 3.0 将改变用户获取信息的方式，Web 3.0 时代，每个人都能看到的同样一个模式的综合化的门户将不复存在，真正的 Web 3.0 时代不仅仅是按照用户需求提供综合化服务，创建综合化服务平台；更关键的是，可以根据用户使用喜好及关注习惯而汇总的相关信息，立刻提供聚合有效的个性化的聚合服务。这种个性化的聚合模式将会颠覆传统的综合门户，Web 3.0 时代的互联网评价标准不再是流量、点击率，而是到达率和用户价值。例如，人们看到的新浪新闻首页将是这个人感兴趣的新闻，而那些他们不感兴趣的新闻将不再显示，而这些个性化的聚合完全依赖于强大的智能化识别系统，以及长期对于一个用户互联网行为规律的分析和锁定。再如，搜索引擎的个性智能化，用户不用分析和试验如何组合关键词语，只要把想要的东西列出，与个人的偏好和背景连接，搜索引擎就能把适合的数据提供出来，更快捷地搜索信息、解决问题，同时用户可以自由订制搜索聚合结果。

1.4.2 Web 3.0 时代的网络营销

Web 3.0 时代的网络营销内容体现在以下 6 个方面。

1. 信息的自由整合与有效聚合

Web 3.0 是全新的人机对话时代，整合的信息更加多元化，更加人性化，提供自动化的最优化资源组合，智能化的搜索将成为人们未来生活中的主要方向(人们需要的不是互联网上的所有信息，仅仅是自己需要的信息)。Web 3.0 将应用 Mashup 技术对用户生成的内容信息进行整合，使得内容信息的特征性更加明显，便于检索。Web 3.0 将精确地阐明信息内容特征的标签进行整合，提高信息描述的精确度，从而便于互联网用户的搜索与整理。同时，对于用户生成内容的筛选性过滤也将成为 Web 3.0 不同于 Web 2.0 的主要特征之一。对于互联网用户的发布权限，经过长期的认证，对其发布的信息做不同可信度的分离，可信度高的信息将会被推到互联网信息检索的首项，同时提供信息的互联网用户的可信度也会得到相应的提高。聚合技术的应用将在 Web 3.0 模式下发挥更大的作用，渐进式语义网的发展也将为 Web 3.0 构建完备的内容聚合与应用聚合平台。将传统意义的聚合技术和挖掘技术相结合，创造出更加个性化，搜索反应迅速、准确的“Web 挖掘个性化搜索引擎”。

2. **互联网价值的重新界定与分配**

如果说 Web 1.0 的本质是阅读，那么 Web 2.0 的本质就是互动，它让网民更多地参与信息产品的创造、传播和分享，人们在这个创造、传播和分享的过程中，通过内容为载体，将获得更多的荣誉、认同和地位。Web 2.0 虽然只是互联网发展阶段的过渡产物，但正是由于 Web 2.0 的产生，让人们可以更多地参与到互联网的创造劳动中，特别是内容的创造。但是这一创造过程并没有充分地体现网民的劳动价值，甚至可以说较为脆弱，因为其还是缺乏商业价值。而 Web 3.0 是在 Web 2.0 的基础上发展起来，那么“要求互联网价值的重新分配”将是一种必然趋势，Web 3.0 有可能实现网民所创造的互联网价值的有效配置与均衡分配。

3. **精准营销**

如果说 Web 1.0 是大众营销，Web 2.0 就是分众营销，而 Web 3.0 则是精准营销。精准营销就是企业以消费者为核心，通过分析他们每一个单体，包括交易、社交等行为活动和特征在内的一切数据，得出该个体消费者当前或者潜在的需求，并以解决消费者需求为目的，通过各种方式针对消费者实施的高效、准确、高回报的营销活动。在 Web 3.0 环境下，网络营销最大的特点就是精准营销，网站能够通过记录在线用户浏览的足迹和消费习惯，将信息进行高效快速的聚合。例如，通过获取用户近期搜索过的关键词或者浏览过的商品页面的信息，进行记录和分析并以此来提供相关营销信息的营销模式。例如，淘宝收藏和分享宝贝都会在页面下方显示“你可能感兴趣的商品”，如果是“淘宝专业户”，你会发现淘宝有一个“我的足迹”，在里面你能查找自己最近浏览的宝贝，而淘宝后台会针对你浏览的记录为你提供相关商品。

Web 3.0 是个性的时代，也使得用户更加精准，无论是关键字聚合还是定向聚合，它都体现了个性时代的个性需求，使得用户行为更加贴切聚合的信息，其用户更加精准。Web 2.0 时代，网络平台或站点收集的用户资料规模更为具体与庞大；因此，为实施市场细分，发掘用户个性化营销价值提供了坚实的数据基础支持。通过个性化聚合与数据化分析，整理出一个相应的用户行为和习惯分析等；然后，利用这些数据进行精准定位，引导消费者购买产品或服务。企业可以通过精准的条件匹配、用户定位实施真实意义上的精准营销。Web 3.0 背景下，企业基于互联网用户的大规模与丰富化的客户数据开展数据库营销将是大势所趋。依托客户数据库分析和界定自己的用户人群，将成为企业进行营销决策和提供营销服务的标准化工作。企业将通过 Web 3.0 网站精准锁定目标客户。Web 2.0 时代的网络虽然有很强的互动性，但是互联网用户散落在各个角落，用户的注意力是分散的，由于缺乏对用户本身的细分和聚合，导致用户的注意力价值无法发挥出来，互联网的广告价值也就很难评定。在 Web 3.0 时代，信息被高度聚合，用户也将被深度细分和聚合，因此企业非常清楚地知道自己的信息究竟能够传递给什么样的用户，企业也就可以精准地锁定目标客户。

Web 3.0 的网络模式将实现不同终端的兼容，从传统的台式电脑、笔记本电脑到智能手机、平板电脑、机顶盒等。现有的 Web 2.0 还主要通过 PC 终端体现互联网应用，而伴随着的技术和理念层面的发展和支持，层出不穷的新的移动终端的开发与应用都将充分地体现出互联网应用，这也使得各种终端的用户群体都可以享受到在互联网上冲浪的便捷。

4. 无线网络与移动互联网终端产品的发展

无线网络与有线网络的根本区别在于传输媒介的不同，无线网络抛开了传统的网线，可以进行数据的高速传输。中国的无线网络技术较国外发展要晚一些，但是发展速度迅猛。目前，国内提供基础网络服务的三大运营商都在积极布局无线网络。WiFi 网络覆盖面的逐步加大有力地促进了移动互联网终端的发展，现代社会，人们对移动性和信息的需求急剧上升，越来越多的人希望在移动的过程中高速地接入互联网，获取急需的信息，完成想做的事情。例如，通过无线网络进行上网、视频通话、看电影、玩游戏、购物和收发邮件等。

无线网络的逐步完善与移动互联网终端的发展是互相促进的，离开了终端产品的支持，这种网络优势将无法实现，而终端产品缺少无线网络的依托也便失去了自身的优势。现在，消费者能使用的上网终端产品越来越多，包括智能手机、平板电脑、MP4、电子书等。无线网络的发展带动了大批移动互联网终端的发展。以智能手机为代表的终端产品的爆发式增长也有利于无线网络的发展。智能手机作为移动互联网终端的代表，让我们感受到移动上网的便捷，只要有无线网络覆盖的地方，人们就能随时随地在网上畅游。

5. API 与 APP 的扩展与普及

API(Application Programming Interface)即应用程序编程接口。API 是可以让第三方开发商通过各种接口访问网站数据，提供一种可以“安装”在你的页面上的网络应用。例如让别的访客在你的页面涂鸦，给你一个“拥抱”，或者显示你朋友所在位置的世界地图等，这些应用程序都是开放 API 的产物。基于互联网的应用 API 正变得越来越普及，在这个过程中，有更多的站点将自身的资源开放给开发者来调用。对外提供的 API 调用使得站点之间的内容关联性更强，同时这些开放的平台也为用户、开发者和中小网站带来更大的价值。硅谷 IT 专栏作家 Dan Gillmor 认为，Web 3.0 是一个全新的人机对话时代，借助于开放的 API，Web 将成为一个操作系统。企业提供完成特定需求的在线应用服务，其他网络用户的应用软件能够通过互联网来动态访问并使用这些在线服务。这些 Web 服务，多数都以开放的 API 提供给用户。通过这些开放的接口，网络用户可以把现有的 Web 服务集成到自己的应用系统中，例如 Google、Yahoo 等都提供了自己的 Web 服务。

开放是 Web 3.0 时代的发展趋势，将有越来越多的产品走向开放。目前的网站不能靠限制用户离开来留住用户，开放的架构反而更增加用户的黏性。Web 3.0 时代通过更为开放的 API 来让站点提供的服务拥有更大的用户群和服务访问数量。站点在推出基于开放 API 标准的产品和服务后，无须花费力气做大量的市场推广，只要提供的服务或应用出色易用，其他站点就会主动将开放 API 提供的服务整合到自己的应用中。同时，这种整合 API 带来的服务应用也会激发更多富有创意的应用产生。为了对外提供统一的 API 接口，需要对开发者开放资源调用 API 的站点提供开放统一的 API 接口环境，来帮助使用者访问站点的功能和资源。

APP 是给终端用户（所有人）使用的，目的是完成某项任务。曾经有这样一个例子，有助于对于 APP 的理解。一个木匠想造一个桌子卖给顾客，他需要用很多工具（锤子、锯子等）。做完的桌子卖给顾客后，顾客就可以用它放东西等。那么在这个例子里，"木匠"就是应用程序开发者，"顾客"就是最终用户，"工具"就是应用程序接口（API），而"桌子"就是 APP。无论是网络业界人士，还是普通社会人士；无论是智能手机，还是平板电脑、笔记本电脑，APP 都以其易于操作、方便快捷、成本低廉等受到广泛的欢迎与普遍的覆盖。根据苹果公司的统计，包括 iPhone、iPad 和 iPod Touch 在内，苹果公司目前在全世界拥有约 3.15 亿移动用户。而 App Store 自 2008 年年中启动以来，下载量就一直飞速增长。2009 年 4 月，其下载量突破 10 亿次；2011 年 1 月，这一数字被改写成 100 亿次；2011 年7 月，下载量便突破 150 亿次。2012 年 3 月 5 日，苹果公司（Apple）宣布，苹果应用程序商店 App Store 的下载量超过 250 亿次。现在，App Store 在全球 123 个国家提供了超过 60 万款应用程序，用户可从 21 个类别的应用程序中挑选，范围遍及书刊、游戏、商务、新闻、运动、健康及旅游等。

6. 众包营销模式的出现

工业资本主义具有两大原动力，一个是规模经济（品种越少，成本越低），另一个是范围经济（品种越多，成本越低）。网络经济条件下，多样性在网络经济中的核心地位开始凸显。这种多样性导致小批量、多品种的生产方式，进而导致众包的出现。人类的三种经济组织方式包括市场、企业和价值网络。其中，价值网络是介于市场和企业之间的第三种组织，是与网络对应的组织形式。传统经济背景下，制造业呈现向制造服务业方向发展的趋势，突出表现在外包成为一种比企业更合理的资源组织方式。网络经济背景下的众包，既可以理解为外包模式下的创新，又可以理解为在众多维度上进行的外包，或者是纵横交错的外包。以宝洁公司为例，其利用 14 万科学家组成的网络"创新中心"，将公司内部职工解决不了的问题放到"创新中心"；甚至连传统上属于核心竞争力的研发，都可以通过"创新中心"的方式外包，这可以理解为一种外包模式下的创新，即众包。Web 3.0 背景下的众包，即企业通过价值网络，强调突破企业的资产专用性边界，跨组织共享信息、配置实体资源，同时强调在社区网络的每一个节点上，发挥草根个体的能动性和创造性。

基于 Web 3.0 网络营销的众包模式正在成为未来的一种必然趋势。众包营销模式是企业将过去由员工执行的工作任务，以自由自愿的形式外包给非特定的大众网络的做法。众包的任务通常由个人承担，如果涉及需要多人协作完成的任务，也可能以依靠开源的个体生产的形式出现。众包模式有效解决了企业的相关需求，既能节省成本，又能提高工作效率。Web 3.0 时代，每个提供众包服务的用户，同时也可能是企业的潜在消费者；众包营销模式的网络营销将会是合作共赢，资源互补，因为成千上万的消费者活跃于众包平台上，用户既是网站信息产品的生产者，又是互联网内容的消费者。

思考题

1. 简述电子商务与网络营销的差异。
2. 简述 Web 2.0 时代网络营销的特征、内容与推广。
3. 简述 Web 3.0 时代网络营销的特征、内容与推广。

第 2 章　网络营销战略计划

学习目标

- 认识网络营销战略计划步骤；
- 理解与掌握若干网络营销战略决策。

在电子商务与网络营销发展的前期阶段，曾经有人提出，已经存在的理论与实践的营销战略在互联网时代是缺乏意义的。为此，美国著名管理学家迈克尔·波特早在 2001 年就批评了那些认为互联网使著名的战略方法失效的结论。他说：许多人设想互联网改变一切，放弃了过去的所有关乎企业和竞争的规则。这也许是个自然的反应，但也是个危险的反应……最终导致做出侵蚀行业和损害自己竞争优势的决策。他给出了前车之鉴，部分行业使用互联网来改变竞争的基础，将质量、特色、服务和价格等弃之脑后，结果使得整个行业都举步维艰，获利困难。

网络营销战略为组织的电子营销活动提供持续的方向指引，这些活动与其他营销活动整合到一起，共同支持公司的总体目标。对于许多公司而言，首次进行网络营销并非源自一个经过很好定义和整合的战略；相反，它们是对快速市场发展的必然反应，或是对顾客需求做出的反应。以网站设立为标志的电子商务活动进行一年左右后，公司的中高层人员自然会质疑它的效率。于是，对实施网络营销战略的需求也就应运而生了。因此，网络营销战略计划与实施的条件在于它是以面向未来的增长角度出发探讨即将建立或业已成立的电子商务活动。

网络营销战略与传统的营销战略有许多相似性，具体表现如下：

- 为网络营销活动指明未来的方向；
- 采取组织的外部环境分析与内部资源分析来形成战略；
- 明确支持营销目标的网络营销目标；
- 进行战略决策的选择，以完成网络营销的目标以及创造特色竞争优势；
- 引入战略规划，如市场细分、选择目标市场、市场定位、营销组合的详细说明；
- 详细说明如何分配资源和构建组织以实现战略。

部分企业认为网络营销规划应该附属于企业的战略营销规划，如同企业拥有产品、价格、广告、促销等战略营销规划一样。随着互联网及信息技术的发展，以亚马逊、淘宝、戴尔、思科为代表的部分企业早已采取单独的网络营销规划，因为互联网已经从根本上奠定或改变上述企业的运营方式。企业销售收入的创造主要甚至完全是借助于互联网来加以实现的。

营销计划根据计划涵盖时间，可以划分为战略营销计划与战术营销计划。所谓战略营销计划是指实施时间超过一年，常见于3～5年；战术营销计划包括一年或少于一年实施期限。对于大中型企业而言，需要发展自己的网络营销战略计划，其应注重三个核心领域。第一，预先界定处于微观环境的竞争力变化与处于宏观环境的客户需求变化。第二，决定在线体验与产品发展的价值定位。第三，界定技术基础设施与信息框架以传递价值定位。此外，网络营销战略作为经常贯穿于3～5年的路线图也需要季节性地调整以保证其战略的敏捷性。

任何公司在从事网络营销时，必须制定其长期生存与发展的游戏规则，以应对形势、发挥机会、运用资源与实现目标。没有一个事先制定的综合性战略，企业就难以在激烈的市场竞争中占据一席之地。无论是对于大型企业，还是对于中小型企业，在互联网快速发展的今大，企业必须充分地评估自身所处的网络形势，确定业务使命与发展目标，并结合自身资源定位目标市场，然后运用相应的战略计划实现上述使命与目标。

制定网络营销战略计划的过程有以下显著特征：为企业实施网络营销面临的形势提供全面的分析判断；定位企业实施网络营销的目标市场；界定企业实施网络营销的发展目标；确立企业实施网络营销的差异化路径；如何提供吸引目标市场的网络营销组合等。网络营销战略计划的制订者应使各个步骤紧密联系，相互结合。

通用的营销战略计划包括目标使命、形势分析、目标设立、网络营销战略、实施计划、配置资源与预算、评估计划7个步骤。由美国网络营销专家Chaffey和Smith提出的网络营销战略的总体战略流程也基本体现了这一思路。本章基于这一路线图对网络营销战略的几项重要步骤进行详细的阐述，具体包括界定在线机会、设定战略目标与战略决策选择。

2.1 界定在线机会

网络营销战略计划的第一步即界定在线机会，需要解决定义市场导向的使命和分析市场形势两个问题。

2.1.1 定义市场导向的使命

网络营销战略计划的第一步是界定企业的使命。企业使命是企业对业务类型及其在市场中的角色、功能与地位的承诺，具体涉及消费者、员工、客户乃至竞争对手。在界定公司使命的过程中，可以完成对于网络营销目标和业务范围的简单描述。使命能够涵盖目标市场的普遍性质并转化为详细的支持目标以引导整个公司。清晰明确的组织使命能够帮助企业区别于竞争对手，获得消费者概念的建立以及之后的认知。

企业在界定其使命时需要考虑以下几点。

第一，使命是基于企业的商品和服务，还是基于消费者的市场需求。如果将业务局限于商品与服务，则通常会限定在一定的商品与服务范围内。随着企业的发展，其业务始终会依托于原有的商品与服务进行产品深度的扩充，如规格、尺寸、色彩等。而如果将业务着眼于消费者的市场需要，则企业会将自己定位于帮助消费者需求问题的解决者，从而可以扩展并超越到原有的商品与服务范围之外。表 2-1 揭示了亚马逊和 eBay 的产品与市场定位。

表 2-1　亚马逊与 eBay 的产品与市场定位

公司	以产品为导向的界定	以市场为导向的界定
亚马逊	我们销售音像、玩具、电子产品及其他在线产品	我们致力于使得网络购物体验更为快速、简单与舒适，我们提供你想在线购买任何产品的销售场所
eBay	我们从事在线拍卖	我们提供这一全球市场，在此，任何人能够从事交易任何产品；在这一网络社区人们可以快乐购物，相互结识

第二，企业打算在市场上充当领导者还是追随者。

第三，制定组织使命只是企业实施网络营销战略规划的第一步；最初，企业能够界定与完成清晰的组织使命。但是随着时间的推移，伴随着组织的成长，新产品或新市场的增加，企业的使命开始出现模糊甚至偏离。为此，企业需要持续地界定自己的组织使命，经常回答以下问题：

① 我们的业务是什么？

② 谁是我们的客户？

③ 消费者价值在哪里？

④ 我们的业务前景会如何？

⑤ 我们的业务应该如何？

2.1.2　市场形势分析

在制定使命之后，下一个战略性计划步骤是进行形势分析。市场形势分析旨在解决“我们在哪里”的问题。形势分析是对即将或已经运作的企业所面临的机会或威胁进行客观评价的过程。涉及这一阶段的计划活动包括执行针对互联网的 SWOT 分析，以审视由客户、竞争者、供应商、公众与中介构成的微观环境和由社会、法律、政治、经济、技术等因素构成的宏观环境。

SWOT 分析包括由机会与威胁构成的外部环境分析与由优势和劣势构成的内部环境分析。对于外部环境（机会与威胁）分析，公司必须监测核心趋势（如人口统计趋势、技术趋势、政法趋势、经济趋势与社会文化趋势）和微观主体（客户、竞争者、分销商与供应商）。市场机会是一个基于买方的需要与兴趣的领域，公司通过满足这一需求，可以获取存在其中的高额利润。环境威胁是由于负面的外部趋势或发展引发的导致销量与利润降低的竞争。例如，亚马逊最初面临的机会是基于互联网及其相关技术兴起的网络零售机会，面临的威胁即美国最大的线下连锁书店巴诺（Barnes & Noble）声称要全面进入网络市场。

对于内部环境（优势与劣势）分析，公司需要定期检查自己的优势与劣势，形势分析的最关键部分是由企业决定其特有能力，即相对于竞争对手的优势和劣势。这些优劣势可以显示该企业怎样抓住机会并避免来自环境的威胁所产生的损害。再以上述的亚马逊为例，公司明显的优势在于学习型、创新型的团队；公司明显的劣势在于缺乏图书销售的经验。公司不必纠正自己的所有劣势，也不必发挥自己的全部优势。重要的是，公司应该研究自己是发挥哪些既有优势，或塑造提升哪些优势，以应对外部的机会与威胁。

2.2 设定战略目标

网络营销战略应该基于清晰界定的企业目标，但是这里也存在着网络营销偏离于公司业务与营销目标的趋势；而这一趋势经常导致“纯网络公司”与传统企业从事电子商务的失败。理想情况下，企业的网络营销战略统一于公司业务与营销目标。例如，增加海外市场份额的商业日标以及引入新产品进入市场可以通过网络营销传播渠道进行支撑。

作为设定特定目标的起点，考虑网络渠道的收益以至于这些收益可以转化为目标是非常必要的。网络渠道的收益包括两个维度，第一个维度指有形收益，即成本节约与销售收入；第二个维度指无形收益，即难以计算资金收益与否，但是依然非常重要的收益，如客户服务质量。企业实施网络营销的典型收益如表 2-2 所示。

表 2-2 企业网络营销的典型收益

有形收益	无形收益
销售业绩的增加	公司形象传播的提升
新客户、新市场	强化品牌
现在的客户(重复销售)	更为快速的营销传播
现有的客户(交叉销售)	改善客户服务
成本的减少	学习未来
客户服务时间减少(客户在线自助)	建立网站符合客户期望
在线销售	界定新伙伴，支持现有伙伴
减少营销传播的印刷与分销成本	更好管理营销与客户信息
	来自客户对产品的反馈

2.2.1 设定目标原则

企业在设定网络营销目标时，需要坚持以下 5 项原则。

第一，具体性，即要求目标能够清晰详尽地衡量现实世界的问题与机会；

第二，可衡量性，即能够定性或定量地加以度量；

第三，可执行性，目标可以被用来有效地加以实施；

第四，相关性，目标可以被应用到企业所面对的具体问题；

第五，一致性，战略目标应将历史、现状与未来充分结合，注意相互之间的连续性与一致性。

基于网络营销战略的设定原则，企业员工可以准确地理解企业所针对的目标市场及达到这一目标市场需要采取的流程与措施。以下是设定网络营销战略目标在客户获取、转换和保持方面的部分典型范例。

- 网络渠道贡献目标：两年内在线收益贡献率达到30%。
- 获取目标：一年内获取10万客户，每位客户的获取成本为50元，每位客户的平均利润率为20%。
- 获取目标：一年内某一特定目标市场的销售增长率为50%。
- 转化目标：提高平均客户单价，达到100元。
- 转化目标：提高客户转化率，达到4%。
- 维持目标：增加年度二次购物转化率10%。
- 维持目标：增加客户满意度比率由80%提升至90%。
- 成本目标：一年内营销沟通成本减少10%。

2.2.2 用于目标设定的平衡计分卡方法

平衡计分卡作为一种综合度量方法，已经被广泛应用于把组织战略变为目标，然后再提供一定的度量标准来监督战略的执行。平衡计分法在1993年由卡伯兰和诺顿通过《哈佛商业评论》加以推广，其可以将愿景和战略转化为目标，并通过衡量，评估策略及其实施是否得以成功。平衡计分卡作为广泛应用的目标基准体系，可以同样被用于网络营销目标的设定。

平衡计分卡方法主要应用于组织绩效管理的四大领域。

1. 财务维度

财务绩效度量可以显示企业策略的实施与执行。财务目标通常指营业收入、成本、获利能力、资本回报率等。

2. 顾客维度

顾客是企业获利的主要来源，因此，满足顾客的需求便成为企业追求的目标。顾客满意度、顾客延续率、新顾客争取率及顾客获利率等都是顾客维度关注的指标。

3. 内部流程维度

内部流程维度是以对客户满意度产生最大影响的业务流程为基础，如时间周期、质量、员工的技能和生产效率。企业也应该确认至关重要的核心能力，并尝试保证市场的领先地位。

4. 创新与员工成长维度

创新与员工成长维度主要着重于员工绩效的衡量，员工成长相当于企业的无形资产，有助于企业的进步。企业可借学习与成长维度以达到缩小落差的目的，其衡量指标包括员工的满意度、延续率、培训、技术等。

对于上述4个方面，管理团队都将制定目标、具体的标准以及实现这些目标的措施。在交易型电子商务网站部署平衡计分卡系统，以支持其网络营销发展战略，如表2-3所示。

表 2-3　交易型电子商务网站在平衡计分卡框架下的网络营销目标范例

平衡计分卡	效　率	效　果
财务效果	渠道成本 渠道收益	在线分销（直接） 在线分销（间接） 收益分配
客户价值	在线取得（特有客户、潜在客户的比率） 取得每笔销售的成本 探知客户的购买倾向	销售额和每个客户的平均销售额 新客户 在线市场份额 客户满意比率 客户忠诚度指数
经营流程	转化率 订单均值 订单数量和质量 电子邮件的活动情况	业务履行时间 支持响应时间
创新与学习	创意思维测试 内部电子营销教育 内部满意度	新的方法部署 绩效考核

2.3　战略决策选择

2.3.1　多渠道分销战略

分销渠道，即产品或服务由来自制造商或服务提供商向最终客户的流动。分销渠道一方面表现为制造商直接面对消费者，另一方面又表现为以批发商或零售商作为中介涉足其中。企业基于互联网的多渠道分销战略可以通过图 2-1 和图 2-2 加以分析。

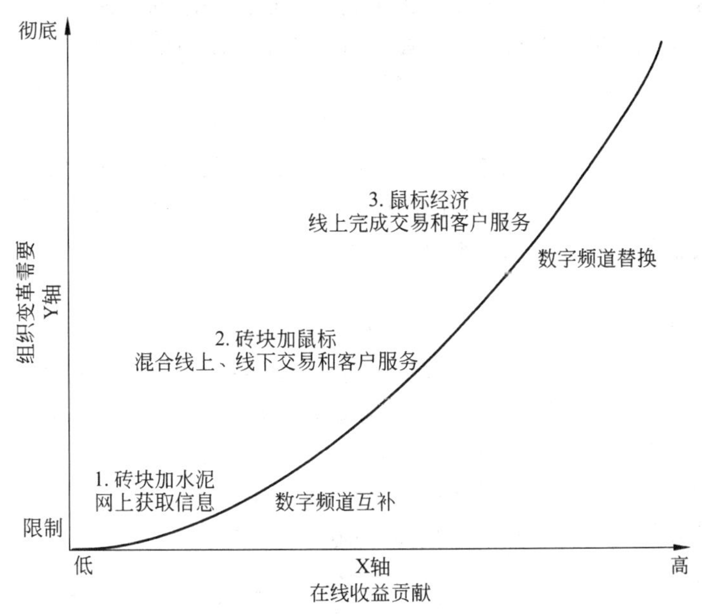

图 2-1　公司将网络作为分销渠道的战略选项

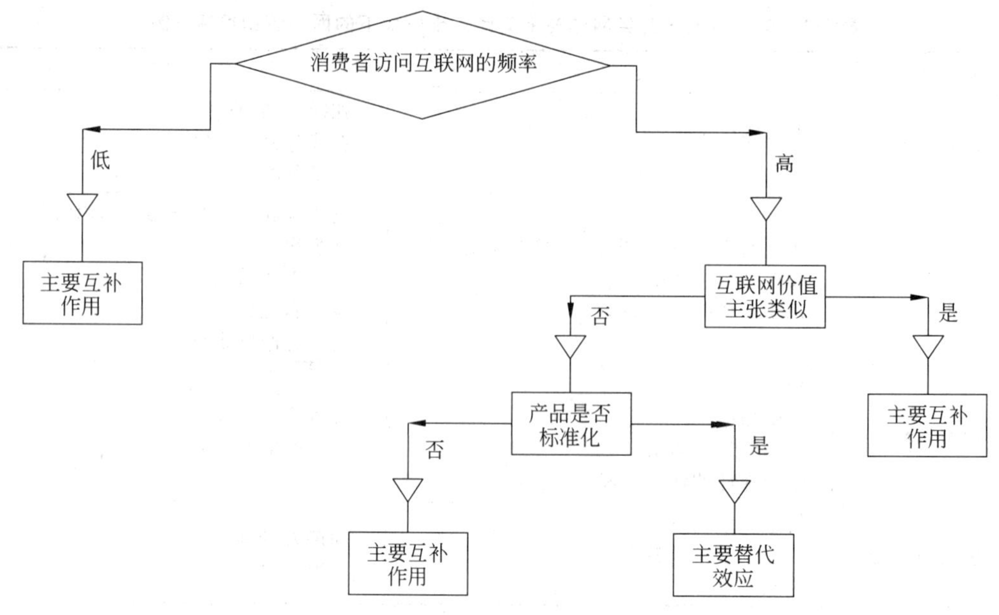

图 2-2　公司将网络作为替代或补充的战略选项

1. 公司将网络作为分销渠道的战略选项

在图 2-1 中，横坐标代表在线收益贡献率，从左至右，企业的在线收益贡献率由低到高。在线收益贡献是一种评价指标，它用于衡量公司的在线业务对组织销售收入的直接影响程度。纵坐标代表组织需要做出的改变，从下至上，企业需要做出的改变越来越大。图中典型的三种选项如下。

第一，对于“砖块＋水泥”的企业，在线收益贡献率有限，那么在这一背景下，企业需要做出较为有限的改变，即可以将网络分销渠道作为信息展示的功能定位。例如，对于娃哈哈这样的企业，期望它能够取得较高的在线收益贡献率是不现实的。在这种情况下，互联网只能作为一种辅助的渠道，通过建立网络站点，树立品牌形象，加强客户互动，来间接支撑企业的离线业务增长。

第二，对于“砖块＋鼠标”的企业，在线收益贡献率较之图 2-1 中的 1 已有明显的增长，为此，企业可以通过互联网实施在线交易与在线客服。例如，对于联想这样的企业，近年来，通过加快企业官网及第三方平台站点建设，有效地拉动了其在线收益占总体运营收入的贡献率。

第三，对于“纯网络”公司，如图 2-1 中的 3 所示，在线收益贡献率已经占据企业运营收入的核心部分，此时，企业需要在互联网上投入更多的资源。如果公司的目标是得到一个大于 70％的高在线收益贡献率，那么就需要对公司进行基础上的改变，将公司转变成“鼠标加水泥”或“只有鼠标”。例如，思科公司作为计算机网络设备制造商，现在的网络销售收入已经占据其总体销售收入的绝大部分。这正是由于思科高层认识到互联网的重要性，强调在线收益贡献目标，并投入大规模的电子商务投资所致。

2. 公司将网络作为替代或补充的战略选项

Kumar 于 1999 年提出，公司应该决定互联网对于公司的其他渠道是担任替代还是担任补充。如果互联网被确认为公司的替代渠道，那么需要公司接下来加大投资与基础设施建设来加以实现。Kumar 提出互联网对于公司其他渠道进行替代的若干条件：第一，接入互联网的客户比例高；第二，相对于其他媒体，互联网能够提供更好的价值定位；第三，产品趋于标准化，客户通常不需要审视采购。只有以上三个条件全部得到满足，才会出现替代效应。如果不是三个条件都同时得到满足，更有可能出现的是补充效应，如图 2-2 所示。

2.3.2 产品与市场的开发战略

在网络营销战略中，决定进入哪一类市场是一项关键的战略选择。安索夫矩阵（市场和产品开发的矩阵）如图 2-3 所示，能够帮助公司进入市场与提高销量进行战略的指引。其主要逻辑是企业可以选择 4 种不同的成长性策略来达到增加收入的目标。

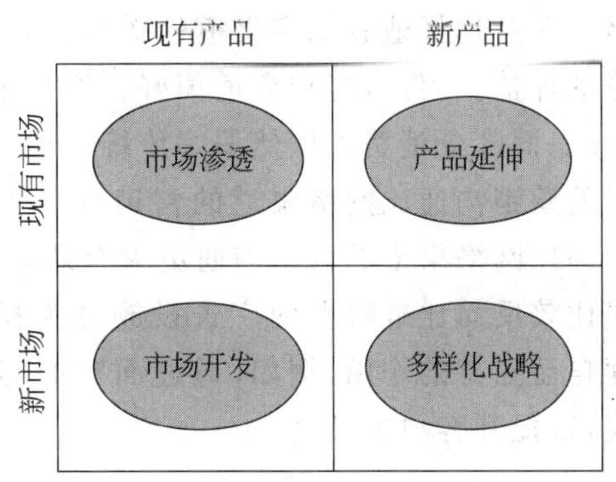

图 2-3 产品与市场战略矩阵

1. 市场渗透

通过以现有的产品面对现有的顾客，围绕其现有的产品，扩展产品的市场占有率。采取市场渗透（market penetration）的策略，通过由促销或提升服务品质等方式来鼓励消费者改用不同品牌的产品，或说服消费者改变使用习惯、增加购买量。互联网具有促进销售增长的潜力，能够通过市场渗透的战略扩展现有销售。例如，通过网络广告投放提高网页浏览量，提高现有市场中潜在顾客对产品和公司的认知度，进而获得市场份额增长；通过为客户提供网络价值来提升现有产品、服务的附加价值，进而提高顾客忠诚度与品牌美誉度。例如，汽车厂商可以通过产品或品牌站点为顾客提供丰富翔实的展示与沟通信息。

2. 市场开发

通过提供现有产品开拓新市场，企业必须在不同的市场上找到具有相同产品需求的目标顾客。互联网可以被用来在新的市场销售产品或服务，一方面可以进行传统意义上的市场开发（market development），例如，通过互联网在其他地区或全球投放商业广告，而不需要投入顾客所在地区与国家的商业基础设施建设；另一方面可以进行新兴意义上的市场开发，例如，成立网络营销组织，通过互联网直接进行针对网络客户或网络消费者的市场开发。

3. 产品开发

通过推出新一代产品或相关的产品给现有的顾客，以扩大现有产品的深度和广度，提高该厂商在现有市场的占有率。例如，网络零售巨头亚马逊推出的图书评论、关联推荐、数字产品“电子书”等，都可以看作是新产品维度的发展。

4. 多样化战略

多样化战略（diversification）提供新产品给新市场，多样化战略包括核心业务多样化、相关业务多样化与无关业务多样化。例如，亚马逊的图书与唱片在2000年持续盈利，但是随后推出产品多样化战略，包括陆续推出的玩具、服装、电子产品等产品大类。企业通常选择核心业务多样化与相关业务多样化的发展战略，因为这样成功的可能性更高。

2.3.3 多渠道传播战略

互联网的出现使得传统的线下营销沟通平行衍生出基于Web 1.0的网络营销沟通，即以网络广告、网站公关等为代表的网络营销传播；而伴随着Web 2.0的兴起，以社会化媒体崛起为标志，相对于基于Web 1.0的网络营销沟通又平行衍生基于Web 2.0的网络营销传播（如表2-4所示）。上述三个维度的营销传播共同构成了企业的多渠道传播战略。企业选择适宜的多渠道传播组合是一项复杂的挑战，企业需要从两个角度进行充分的评估。第一，客户渠道偏好。部分消费者偏好利用网络渠道进行产品选择与订单实现；而部分消费者依然偏好传统渠道。第二，组织渠道偏好。对于企业而言，传统渠道的营销沟通比网络渠道的营销沟通更为昂贵；然而，这并不意味着传统渠道的营销沟通比网络渠道的营销沟通更为有效。例如，汽车保险的业务销售可能通过网络的在线比较反而比电视上的广告投放更为积极。传统渠道的部分营销沟通方法依然会发挥自己独特的作用，例如，通过面对面与电话联络的人员沟通能够带来更优的用户体验，以提升客户忠诚度。

表2-4　多渠道传播战略

渠道类型	传统线下营销传播	Web 1.0的网络营销传播	Web 2.0的网络营销传播
描述	以传统的离线电视、广播、报纸、杂志为代表的线下营销传播	以网络广告、网站公关等为代表的线上营销传播	以社会化媒体（微博、社会化网络、百科等）为代表的线上营销传播

企业需要灵活机动地开展多渠道传播战略，针对不同的目标市场配置不同的传播工具。以戴尔为例，戴尔的目标市场可以分为低度价值目标市场（如小企业或消费者）和高度价值市场（如能够实现大量订单的大企业市场），不同细分市场的价值各自不同。对于消费者，戴尔推出低成本的网络渠道；对于中等规模的企业，戴尔推出网络呼叫中心，利用电话沟通来满足客户；对于高度价值的大型企业，戴尔通过客户经理以定制化方式来加以个性化沟通。

2.3.4 自我定位和差别化战略

Deise等人于2000年提出，在网络背景下，相对于竞争者提供的产品或服务，公司可以基于4项主要变量来定位自己的产品。4项主要变量即产品质量、服务质量、价格和实现时间，基于上述变量，他们同时提出如下公式，并认为这一方法有利于评估上述4项产品因素的组合如何影响对于价值或品牌的客户认知。

$$客户价值=\frac{产品质量\times服务质量}{价格\times实现时间}$$

这一战略评估产品和服务质量的提高与价格和实现时间的降低的配比程度。Chaston

于2000年提出在网络市场上有4个战略选项可以用来给一个公司定位。Chaston提出的4个战略选项与Deise等人提出的4个不同变量具有明显的相关性。Chaston认为其提出的4个战略选项应该建立在已有的优势上,并且可以通过网络设施建设来强化定位。第一,产品性能优异,即通过提供网络产品定制来加以强化。第二,价格性能优异,即提供给公司忠诚客户具有竞争力的价格或者当市场需求相对不足时降低价格。第三,交易优异。例如,软件系统通过将定价的信息与动态的产品信息、库存水平和订单数量相结合来达到交易优化。第四,关系优异。利用个性化特征鼓励消费者评价销售订单历史与实现重复购买。这些定位选项与波特的通用性竞争策略,如成本领先策略或者广泛市场的差异性和市场细分方法具有许多共同之处。市场细分方法注重更为有限的目标市场。

2.3.5 商业和收益模式战略

与产品密切相关的商业模式与收益模式的机会审视也是网络营销战略的重要决策之一。评估全新商业模式是重要的,如果公司不加以审视创新机会,竞争者和新的进入者将随之而来。无论是美国的谷歌、戴尔,还是中国的淘宝、京东商城都在不断地创新,开发与尝试全新的商业和收益模式,参见案例2-1。

【案例2-1】 戴尔商业模型的创新

戴尔公司在制定和创新商业模式方面为我们提供了一个典范。戴尔公司是20世纪90年代第一批在网上销售个人计算机的公司之一,已经获得了市场先行者的优势。公司的计算机及其他产品的销售额从20世纪90年代中期的每天100万美元到2000年的每天200万美元。以这些成果为基础,公司发现可以用自身品牌效应向已有客户提供新的服务并发展新的客户,这是一种新的商业模式。2000年9月,戴尔宣布了一个计划,与像软件供应商这样的企业资源计划专家、系统集成商以及商务咨询公司联合提供互联网咨询服务。这种活动使戴尔最重要的B2B用户外部网络与ERP系统采购部分实现了一体化,例如SAP和Baan,因此避免了产品重复营销并降低了成本,戴尔的商业方案对它今天的业务有重大作用。

在另一项议案中,戴尔在2000年推出B2B市场(以前是www.dellmarketplace.com),旨在提供折价的办公用品和服务,包括计算机、外围设备、软件、文具以及旅游消费等产品。后来的发展证明这种战略是行不通的,但检验了一个商业模式的可行性,仅运营了4个月就关闭了卖场。这是戴尔电子商务公司的灾难。尽管这样,它仍提供了一个相对低成本的购买方法——戴尔的经销店,主要经营计算机退回和翻新。

注意:商业模式的灵活性并不意味着公司不应该重视其核心业务。2000年对英国主要的网络公司,如Autonomy、Freeserve、NetBenefit和QXL的首席执行官的调查中得出的结论是:虽然灵活性是有用的,但并不一定在公司的商业模型中适用。报告说:"在过去的新经济中,一个被广泛认同的理念已经改变了,灵活是好的,但这些被访问者认为,到目前为止,实际上那些坚持单一模式的公司在这方面更加成功。首席执行官们虽不会改变他们一开始的计划,但是新公司在市场、机会和合作关系方面应该是灵活的。"

在所有的战略选项中,管理者需要考虑"什么都不做"的选项,这种情况下公司不会冒险采用任何新的商务模式，而以一个“观望者”或者“跟随者”的角色来观察竞争者的决策，如果新的模式被证明是可以接受的，公司就会立刻采取行动。

2.3.6 O2O 营销模式战略

O2O 即 Online To Offline(线上到线下)，O2O 对于推动电子商务从销售货物向提供服务和体验转变起到很大的推动作用。从 2013 年起，基于本地化与智能手机的快速发展，O2O 营销模式进入高速的发展阶段。O2O 营销模式是指将线下的商务机会与互联网结合，让互联网成为线下交易的前台。O2O 营销模式作为线下商务与互联网结合的新模式，解决了传统行业的电子商务化问题。O2O 营销模式强调的是“实体体验式消费”，适合那些面对面“亲自”接受的体验型服务。O2O 通过打折、提供信息、服务预订等方式，把线下商家的消息推送给互联网用户，从而将他们转换为自己的线下客户，其尤其适合于必须到店消费的商品和服务。例如餐饮、健身房、咖啡店、电影院、美容院等。O2O 网络营销模式的优势主要体现为 4 点：第一，实体供应商以互联网为媒介，利用其传输速度快、用户受众多的特点，快速聚集大量的线上用户；同时，通过在线营销，商家能够实现经济有效的宣传效应，降低了线下实体店面的营销成本，大幅度地提高营销效率，从而减少了对于店面地理位置的依赖性。第二，O2O 营销模式下，客户订单线上产生、线上预付的方式，订单透明度高，使得每笔客户交易可以追踪，便于实体商家实时、定量统计营销效果，有利于实体商家合理规划经营；在此基础之上，商家还可以实施深度的客户关系管理。第三，用户足不出户，就可以依靠网络便捷地了解商家的产品乃至服务，同时，还可以借鉴已有消费客户的评价；通过网络直接线上咨询交流。第四，降低了客户的购买成本。通常，实施 O2O 营销模式的商家，经常会使用比线下支付要更为优惠的手段吸引客户，客户能够获得比线下消费更便宜的价格，这也为消费者节约了商品或服务支出。

【案例 2-2】 良品铺子的“O2O”

良品铺子是一家休闲食品连锁运营公司，2010 年 8 月在湖北武汉成立。主要业务包括休闲食品的研发、加工分装和零售服务等。良品铺子于 2006 年 8 月在武汉成立了第一家门店，至 2015 年线下门店数量超过了 1700 家，主要分布于湖北、湖南、江西、四川、河南五个省份。2012 年 10 月良品铺子成立电商部，正式涉足电商领域，考虑实施互联网化转型。目前，良品铺子的线上销售渠道除了其 B2C 商城以外，还包括天猫、淘宝、京东、当当、聚美、1 号店等第三方电子商务平台，微信端有公众号和微商城，如图 2-4 和图 2-5 所示。

良品铺子在发展电商、微商等线上业务的同时，继续拓展实体店铺，用线上的资源和互联网方式变革传统企业营销模式和顾客体验，从而实现 O2O 全渠道零售服务模式。良品铺子的 4 种 O2O 模式分别为：天猫极速达(天猫下单，门店 2 小时送达)、淘宝到家(淘宝购物，门店 2 小时送达)、门店自营商场(通过门店送货或者会员到门店自提)、良品送体系(自建配送队伍，统一服装和服务标准，时效更快，成本更优)。良品铺子实施的全渠道战略，使其线下和线上资源相得益彰，构建了一个客户体验的良性生态。

2017 年 1 月，良品铺子携手“饿了么”抢占年货市场，主推“一小时年货到家”。国内

图 2-4　线上的天猫旗舰店

图 2-5　线下的终端实体店

领先的零食电商“良品铺子”携手外卖平台“饿了么”，推出“一小时年货到家”的外卖零食本地化、实时化的新模式，完全颠覆了消费者固有的购物体验。具体表现在：即日起，凡有“良品铺子”实体店覆盖的区域，在开门营业时段内，消费者的网上订单将由“饿了么”急速配送。例如，人在北京，想给成都朋友送良品铺子年货，也可以通过点“饿了么”，输入朋友地址，一小时内即能送到。

思考题

1. 简要分析平衡计分卡方法。
2. 基于上述网络营销的战略决策，选择你熟悉的企业，进行具体分析。

第二篇

网络消费者理论

第3章 网络消费者市场

学习目标

- 理解并掌握影响网络消费行为的主要因素，包括文化因素、社会因素、个人因素和心理因素；
- 理解并掌握网络消费的基本决策过程，即需求唤起、信息搜索、选项评估、购买决策、购后评价；
- 了解网络消费者研究的主要技术与方法。

3.1 网络消费者概述

截至2018年6月，我国网络购物用户规模达到5.69亿，相较2017年底增长6.7%，其中，手机网络购物用户规模达到5.57亿，相较2017年底增长10.2%。我国网络购物市场依然保持着稳健的增长速度。网络购物服务的持续深化将带动更多的网民通过互联网实现日常消费，网络购物用户规模也将持续稳健增长。

我们可以从近年来全球电子商务热潮中感受到：网络零售这一商业模式进一步强化了消费者的主体地位。网络零售企业的发展在很大程度上取决于网络零售商对消费者需求的把握程度及反应情况。在网络购物过程中，哪些因素影响了消费者的网络购物行为？消费者如何进行网络购物决策？网络零售商又如何把握消费者的消费心理与消费行为，并调整可控因素来迎合消费者的需求？这一系列相互关联的问题是网络消费者市场研究的热点问题。

3.2 影响网络消费者购买的主要因素

对消费者网络购物行为影响因素的研究，是网络零售商提高顾客服务水平，不断发展的坚实基础。已有的研究表明，诸多因素对消费者网络购物行为发生影响，包括消费者自身因素、社会文化因素等。

消费者自身因素包括消费者个人特征、消费者个性、个体心理因素等。

社会文化因素包括消费者上网成本、网络交易技术的成熟性、隐私保护的相关政策与法律、社会风俗和价值观等。

网络消费者的购买决策是文化、社会、个人与心理等因素综合作用的结果。识别出营销人员可以控制的因素，能辅助他们制定产品、价格、渠道、促销等策略，以激发消费者的强烈反应。

3.2.1 文化因素

文化是一个综合的概念，它几乎包括了影响个体行为与思想过程的每一个事物。文化是一种习得行为，它不包括遗传性或本能性的行为与反应。文化虽然并不决定如饥饿那样一些生理驱策力的性质和频率，但它却影响是否反对以及如何使这些驱策力得以实现或满足。

由于人类的绝大多数行为均是由学习获得而不是与生俱来的，所以，文化确实广泛影响着人们的行为，人们总是与同一文化下的其他人员一样行动、思考、感受。文化的影响如同我们呼吸的空气，无处不在，无时不有。我们很少能意识到它对我们的影响，除非其性质突然改变。否则，我们通常将其作为既定事实加以接受。

消费者的购买决策往往受到所处文化环境的影响，但亚文化对消费者决策的影响要远远大于主流文化。亚文化是指某一文化群体所属次级群体的成员共有的独特信念、价值观和生活习惯。亚文化不仅包括与主流文化共通的价值观念，还包括自己独特的价值观念。

互联网的出现和发展，形成了独具特色的网络族群和网络文化，例如那些出于共同的兴趣或爱好(网络游戏、音乐等)而形成的新闻组、虚拟社区、聊天室等。这些亚文化网络族群中的成员往往具有相同的网络价值观，并且遵循相同的网络行为准则。

随着互联网的发展，网络亚文化作为一种新兴的亚文化日益深刻地影响着人们的生活与价值观念。同时，随着电子商务向纵深发展，网络消费者的结构变得较为复杂，网络文化开始表现出丰富多样性的特征。在其影响下，消费行为趋向于多样化，消费者所购买的商品组合变得多元化。统计发现，由于网购品类的不断丰富和细化，2013 年至 2015 年间，中国单个用户网购品类从低价的日用百货、书籍音像制品向价格较高的电脑/通信数码产品及配件、家用电器扩散；从外用的服装鞋帽向食品/保健品渗透。

【案例 3-1】 网络语言文化

网络流行语、网络游戏、QQ 或 MSN 聊天、恶搞和网络文学等，都是网络亚文化的表现形式。其中，网络流行语和恶搞是它的两大主要内容。例如火星语、无厘头、跟帖、抱团、PK(粉丝大战)、人肉搜索、晒客、PLMM(漂亮美媚)、很傻很天真、打酱油、囧等新兴词汇层出不穷。除了网络流行语外，还有淘宝体、凡客体、咆哮体、知音体、TVB 体、360 体等网络流行表达方式。其中，淘宝体、凡客体是产生于网络购物的表达方式，体现了网络消费的亚文化。

淘宝体：说话的一种方式，常见于淘宝网卖家对商品的描述，或淘宝网卖家与买家的购物沟通过程中。

常见字眼：亲……！哦…… !!!

举例：

亲！给好评哦!!!

亲！这个不可以哦!!!

亲！下次来九五折哦!!!

亲！记得好评哦！有红包哦!!!

亲！熬夜不好哦!!!

亲！包邮哦!!!

凡客体：即凡客诚品(VANCL)广告文案宣传的文体。该广告意在戏谑主流文化，彰显其品牌的个性形象。然而其另类手法也招致不少网友围观，网络上出现了大量恶搞凡客体的帖子，其广告词极尽调侃，令人捧腹，被网友称为“凡客体”。

凡客诚品广告王珞丹版：

我爱表演，不爱扮演；

我爱奋斗，也爱享受生活；

我爱漂亮衣服，更爱打折标签；

我不是米莱，不是钱小样，不是大明星，我是王珞丹。

我没什么特别，我很特别；

我和别人不一样，我和你一样，我是凡客。

凡客体经过网友的想象和加工，已变成网上流行的个人标签。例如：

爱工作，爱生活；

爱晚睡，爱早起听音乐；

爱名牌，也爱马路边的地摊货；

我不是成功人士，不是谁的榜样，我是某某；

我只代表我自己，要和我一样。

3.2.2 社会因素

社会因素是指消费者周围的人对他所产生的影响。其中以家庭、角色地位、参考群体和社会阶层最为重要。

人们占据多种位子，同时扮演多种角色，多种角色需求可能不一致，对一个人的行为就有多种期望。例如，一个男子不仅扮演父亲和丈夫的角色，而且还可能是公司主管、社区组织成员或者大学夜校的学生。个人角色不仅影响一般行为，而且还影响购买行为。

个人在具有多种角色的同时，也是某个子群体的一员，从而认可、采纳和接受群体成员的价值观念、态度和行为。相关群体对个人来说可以起到参照物和信息来源的作用。人们的消费行为可以变得和群体成员的行为和信念一致。相关群体对购买决策的影响程度依赖于个人对相关群体影响的敏感性和个人与相关群体结合的强度。

社会阶层是指按照一定的社会标准，如收入、受教育程度、职业、社会地位及名望等，将社会成员划分成若干社会等级。人们属于不同的社会阶层，同一社会阶层的人往往有着共同的价值观、生活方式、思维方式和生活目标，这些因素影响着他们的购买行为。同时，不同社会阶层的人之间在生活习惯、思维方式、购买动机和消费行为等方面存在明显的差别。例如，在商店的选择、消费和储蓄倾向、产品的选择、购买数量、娱乐休闲方式、媒介的选择、对广告的反应、价格心态、品牌忠诚度及消费审美观方面都存在较大的差异性。

随着我国社会经济的发展，社会生活节奏也在加快。网络消费的便捷性迎合了快节奏的生活方式，消费者在线下消费必须付出时间、精力和体力。而网上商店 365 天 24 小时营业、网上支付或者货到付款的支付方式、送货上门等服务带给消费者许多便利，能够很轻松地实现随时随地消费。此外，由于技术的不断升级和移动网络的全面覆盖，移动支付场景也日益丰富，越来越多的消费者选择用手机等移动终端进行消费支付，摆脱了现金不易携带、容易丢失以及找零的烦恼。

社会因素对于网络消费行为的影响体现在很多方面。网络消费者具有高学历、高收入的特点。他们的生活方式往往表现出某种殊荣和优越，成为人与人之间相互认同或区分的标记，为众人的效仿创造了一种无形的压力，以至社会的其他阶层也会效仿进行网络消费。网络消费的目的在某种程度上是为了让消费者保持与社会中优势群体的所谓一致性，从心理上提升消费者自我形象、角色地位，满足群体归属认同的需要。

同时，随着我国社会结构的转型，消费者个体的生存压力也在增大。网络消费可以提供从例行日常生活中转换的机会，并具有消遣娱乐的功能。网络消费可以暂时使消费者脱离现实、转换心境，达到快速压力释放与自我满足的状态。

【案例 3-2】 网络消费者数据

中国互联网信息中心(CNNIC)在第 42 次《中国互联网络发展状况统计报告》(2018 年 7 月发布)中指出，截至 2018 年 6 月，我国网络购物用户规模达到 5.69 亿，相较 2017 年底增长 6.7%，占网民总体比例达到 71.0%。手机网络购物用户规模达到 5.57 亿，相较 2017 年底增长 10.2%，使用比例达到 70.7%。

随着经济的发展、收入水平的提高以及网购渠道的日渐多样化，网络零售消费群体分层趋势日渐凸显，一二线城市高收入年轻用户作为网络零售存量市场主要群体，更注重购物品质和消费体验，网易严选、盒马鲜生等品质电商、创新业态带动该用户群体消费升级；三四线城市中老年“长尾”消费群体成为网络零售市场新增量用户，社交平台通过低价拼团模式满足此类消费者价格敏感、消费升级的需求。

3.2.3 个人因素

影响消费行为的个人因素主要包括消费者个人基本特征、个性以及生活方式。

人口统计变量是个人因素的重要组成部分，主要包括年龄、性别、家庭、收入、职业、教育、宗教等个人基本特征。它被广泛地应用于细分消费者市场，以更好地制订针对目标消费者的营销策略。在互联网背景下，人口统计变量是影响网络消费者行为的重要因素。

消费者的个人特征可以在一定程度上解释网络购物频率和购物数量。网络消费者对互联网的熟悉或使用熟练程度会影响其网络消费行为。即对互联网越熟悉，操作应用会越来越熟练，消费者对互联网的恐惧心理也逐渐得到了抵消，网络购物行为发生的比率会越高。有统计发现，在互联网每周至少购物一次的消费者是网络的经常使用者，他们往往受过高等教育、收入比平均水平高，在计算机、教育或其他专业技术领域工作。

在性别方面，男性网络消费者在购物时理性成分居多，往往在深思熟虑之后才做出购买决策，而女性网络消费者购物时的感性成分则相对较多。

【案例 3-3】 不同性别用户网购行为差异

中国互联网信息中心(CNNIC)在《2016 年中国网络购物市场研究报告》中指出：

在网络普及的年代，女性和男性拥有同样的网络资源，网购的男女比例为 53∶47。但是，由于网络购物的时尚性、便捷性和娱乐性与女性的购物习惯相结合，女性热衷购物的习惯在线上延伸，女性买家逐渐成为网络购物的活跃人群。不仅如此，女性在网络购物用户中的比重也逐步提高。2015 年女性占网购用户的比例为 50.8%，略高于男性。到 2016 年，这一比例提升到 61.5%，明显高于男性，如图 3-1 所示。

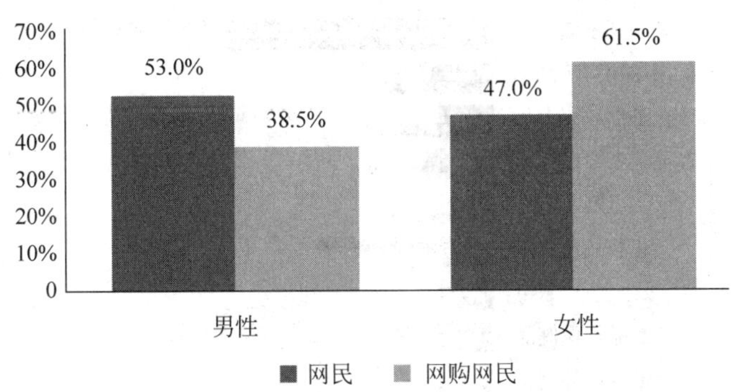

图 3-1 网购用户与用户性别结构对比

目前，我国男性高频网购用户占比高于女性，每半年在首选电商网站购物 10 次以上的男性用户占 12.5%，女性只有 9.9%，如图 3-2 所示。但是，女性在中频网购用户中占比较高，有 59.7%的女性用户半年网购在 3～10 次。

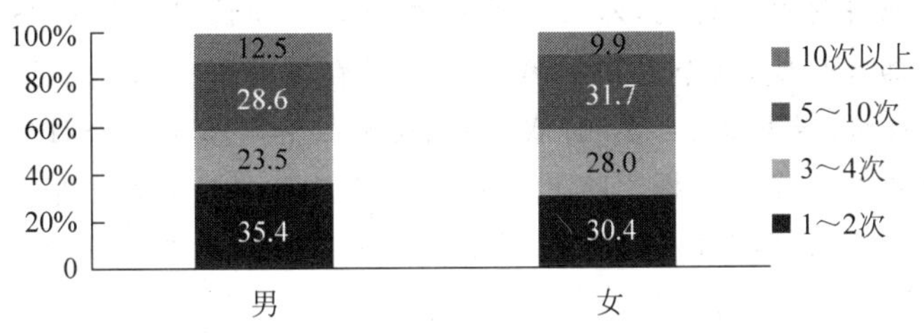

图 3-2 不同性别用户半年内网购次数

男性半年内在首选电商网站的购物金额多于女性，其中 31.6%的男性半年内网购在 1000 元以上，女性只有 23.4%，如图 3-3 所示。有 52%的女性用户半年内在首选电商网站购物 500 元以下，这一比例高于男性 5.5 个百分点。

不同性别用户在购物金额上的差别可能和选购的商品差异有关。从整体市场来看，男性用户人均年度网购金额约是女性的 1.2 倍。一方面，男性用户倾向于购买个人通信数码产品、电脑配件、家电以及运动设施等单价较高的产品，以及充值卡、游戏点卡等消费频次较高的产品；女性用户倾向于购买单品价值适中的化妆品、服装、家居、饰品，单品价格偏低的食品、保健品以及适龄群体才会用到的母婴产品。另一方面，对于高价值消费品，为了获得女性用户的欢心，男性用户通常会主动买单。如图 3-4 所示。

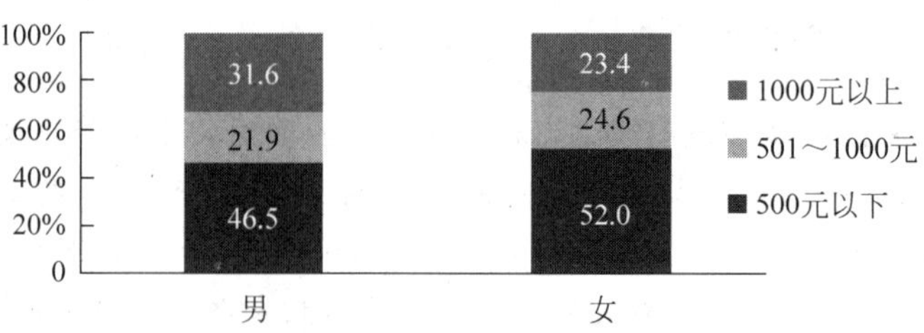

图 3-3　不同性别用户半年内在首选电商网站花费金额

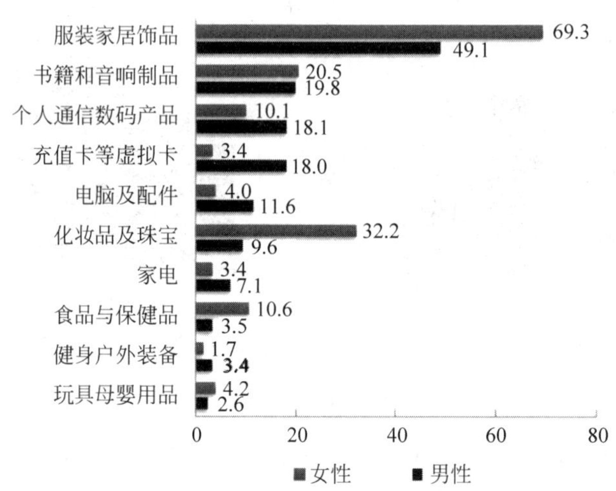

图 3-4　不同性别用户网购商品种类差异

个性是个人独特的心理结构，以及这种结构如何长期稳定地影响个人对环境做出反应的方式。人人都有个性，每个人独特的个性将影响其购买行为。个性常用形象词语来描绘，例如自信、权威、爱社交、自主、自我保护、适应性和野心等。个性可以被应用于分析消费者对某些产品或品牌的选择。随着网购品类的日益丰富，部分消费者尝试购买高端奢侈品，6.8%的网购用户有过在网上购买奢侈品的经历。其中以偏标准化的包袋和腕表居多，包袋类最多，腕表次之。

人们所表现出的个性并不是稳定的。例如，同样一个人有时是野性而疯狂的，有时又是认真负责的。但同时，环境因素(如社会因素和亚文化因素)通常对人们的行为起到了极其重要的作用。因此，个性的某些方面在营销策略中继续得到应用。

网络购物是出自个人消费意向的积极行动，消费者会花较多的时间到网络商店浏览、比较和选择商品。网络购物独特的购物环境与传统交易过程截然不同，独特的购买方式会引起消费者的好奇、超脱和个人情感变化。在网络购物过程中，消费者完全可以按照自己的意愿向商家提出挑战，以自我为中心，根据自己的想法行事，在消费过程中充分体现自我。当下的网络购物，消费者占据更多的主动权，消费者会本能地用网购平台的及时聊天工具与商家进行咨询、交流，也包括讨价还价。

【案例 3-4】 网络广告语

网络消费者往往富于想象力、渴望变化、喜欢创新、具有强烈的好奇心，他们对个性化消费提出了更高的要求。网络消费者所选择的已不再仅仅是商品的实用价值，更要与众不同，以充分体现自身价值。

2012 年京东商城电视广告紧紧抓住个性化消费这一主题。广告词紧扣消费流行趋势，强调消费的时尚、个性化、追求自主、突出自我的特征，以暗示在京东购物能给消费者带来个性化形象。

2012 年京东商城孙红雷版电视广告词如下：

"电脑越变越薄，鞋底越变越厚；

围巾变成在屋里带的，丝袜变成冬天穿的；

手机变成看的，书变成收藏的。

2012 你想怎么变？"

生活方式是一种消费模式，它反映了一个人如何使用时间和金钱，包括消费者活动(工作、嗜好、购买活动、运动和社会活动)、兴趣(食品、服装、家庭、休闲)和观念(关于自己、社会事物、商业和产品等)。生活方式表现的内容远比人的社会阶层或个性要多，它勾画出一个人在社会中的行动和兴趣的表现形式。现如今，网购已经成为多数网民的购物习惯，他们不仅只是追求价格便宜，也逐渐地偏向追求高品质的生活。数据显示，70.8%的网购消费者会将品质与价格折中考虑，24.6%的网购消费者甚至会因为高品质而忽略价格，只有 4.7%的网购消费者会因为商品的价格而略微牺牲品质。伴随收入水平的逐年增长，网购用户偏好也逐步向品质、智能、新品类消费转移。

由于个性因素的不确定性，在营销过程中往往将个性与其他因素结合使用，如个人休闲活动的选择、对社会现象的见解、审美品位等，通过生活方式来细分消费者。认真研究生活方式，可以帮助营销人员了解变化中的消费者价值观，并弄清它们是如何对购买行为发生影响。

【案例 3-5】 网络消费群体

李东、罗琼芳在《基于生活方式的网络消费市场细分实证研究》中，通过问卷调查，对 20 项量表测试语句进行因子分析。对提取出的因子进行聚类分析，将网络消费群体划分为 5 类。

群体一：网络体验族。

消费者大多为 20 岁以下的青少年。他们接触网络时间较短，在网上平均花费的时间不长，上网目的比较随意，主要为娱乐休闲与他人进行沟通和交流。对网络的了解程度不深，很少进行网络购物等交易活动，同时也较少利用网络进行学习。

群体二：网上玩家族。

大多年龄为 20～29 岁。这类消费者将网络作为主要的娱乐途径，通过网络游戏、下载或在线观看电影和收听音乐、随意浏览网页、观看网络电视等方式作为业余消遣，乐于在网络中体验各种娱乐方式。

群体三：积极进取族。

大多年龄为25～35岁，学历一般为大专以上。他们习惯通过网络获取相关知识和信息，帮助自己更好地学习和工作。生活态度积极，对学业或事业有较强的进取心，一般借助于网络解决问题、学习知识。

群体四：网络交易族。

大多有一定的经济基础，有一定的经济头脑，在购物前习惯于在网上搜索相关价格和产品性能等信息。较多地进行网上购物，利用网络银行办理网上购物或缴费等业务。他们是网络实用主义者，通过网络使自己的生活更便捷、更高效。

群体五：网络生存族。

一般学历较高，有一定的经济基础。这类消费者的生活将完全依赖于网络，通过网络进行办公或学习。同时在网上购买生活用品或食品，办理相关手续，并以网络为主要的休闲娱乐方式，他们的生活已经离不开网络。

【案例3-6】 中国"E世代"

卢泰宏在《中国消费者行为报告》中对中国E世代进行了研究。

E世代是指1978—1988年出生的，伴随互联网发展而成长，在成长过程中深受电脑及互联网因素影响的中国年轻一代消费者。E世代占了中国总人口的16%左右，作为最活跃的消费群正在引起商家广泛的关注。他们有着与父辈不同的生活方式，如何破译"E世代"的行为密码，更透彻地研究其生活形态，把握其价值观、消费倾向、业余活动等已成为市场营销策略的设计基础。

在研究中，研究者从生活形态角度入手对E世代进行研究。使用价值观、对网络的看法、闲暇活动消费三方面变量，通过先因子分析后聚类的数据分析方法，得出五大细分群体：孤寂努力型、开心刺激型、得过且过型、传统菜鸟型以及网络生存型。

首先，随着年龄增长，"传统菜鸟型"逐渐成长，传统价值观被淡化，开始追求成就感或者开心刺激的生活，逐渐转变为"孤寂努力型"或者"开心刺激型"。然后进一步发展，真正步入社会，体验社会种种现实后，转化为"得过且过型"，或者凭借一手好的网络技术，成为"网络生存型"，以网络作为生存的重要手段和工具。

(1) 孤寂努力型——低年级大学生：

孤寂努力型占总体的26.13%。该类型可以破译为低年级大学生，年龄为19～21岁，平均每天上网2～3小时，男女比例相仿。性格偏内向，渴望激情，然而却只能借助网络舒缓孤独。内心渴望成就，因此非常积极努力、自我丰富，以求个人提升。他们热切地采用自我丰富型的休闲活动。例如上培训班、学英语、学计算机等。因此这一类型的人是培训业的主要市场所在。另外，他们不喜欢"与人沟通"类型的休闲活动，如逛街，还有"懒人平淡"型的活动，如睡觉、看电视、听音乐。

在日常生活消费方面，该类型追求潮流，向往西方的文化和生活形态。在购物方面，追求展现个性的产品，以博得别人的认同。工作方面同样希望不断努力取得成就和别人的承认。

注意：该类型是"网络消遣产品"(如网络摄像头)、"新潮产品"以及"培训业"的主要市场。

(2) 开心刺激型——大学低年级和低龄社会青年：

开心刺激型占总体的19.87%。该类型可以破译为大学低年级学生以及刚步入社会的低龄青年，年龄为19～21岁，平均每天上网5个小时，男性占绝对优势，性格偏外向。他们不追求成就感，追求开心刺激高于一切，对传统价值观有一点点叛逆。他们对网络熟悉，网络可能就是他们工作、获取信息的一个手段。在日积月累中，网络带来的各种各样新奇百怪的思维和文化淡化了他们的传统道德，他们开始通过网络物色异性，发展激情，不承担责任，只求片刻的刺激。休闲方面他们偏好动感激情的活动，例如迪斯科、卡拉OK等夜生活，打麻将、打扑克、玩网络游戏等带有刺激感的活动。

在日常生活消费方面，该类型追求个性的展示，追求潮流，向往西方的文化和生活形态。购物方面追求个性产品，以增加自己的吸引力，且多为随意冲动型购买者。工作休闲方面，他们是休闲至上，向往自由职业，例如艺术家、自由撰稿人、个体户等。

注意：该类型是潮流、个性产品的重要市场，也是夜生活场所的常客。

(3) 得过且过型——已经工作一段时间的"老油条"：

得过且过型占总体的24.41%。该类型可以破译为已经工作一段时间的"老油条"，年龄为21～25岁，平均每天上网2～3小时，男女比例相仿，性格偏内向。他们的特征是对什么都不大感兴趣，不追求开心刺激，不追求成就感，不追潮流，没有个性化购物需要等，仅仅对传统价值观有一点点叛逆。休闲方面，他们更是对什么都不感兴趣，对动感刺激的、懒人平淡的、与人沟通的、自我丰富的反应都非常平淡。他们不关注自己生活的目标，没想过自己需要什么和喜欢什么，对所有东西都显出无所谓的态度，过着得过且过的生活。

在日常生活消费方面，该类型不追求潮流，不向往西方的文化和生活形态。在购物方面，没有特殊的需求，也不需要个性化的产品。在工作方面，不需要别人的认同，也不会牺牲休闲而工作。

注意：以该类型为目标市场显得难度非常高，因为他们对什么都提不起兴趣。

(4) 网络生存型——新一代IT新贵：

网络生存型占总体的6.48%。该类型可以破译为新一代IT新贵。随着网络步入中国、中国信息产业的迅速崛起而成长起来的新一代IT人士，他们是中国现在IT产业的中坚力量，在各大网络公司、软硬件公司，或者与网络运营有关的行业中任职的年轻人，也包括了需要利用网络获取信息的信息相关产业年轻工作者。他们年龄为21～25岁，平均每天上网5个小时以上，男女比例相仿，性格外向。他们反传统，不可以离开网络，对传统价值观不屑一顾，有自己的想法，追求成就感，但不追求刺激。网络是他们的生存工具，他们对网络非常熟悉。有时候，网络也会对他们的寂寞起一定缓解作用。由于他们工作很忙，压力比较大，他们不喜欢动感刺激的活动，多采用"懒人平淡型"的休闲，例如睡睡觉、看看电视、听听音乐或者与人沟通的活动、聊天等，逛街也可以凑合。

在日常生活消费方面，该类型不追求流行，不向往西方文化。购物非常审慎，宁愿花钱买品质。工作方面，由于太忙了，虽然心理渴望休息，但还是不得不为工作让路。

注意：该类型是审慎型消费者，是电子信息产品，如网络、软硬件产品的主要消费者。

(5) 传统菜鸟型——低龄中学生：

传统菜鸟型占总体的20.09%。该类型可以破译为在校的中学生团体，年龄在20岁以下，平均每天上网不到2小时，女性占绝对优势，性格偏内向，暂时还是由传统教育价值观控制。学校填鸭式的教育和升学压力，令他们没有"想入非非"，是最传统、最"乖"的一群。他们受传统价值观影响，不追求成就和开心刺激。他们对网络不熟悉，暂时还不清楚网络可以用来做什么，对网络没有什么需求。休闲方面，他们都是跟随"父辈们"的休闲方式，以"懒人平淡"休闲为主，如睡觉、看电视等，不想进行动感体验和自我丰富的活动。

在日常生活消费方面，该类型非常热爱追求潮流，且由于年纪较小，对品质不敏感，不会花钱买品质。在工作与休闲方面，由于暂时的自我选择还不多，因此没有显著特征。

注意：该类型是潮流产品的主要市场，但却是网络产品的绝缘地。

3.2.4 心理因素

消费者的网络购物行为主要受几个心理因素的影响：动机、感知、学习、信念和态度。动机促使消费者产生行为，在感知购物环境的过程中进行学习，在学习和实践的基础上形成关于消费的态度和信念，信念和态度都会影响购买决策。

消费者需要是指消费者生理和心理上的匮乏状态，即感到缺少什么，从而想获得它们的状态。需要有无限发展性，因而人的需要不会有完全被满足和终结的时候。动机是决定行为的内在动力，引起动机的内在条件是需要，外在条件是诱因。仅有需要不能导致个体的行动，但即使缺乏内在的需要，单凭外在的刺激，有时也可能引起动机并产生行为。

感知是消费者对从环境中得到的信息进行感觉、组织和理解的过程。面对大量的信息，消费者会对其进行选择，通过生理和心理上的活动对这些信息进行屏蔽和筛选。消费者的购买决策是以获得有关购买问题的知识和信息为前提的。

信息获取本身就是一种学习，而如何或通过什么样的渠道获得信息，获得哪方面的信息，均需要借助于学习这一手段。消费者关于某种产品或服务的态度，也是经由学习而逐步形成的。消费者态度的转变也是建立在学习的基础上，消费者的学习还影响到对产品或服务的评价。

态度是指消费者对某一事物或观念所持有的正面或反面的认识上的评价、情感上的感受和行为上的倾向。态度也是指对特定刺激的一般心理倾向，即以可预期的方式进行活动的倾向。态度的改变在社会心理学和消费者行为研究中占据中心地位。

根据网络消费者购物意向的明确程度，可将网络购物的动机分为两种：购物意向明确与购物意向模糊。不同的购物动机所带来的购物行为有较大的区别。消费者购物意向明确时，在网络购物开始阶段主要是通过关键词搜索，或者有目的地点击网站商品分类开始购物，并逐级聚焦商品分类。在这样的动机下，消费者会积极地学习相关操作技能、购物流程、产品资讯、口碑评价等信息。在学习的基础上，建立关于网站、商家、产品的信念和态度，以评估网站、商家、产品对自身购物需求的符合和满足程度，并据此做出购物决策。6年前，消费者还会因为追求便捷、节约时间以及单纯觉得时尚有趣选择网上购物，而时至今日，网购用户在进行消费时看重的却是网络口碑、价格和商家的信誉。

当消费者购物意向模糊时，在网络购物开始阶段主要是随意地浏览网页，或者浏览相关推荐、促销活动等信息。在这样的动机下，消费者很少自主发生关于网络购物的学习行为。冲动购物或感性购物是这种动机的代表性购物行为。网络营销中常用的价格低廉、个性新潮等诉求往往会激发消费者的冲动购物。

【案例 3-7】 大学生网络购物态度影响因素

中国电子商务研究中心在 2009 年进行了《大学生网络购物态度形成的影响因素研究》。

在研究中，采用技术接纳模型提出研究假设，验证大学生对电子商务网站有用性、易用性的认知对网络购物态度、意向和行为等方面的影响。

具体研究假设如下：

H1、H2：大学生的易用性认知对网络购物正向态度、高介入态度形成呈正相关。

H3、H4：大学生的有用性认知对网络购物正向态度、高介入态度形成呈正相关。

H5、H6：大学生的风险认知对网络购物正向态度、高介入态度形成呈负相关。

H7、H8：大学生的创新特性对网络购物正向态度、高介入态度形成呈正相关。

H9：大学生的创新特性对风险认知呈负相关。

在数据分析过程中，使用李克特 5 分量表法。在样本的选取上，研究采用"就近随机"抽取的原则。调查的地点是重庆，调查的对象是重庆地区的在校大学生。调查共回收问卷 304 份，其中有效问卷 270 份。对以上提出的研究假设分别进行二元变量相关分析。假设检验结果如下：

(1) 有用性认知、易用性认知和创新特征与网络购物正向态度的形成呈显著正相关。

在正向态度形成的相关因素中，有用性认知和易用性认知与正向态度的相关系数都达到 0.5 以上，且呈显著性相关。这可能是因为大学生群体以校园作为主要活动场所，到商场挑选和购买商品的时间较少，一旦他们能够感受到网络购物的快捷高效或操作方便简单，则有可能对网络购物做出较好的评价。具有创新特质的大学生更倾向于使用网络了解商品信息或购买商品和服务，因此也可能对网络购物持正向态度。研究还表明，大学生的风险认知对网络购物态度好坏没有影响。

(2) 风险认知对高介入态度有显著负相关。

创新特征、有用性认知对高介入态度呈正相关。研究结果显示，大学生对网络购物的风险认识得越多，越可能逃避网络购物，这与国外相关研究的结论相一致。创新特性与有用性认知都对网络购物高介入态度呈正相关，但相关系数仅在 0.25 左右，这是由于大学生决定是否通过网络购物是一个复杂的心理过程，而不仅仅取决于其创新特质或对网络购物有用性的感知。

(3) 创新特征与风险认知有显著负相关。

创新特征与风险认知的相关系数达到 0.671，且为显著的负相关。研究认为，具有创新特性的大学生喜欢环境或事物的变化，并且不惧怕不确定的事情。因此针对网络购物是虚拟交易所带来的不确定和可能承担的风险，具有创新特性的大学生消费者能把对风险的认知降到最低层次。

3.3 网络消费购买决策过程

消费者的购买行为是为了使用商品、获取商品的效用来满足自身的某些需求，并不是简单地为商品而购物。网络消费者的决策过程可分为需求唤起、信息搜索、方案评估、购买决策和购后评价五大部分。

当消费者知觉到某事物的实际状态和期望状态之间有差距，且当差距扩大到足以激发消费者进入购物决策程序，便引起消费动机，唤起知觉上的需求，进而产生问题与需求认知。当消费者意识到自己的需求时，就开始搜索内部或外部信息，以满足需求，为购买前的方案提供充足的信息。在这一过程中逐步形成一套方案评估标准，做好购买前的方案评估。然后从可能的方案中选择最后确定要购买的商品，做出购买决策，产生购买行为，取得所要的商品或服务。在购买后，对本次购买行为进行评价，加深消费者对商品或服务消费经历的体验，这将有助于制定未来的购买决策。消费者对购买行为将产生满意或不满意的情况，若是对购物经历感到满意，则加强其信念并将满意结果储存于记忆中；若对购物经历感到不满意，则会导致消费者产生购买后的心理失调。

网络消费者的购买决策行为可归纳为图 3-5。

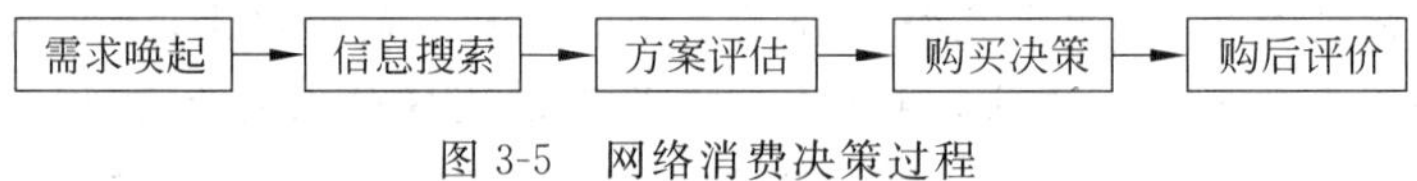

图 3-5　网络消费决策过程

消费者决策过程的 5 个阶段是一种理想的线性模式。在现实的网络购物环境中，决策过程往往比较复杂。但对于线性模型的学习和理解，将有助于我们进一步探索、研究复杂的网络消费决策模型。

【案例 3-8】　淘宝网钻石消费者调研之一

随着生活和经济水平的提高以及保值等多种因素的影响，钻石作为非生活必需品、奢侈品，整体消费发展很快，线上线下都呈现高速增长。但由于钻石商品的相关特性以及较高单价，线上交易的诸多不确定性因素制约着更多消费者的钻石网络购买行为。因此，淘宝网用户研究团队在 2011 年进行《淘宝网钻石消费者调研》，以研究钻石消费行为。本案例将以此项研究作为案例素材进行分析。

《淘宝网钻石消费者调研》相关背景资料是，该研究期望帮助淘宝网珠宝类目运营、产品团队在了解消费者钻石消费决策过程的基础上，梳理、规划淘宝网珠宝市场的服务、规则、商品、营销、产品设计等工作。

在研究过程中，重点对以下内容进行探索：

- 挖掘钻石消费者、潜在消费者购买钻石的决策过程；
- 比较钻石消费者在互联网上和线下实体店中选购钻石的决策差异；
- 发现网络购买钻石的购买决策障碍以及网络购买钻石的消费者利益。

研究采用定性与定量结合的研究方法。定量方法采用网络问卷调查方式，共收集有效样本 5130 个。研究中将消费者分为 4 个群体：线下实体店钻石消费者、淘宝网钻石消费者、网络非淘宝网钻石消费者、淘宝网潜在钻石消费者，下文简述为“线下消费者”“淘宝网消费者”“竞争网站消费者”和“潜在消费者”。

样本特征与数量归纳如表 3-1 所示。

表 3-1 “淘宝网钻石消费者调研”定量问卷样本特征

样本特征	样本量	样本特征	样本量
线下消费者	3037 个	竞争网站消费者	193 个
淘宝网消费者	520 个	潜在消费者	1380 个

定性方法采用深度访谈、焦点小组座谈会。研究中共访谈了 24 名消费者，样本特征与数量归纳如表 3-2 所示。

表 3-2 “淘宝网钻石消费者调研”定性研究样本特征

样本特征	样本量	样本特征	样本量
线下消费者	9 人	竞争网站消费者	3 人
淘宝网消费者	3 人	潜在消费者	9 人

3.3.1 需求唤起

网络消费者购买决策过程的起点是需求唤起。

通常，人体内在的需要和外部刺激都可能唤起消费者的需求。消费者需求的产生有以下几个方面的诱因。一是情感动机。如新奇感、快乐感、满意感等消费者的个人心理情感可能诱发网上消费需求，这种基于情感的动机通常是不稳定的。二是理性动机。当消费者认为已有的商品不能满足需求时，就会产生购买新产品的欲望。三是光顾动机。这是指消费者由于对特定的网站或商品等产生特殊的信任与偏好而习惯性光顾，并在光顾的过程中产生购买动机。这类消费者通常是某一网站的忠实浏览者，他们不仅自己经常光顾这一网站，还会向周围的朋友推荐该网站。

在网络购物中，需求的唤起与网页等外部因素刺激有很大关系，这些外部因素主要是指对消费者的视觉和听觉产生刺激的文字、图片和音乐，诸如当下流行的视频广告、购物直播等。在浏览网页的过程中，消费者接受来自网页的外部刺激，在消费心理作用的配合下，唤起需求欲望。当需求欲望达到一定程度并形成购买动机后，网络消费者明确自己的需求，于是需求唤起。有数据显示，70.6%的网购搜索消费者会注意到购物搜索结果中的推广信息或广告，其中有 19%的用户会对出现的广告表示信任和接受。一旦这部分用户产生点击，很大程度上会促成其购买。

【案例 3-9】 淘宝网钻石消费者调研之二

在《淘宝网钻石消费者调研》的研究中发现：

- 消费者对于钻石的消费需求呈现多样化趋势。
- 线下消费者、淘宝网消费者、竞争网站消费者和潜在消费者，在钻石的消费需求方面具有同质性，未呈现明显差异。

• 消费者对于钻石的消费需求是多方面共同作用的结果，主要体现为理性动机。由于钻石商品价值较高，所涉及的感性动机和光顾动机较少，如表 3-3 所示。

表 3-3 钻石消费动机

主要消费动机	消费者的描述
结婚相关	“结婚嘛，肯定还是要有个戒指的” “我也是婚戒” “如果要结婚的话，肯定就有需求的”
投资	“也考虑一下投资啊。我希望它是一个保值的东西” “想买 1 克拉的钻石，这样感觉比较保值一点” “克拉钻会比较保值一点”
送礼	“我是每年结婚周年定期购买，送给我爱人” “钻石饰品送礼很有面子，又漂亮又新颖，还保值”

• 虽然消费者在购买钻石时，首要考虑价格因素，购买的动机也显得非常理性，但钻石对于消费者尤其是女性消费者有着深刻的感情象征意义。

在描述钻石对于消费者的意义时，消费者常常使用唯一、感情、见证等词语，例如：

“这个女人是我的唯一，就是一个钻石代表了一个女人一样，然后我送给她。”

“希望你们两个人从一开始走到最后，就是有一个可以见证的东西。”

“说得直白一点，就是这个钻戒可以带来感情的飞跃。”

“钻石戒指是我自己心爱的东西，给我的唯一。”

• 对于钻石这类商品，网页设计、促销因素对消费需求的唤起有一定作用。

消费者描述：

“最近在网站看到结婚季的活动，钻石都好漂亮，就想到以后自己结婚时一定要买钻石。”

3.3.2 信息搜索

当需求被唤起后，消费者希望自己的需求能得到满足，接下来的收集信息、了解行情成为消费者购买决策的第二个阶段。

网络消费者收集信息的渠道主要有两个，即内部渠道和外部渠道。消费者首先在自己的记忆中搜寻与所需商品相关的知识经验，如果没有足够的信息用于决策，消费者便通过浏览各专业网站、商业网站和公共网站等外部渠道寻找相关信息。有资料显示，截至 2015 年底，我国购物网站、团购网站的站内搜索和视频搜索渗透率高达 86.3% 和 84.4%，越来越多的消费者更愿意直接去购物网站和 APP 获取自己想要的信息。

在信息搜索过程中，网络消费者掌握计算机的熟练程度与信息收集的质量、效率有密切关系。网络消费者的计算机水平越高，所获取的信息越多，信息质量越高，所消耗时间越少，就越有助于消费者的购买决策。此外，网络传输速度对消费者决策行为也有影响，网络传输速度的快慢决定消费者上网购物所需时间成本的多少。如果消费者上网购物需要消耗较多的时间，消费者上网购买的欲望就会减小，决策行为会因此受到影响。也正因为如此，国家工信部才联合三大电信运营商，对网络进行提速和降费处理，为消费者进一步优化网络购物环境。

不是所有的购买决策活动都要求同样的信息内容和同样的信息搜寻行为。根据消费者对信息需求的范围和收集信息的努力程度不同，可分为以下三种模式。

1. 广泛的问题解决模式

广泛的问题解决模式指消费者尚未建立评判特定商品或特定品牌的标准，也不存在对特定商品或品牌的购买倾向，而是很广泛地收集某种商品的信息。处于这个层次的消费者，可能是因为好奇、消遣或其他原因而关注自己感兴趣的商品。这个过程收集的信息会为以后的购买决策提供经验。该模式下，消费者所使用的信息收集渠道为外部渠道。

2. 有限问题的解决模式

处于有限问题解决模式的消费者，已建立了对特定商品的评判标准，但尚未建立对特定品牌的倾向。此时，消费者有针对性地收集信息。这个层次的信息收集，才能真正而直接地影响消费者的购买决策。在这种模式中，消费者并行使用内部渠道与外部渠道。

3. 常规问题的解决模式

在常规问题的解决模式中，消费者对将来购买的商品或品牌已有足够的经验和特定的购买倾向。该模式下，购买决策需要的信息较少，消费者主要使用内部渠道收集信息。

信息收集渠道与信息搜寻模式的关系如图 3-6 所示。

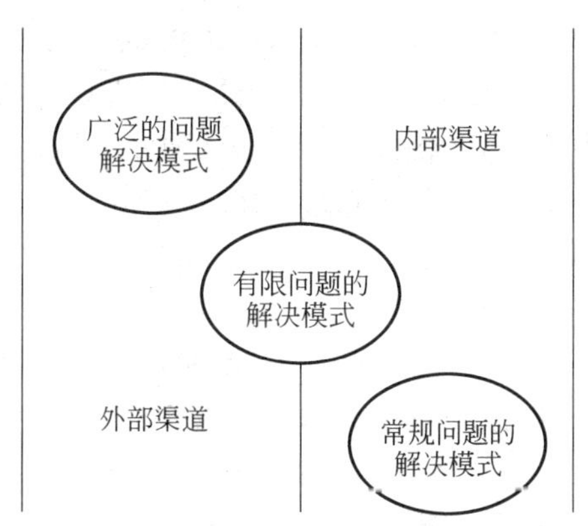

图 3-6　网络消费信息搜索的渠道与模式

【案例 3-10】　淘宝网钻石消费者调研之三

在《淘宝网钻石消费者调研》的研究中发现，对于线下消费者、淘宝网消费者、竞争网站消费者和潜在消费者这四种群体，在钻石购买决策中信息搜索行为与其钻石知识的丰富程度高度相关，与钻石购买经验部分相关。钻石相关知识的丰富与匮乏，导致了消费者的搜索行为具有明显差异，主要表现如表 3-4 所示。

表 3-4 钻石相关知识丰富与匮乏的两类消费者的比较

比较项目	钻石相关知识丰富的消费者	钻石知识较为匮乏的消费者
信息搜集渠道	主要使用内部渠道	主要使用外部渠道
信息收集模式	主要为常规问题的解决模式，附以有限问题的解决模式	主要为广泛的问题解决模式，较少使用有限问题的解决模式
了解信息的内容	可能购买钻石的4C等级、证书、价格、支付方式	什么是4C认证、价格、款式、戒指圈号、售后服务
信息获取方式	实体店、网络店铺	实体店、搜索引擎、朋友/同事、无固定信息渠道
消费者的描述	“切割度、清晰度、颜色，颜色是不是无色，还是有一点黄色，然后还有一个瑕疵的问题” “要求它是一个国际上的证书，不是什么省检测厅的证书，我买的那个是GIA的证书” “其实服务的话，都是差不多的” “克拉钻会比较保值一点。有证书的会比较保值一点，至于它的款式什么的没有保值的意义”	“跑进商场，就到柜台看了几次。” “上网看，在百度上搜索‘钻石’两个字。” “熟人专家介绍，会私下找一些买过的、懂的。” “我觉得是不是：分和克拉是一个意思？” “我觉得证书对我来说学习的成本太高了，我怎么看都看不懂。”

3.3.3 选项评估

消费者在取得足够信息后，可能会产生数个购买方案，消费者对这些方案会加以评估、做出选择。

网络消费者根据自身经济状况、兴趣爱好、商品的效用满足程度、对网络购物风险的感知等，分析、评估产品或服务，淘汰部分不适合的产品或服务，生成一系列备选产品或服务的集合，并对这些集合中的产品或服务进行价格、质量、风险等方面的比较，选择具备最佳满足感的产品或服务。网络消费者一般通过比较选择的办法来对要购买的商品进行分析。常见的方式有比较发布渠道、商家信誉、广告用语、商品主页内容、网络口碑、已购者或资深用户（专家）评价、尝试性购买等。

在众多的考虑因素中，网络消费者的经济状况是影响消费者购买意向形成的重要因素。一般情况下，网络消费者的经济状况越好，网络产品价格、上网费用等购买成本对消费者影响越小，消费者的购买欲望越强。产品价格、产品质量对消费者购买意向的形成也有重要影响。一般产品价格越低，网络消费者经济承受能力就越强，购买欲望就越高，越有利于消费者做出产品的购买决策。同时，网络口碑、商家信誉、产品购后评价和资深用户（专家）评价也是评估的重要影响因素，网络口碑和购后评价越好、商家信誉和资深用户（专家）评论越高，消费者购买欲望就越强。

消费者对网络购物的风险感知也是影响网络购买行为的重要影响因素。由于消费者不能接触到产品实物，无法证实产品质量相关信息的真伪，很难判断其优劣，所以消费者对购买行为的未来结果和不良后果发生的概率感到不确定，产生感知风险。随着感知风险由小到大，消费者购买欲望由强到弱。当感知风险增大到一定程度时，消费者就会放弃对商品的选择。

感知风险的大小与产品价格、商品类别和消费者对企业的信任度三个方面有关。一般情况下，商品价格越高，支出越大，消费者就越担心支出钱财的安全性，消费者感知风险就越大。同时，所购商品类别不同，消费者相应的感知风险大小也不同。对于消费者习惯通过感官鉴别质量的商品，购买时感知风险就较大；而对于图书、光盘等质量差别不大的商品，消费者在购买时感知风险就较小。对于信誉好的企业，消费者的信任度高，消费者在购买时所感知的风险就较小；反之，消费者的感知风险就较大。

【案例 3-11】 淘宝网钻石消费者调研之四

在《淘宝网钻石消费者调研》的研究中发现，对于线下消费者、淘宝网消费者、竞争网站消费者和潜在消费者这四种群体，在收集信息过程中会形成不同的钻石购买评估体系。不同的评估体系的差别主要体现在对钻石自身相关因素和网购风险方面的评估。

评估内容一：钻石自身相关因素。

在钻石自身相关因素方面，4 个群体消费者的关注有所不同。对于已经发生过购买的消费者，无论是在线下还是线上购买，对于钻石自身因素较为关注价格和品质，注重钻石的性价比以及日后的升值空间。而对于未购买过钻石的消费者，即潜在消费者，在价格基础上还非常关注钻石的品牌和款式。相比之下，已经发生过购买的消费者更为成熟与理性，潜在购买者则更为信任品牌所带来的保障。

评估内容二：网络购物相关因素。

在网络购物相关因素方面，4 个群体消费者的关注内容也有较大差异。差异的产生主要与网络购物经验、是否网购过钻石高度相关。主要体现在：对于在网络购买过钻石的群体，即淘宝网消费者和竞争网站消费者，更关注网络付款方式的便捷程度。未发生过网络钻石购物行为的群体，即线下消费者和潜在消费者，较为关注网络购物风险，而这些风险体现在许多方面。

对于已经在网络上购买过钻石的消费者，通过问卷调查与访谈发现，他们往往是成熟的网络消费者，淘宝网买家等级多在 1 钻以上，有过在网络消费千元以上高价格商品的经历。他们已经建立起网络购物的正面印象。购买经历丰富、经验成熟。对于购买高价格的商品，困扰他们的不是判断商品与卖家是否可信的问题，而是如何更快速、更便捷地进行付款。

对于未在网络购买过钻石的消费者，他们所意识到的网络购物风险主要体现在：图片与实物是否相符、物流可能会丢失、能否退换货、售后服务是否到位、不一定适合自己、尺寸不对等方面。

3.3.4 购买决策

网络消费者在完成对商品的比较选择之后，形成购买意向，进入购买决策阶段。

在购买决策阶段，网络消费者基于对需求的识别、信息的收集、商品的比较选择以及对可能的购买结果所作的综合分析做出最终决策。购买决策包括购买数量、购买地点、购买方式、付款方式等。

通常，网络消费者做出购买决策要具备三个条件：对商家有信任感、对网上支付有安全感和对商品有好感。网络消费者的安全戒备程度更高，促成交易的难度要高于网下交易。互联网的信息保密性、付款安全程度、支付方式的繁简、物流配送及时程度可能导致消费者推迟甚至放弃网上购买。而网上交易的方便快捷和顾客成本低等特点又决定了特定消费者一旦拥有一次成功满意的网上购买经历后，就更容易对网上交易方式产生信赖和忠诚感，对成功消费过程所涉及的品牌和产品都会产生高于网下消费的信任度。

他人的态度对网络消费者的购买决策起着重要的影响。他人是指家人、亲友、邻居、同事等，通常这些人的态度和建议对购物决策可以起到决定性的作用。有数据统计，2015年度我国网民当中愿意分享购物信息的网民占比，较上一年度上涨10个百分点。在商家的推动下，在部分意见领袖和关系亲近者的参与下，越来越多的网民开始认可并分享购物信息。二是广告商、推销员、经销商等，这些人对于商品的宣传和介绍也能影响并改变消费者的决策。由于网络零售以及O2O服务逐步深入网民的日常生活，以实物商品、虚拟商品和服务为推广对象，以销售为目的的营销活动充斥着消费者的眼球，浏览痕迹推荐、购物搜索广告等给消费者的购买决策造成很大的影响。三是大众传媒、报纸杂志、专家学者、专业网站、社会化媒体等的评价。消费者会综合上面各个角色的评估信息，对每个方案进行比较，同时依照自己的偏好，确定出各种产品的优劣顺序。

下面介绍4种代表性的消费者购买决策原则。

1. 最大满意原则

消费者总是力求通过决策方案的选择、实施，取得最大效用，使某方面需要得到最大限度的满足。遵照最大满意原则，消费者将不惜代价追求决策方案和效果的尽善尽美，直至达到目标。这是一种理想化原则。

2. 相对满意原则

相对满意原则认为：在现代社会，消费者面对多种多样的商品和瞬息万变的市场信息，不可能花费大量时间、金钱和精力去收集制定最佳决策所需的全部信息。即使有可能，与所付出的代价相比也绝无必要。因此，在制定购买决策时，消费者只需要作出相对合理的选择，达到相对满意即可。贯彻相对满意原则的关键是以较小的代价取得较大的效用。

3. 遗憾最小原则

如果以最大满意或相对满意作为正向决策原则，那么遗憾最小原则立足于逆向决策。由于任何决策方案的后果都不可能达到绝对满意，都存在不同程度的遗憾，所以遗憾最小原则将可能产生的遗憾最小作为决策的基本原则。运用此项原则进行决策时，消费者通常要估计各种方案可能产生的不良后果，比较其严重程度，从中选择风险最轻微的作为最终方案。

4. 预期满意原则

有些消费者在进行购买决策之前，已经预先形成对商品价格、质量、款式、服务等方面的心理预期。消费者在对备选方案进行比较选择时，与个人的心理预期进行比较，从中选择与预期标准吻合度最高的作为最终决策方案，这时他运用的就是预期满意原则。这一原则可大大缩小消费者的抉择范围，迅速、准确地发现拟选方案，加快决策进程。

【案例 3-12】 淘宝网钻石消费者调研之五

在《淘宝网钻石消费者调研》的研究中发现：钻石消费者在线下实体店和在网络购买钻石的决策驱动因素有很大区别，且淘宝网消费者和竞争网站消费者的网购钻石决策驱动因素未呈现明显差别。

以下信息来源于《淘宝网钻石消费者调研》问卷调查数据，驱动因素按照消费者所选择的比例由高到低排序，如表 3-5 所示。

表 3-5 钻石消费决策驱动因素

线下购买决策驱动因素	网络购买决策驱动因素
购物和售后有保障 挑选方便，可以试戴 产品有鉴定证书 知名品牌的专卖店，专注、专业 珠宝产品款式多，可选择余地大 该店铺口碑好，知名度高 有专业的人员介绍珠宝商品知识和帮助挑选 产品价格优惠 物品齐全，可以与非珠宝类产品一块购买 购物环境好 地理位置好，购物方便 店面规模大	产品质量 产品真伪 卖家信用 产品价格 是否有鉴定证书 售后服务保障 产品外观 买家评价 产品介绍详细程度 卖家服务态度 产品图片清晰度 付款安全性 物流配送安全性 产品品牌知名度 物流配送速度 朋友推荐

根据消费者的购买决策原则，将钻石消费决策驱动因素进行分类，如表 3-6 所示。线下与网络购买钻石的决策驱动因素显示出明显的差异。

表 3-6 不同决策原则下的钻石消费决策驱动因素

	线下购买决策驱动因素	网络购买决策驱动因素
相对满意原则	产品价格优惠	产品外观 物流配送速度
遗憾最小原则	购物和售后有保障 产品有鉴定证书	产品质量 产品真伪 卖家信用 是否有鉴定证书 售后服务保障 产品介绍详细程度 产品图片清晰度 付款安全性 物流配送安全性 卖家服务态度

续表

	线下购买决策驱动因素	网络购买决策驱动因素
预期满意原则	挑选方便,可以试戴 知名品牌的专卖店,专注、专业 珠宝产品款式多,可选择余地大 该店铺口碑好,知名度高 有专业的人员介绍珠宝商品知识和帮助挑选 物品齐全,可以与非珠宝类产品一块购买 购物环境好 地理位置好,购物方便 店面规模大	产品价格 买家评价 朋友推荐

线下消费者的决策驱动因素主要体现了预期满意原则,其次是遗憾最小原则。而网络购买决策驱动因素主要体现了遗憾最小原则,其次是相对满意原则和预期满意原则。说明消费者在网络购买钻石做出成交决策时存在很多障碍,这些障碍点分布于网络购物的各个环节:从产品质量、真伪的判断,到物流、付款安全性,再到售中服务态度、售后服务保障。网络钻石购物市场有待进一步成熟,网络钻石潜在消费者需要长期的培育与引导。

3.3.5 购后评价

网络消费者在购买商品后,通过使用、体验,对决策结果进行检验,以判断决策正确与否。至此,一个完整的购买决策过程结束。同时,购后评价又是新一轮购买决策过程潜在的开始。消费者的购后评价能影响消费者未来的决策行为。

消费者在购买商品之后会进行本次购买满意程度的评估。评估的常用方式是通过自身使用以及参考他人的评价,对自己的购买选择进行检验和反省,重新考虑这种购买是否正确、效用是否理想、服务是否周到等问题。网络消费者的购后评价主要集中在:商品的外观、质量或功效与预期是否相符,卖家服务是否及时和专业,支付方式是否安全和便捷,物流是否快速和安全,售后服务是否到位等。

购后评价往往决定了消费者今后的购买意向和行为。如果购后评价符合期望甚至超出期望,消费者对本次购买的满意度会很高,在今后的购买中,重复购买的可能性就高。反之,如果与期望不符,消费者对本次购买会不满意,重复购买的可能性低甚至发生流失。

【案例 3-13】 淘宝网钻石消费者调研之六

在《淘宝网钻石消费者调研》中,问卷调查发现淘宝网消费者在进行购后评价后,再次在淘宝网购买钻石的意愿很高,且推荐的意愿非常强烈,如图 3-7 所示。

同时,在《淘宝网钻石消费者调研》定性研究中,也发现消费者在网络购买钻石时,很重要的信息来源是家人、同事、朋友。这间接说明:网络钻石消费者在购买钻石后会对购买体验进行评价,并对体验进行人际传播。

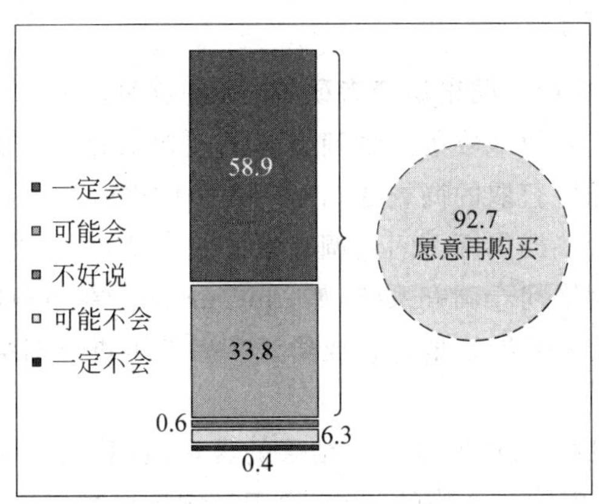

图 3-7　淘宝网钻石消费者再次购买意愿(单位%)

3.4　网络消费者市场主要研究方法

网络消费者研究是企业进行市场营销的重要出发点,其最终目的是满足消费者的需求。一个策划完美的营销方案必须建立在对市场细致而周密的调研基础上,科学的消费者研究能够帮助企业及时地调整营销策略,引导营销人员制订出合理的产品推广和促销方案。

3.4.1　抽样方法

选取什么样的消费者进行调研是网络消费者市场调研的基础,是调研结果客观真实的有效保证。抽样方法可以帮助研究人员在海量的消费者中更有效率、成本更低地选取目标群体进行研究。

抽样方法分为概率抽样和非概率抽样。概率抽样是按照概率论和数理统计的原理从调查研究的消费者总体中,根据随机原则来抽选样本,并从数量上对总体的某些特征做出估计推断,对可能出现的误差可以从概率意义上加以控制。主要的概率抽样方法有简单随机抽样、系统抽样(等距抽样)、分层抽样(类型抽样)、整群抽样、按比例抽样(PPS 抽样)等。

非概率抽样是研究者根据自己的方便或主观判断抽取样本的方法。它不是严格按随机抽样原则来抽取样本,无法确定抽样误差,无法准确地说明样本的统计值在多大程度上适合于总体。调查的结果可在一定程度上说明总体的性质、特征,但不能从数量上推断总体。非概率抽样主要方法有偶遇抽样、主观抽样、定额抽样、滚雪球抽样等。

3.4.2　主要研究方法

网络消费者研究方法非常丰富,每种研究方法都有特定的使用情境与注意事项。在实际网络消费者研究中,往往需要多种研究方法综合使用才能解决特定研究目的与需求。代表性的研究方法主要有问卷法、深度访谈、焦点小组座谈会、观察法、实验法、眼动测试等。

1. 问卷法

问卷调查法被广泛应用于网络消费者研究中，是定量研究的主要研究方法。问卷法通过结构化的问卷快速、高效地收集海量消费者的反馈数据。在科学使用抽样与数据分析方法的情况下，可根据所获取的调查数据对调查总体进行推论，数据具有代表性。

目前，互联网上有很多提供网页问卷调查服务的网站，如问卷星、问道网、第一调查网等。同时，还有开源的网络问卷调查系统，如 limesurvey。在服务器上部署即可生成网页问卷与问卷网络地址，将问卷网络地址投放给消费者即可进行网络问卷调查。

问卷法具有如下优点：

① 高度结构化的问卷，可以保证调查结果的客观性，避免主观偏见；

② 所有被调查者填答同样结构的问卷，便于后续进行数据分析与统计；

③ 问卷法相比需要人际互动式的方法成本低廉很多。尤其在互联网高度发展的今天，通过网页生成问卷并精确推送给研究目标群体，使得问卷法的调研成本更加降低，而数据客观性则大为提升。

问卷法的缺点是：

① 由于问卷高度结构化，使得问题涉及广而不深，不适合深入探讨某一问题及其原因；

② 由于问卷主要由文字构成，对被调查对象的文化素养有一定要求，若问卷设计者经验不足，容易出现问卷表达难以理解或者问卷中含有被调查者无法理解的专业名词的问题；

③ 由于问卷，尤其是网页问卷往往由被调查者独立完成，所以调查结果的真实性存在挑战；

④ 网络问卷的回收率难以保证。

2. 深度访问

深度访问是研究者对消费者的一种无结构的、直接的、个人的访问。通过深入的访谈，揭示消费者对某一问题的潜在动机、信念、态度和情感。比较常用的技术有阶梯前进(攀梯法)、隐蔽问题寻探和象征性分析。

深度访问以研究者和消费者一对一的形式进行，时间长度控制在 1～2 个小时，首选在专业的访谈室内进行，需要事前制定访谈提纲，访谈中收集视频与音频资料，访谈后付给消费者一定酬劳。

深度访问具有以下优点：

① 相对焦点小组座谈会，深度访问消除了被访问者的群体压力，被访问者会提供更真实的信息；

② 一对一的交流使被访问者感到自己是注意的焦点，更容易与访问者进行感情上的交流与互动；

③ 相对焦点小组座谈会，深度访问不需要保持群体秩序，所以更灵活，研究者更容易临场发挥；

④ 互联网远程技术，使得异地访谈成为可能，成本更加降低。

深度访问的缺点有：

① 相对成本较高；

② 调查速度较慢，每天完成的调查样本量较少；

③ 访问时间较长，可能会影响访问者和被访问者的情绪；

④ 拒访率较高，即成功率较低。

3. 焦点小组座谈会

焦点小组座谈会是常见的网络消费者研究方法，是定性研究方法的一种。焦点小组座谈会是从目标消费者群体中选取少数消费者作为研究对象，通过座谈会成员之间的互动对研究问题进行深入探讨，同时主持人运用各类投射技术来收集信息的研究方法。

焦点小组座谈会一般参会的消费者为6～8人，时间长度控制在100～120分钟。为方便消费者参加，时间通常在晚上或周末。需要在专业的焦点小组座谈会会议室内，由专业焦点小组主持人根据访谈提纲主持进行。会中收集视频与音频资料，会后付给参会消费者一定酬劳。

焦点小组座谈会具有如下优点：

① 参会消费者之间的互动可以激发新的思考和想法；

② 可以在单向镜后观察消费者；

③ 可以深入挖掘消费者动机、态度与原因；

④ 由于互联网工具的发展，通过使用远程工具，网络虚拟焦点小组座谈会成为可能，网络虚拟焦点小组座谈会极大地降低成本，并提升参加座谈会消费者的异质性。

焦点小组座谈会的缺点在于：

① 对于主持人主持技巧、主持经验要求较高，主持人的素质直接影响到研究产出；

② 时间较长，对于参会者的参与程度要求高；

③ 样本量较小，推论消费者总体情况存在风险；

④ 受场地限制较大，需要在专业的焦点小组会议室（如图3-8所示）进行。

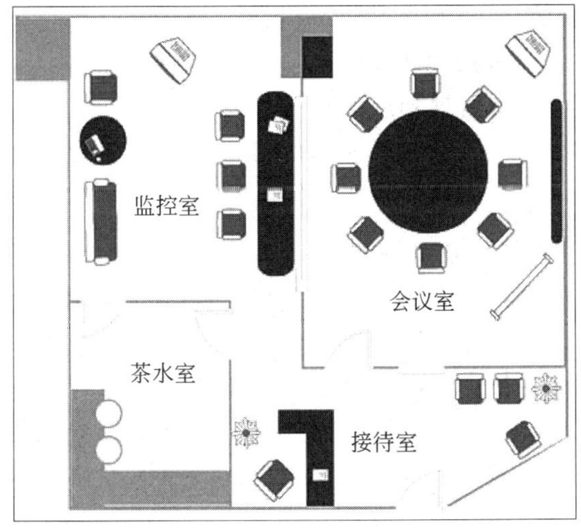

图3-8 焦点小组会议室平面图

4. 观察法

观察法是指有目的、有计划地对消费者的行为进行观察、记录和分析的一种研究方法。在观察过程中不对消费者的行为进行人为的干扰、控制，以保证客观地呈现出消费者自身的行为。观察法可分为完全自然状态观察与非自然状态观察、伪装观察与非伪装观察、结构式观察与非结构式观察、人工观察与设备观察、直接观察与间接观察等。

观察法的优点在于：

① 对于消费者行为的描述客观真实、立体全方位；

② 实施方法多样且灵活；

③ 擅长发掘因果关系；

④ 便于研究敏感问题；

⑤ 能收集语言不便描述的信息。

缺点在于：

① 对于研究者的经验和素质要求较高；

② 所观察到的现象、所得出的结论很可能不具有代表性，不是消费者行为真正的动机与原因；

③ 很多情况下无法收集到消费者的个人资料；

④ 所收集的信息分析工作量巨大，且较难用于数据统计，研究结果难以用于预测与分类。

5. 实验法

实验法是一种研究者积极控制一个或多个实验变量（如产品特征、价格水平、广告水平或广告吸引力），然后衡量这些控制对一个或多个有关的因变量（如购买意向、产品偏好）产生的效果的研究方法。实验法可以分为实验室实验与实地实验两种。

实验法的优点在于能相对较为科学地研究变量之间的因果关系，对消费者行为进行较为准确的预测。缺点在于：

① 实验法所需时间、金钱成本较高；

② 有可能会泄露企业商业计划或秘密；

③ 对研究者要求很高，需要经过长期的专业训练方可进行实验。

6. 眼动测试

眼动测试是通过视线追踪技术，监测消费者在看特定目标时的眼睛运动和注视方向、轨迹、时长等数据，并进行相关分析的过程。测试过程中需要用到眼动仪和相关软件，如图 3-9 和图 3-10 所示。

眼动测试的应用范围很广，在网络消费者研究领域可为以下研究问题提供参考：配合实验或可用性测试，考察产品的可用性问题（如界面布局是否合理，重要页面元素是否突出），研究不同用户群在产品界面上的浏览、操作习惯，对比不同的界面设计方案等。

图 3-9　允许消费者自由活动的眼动测试仪

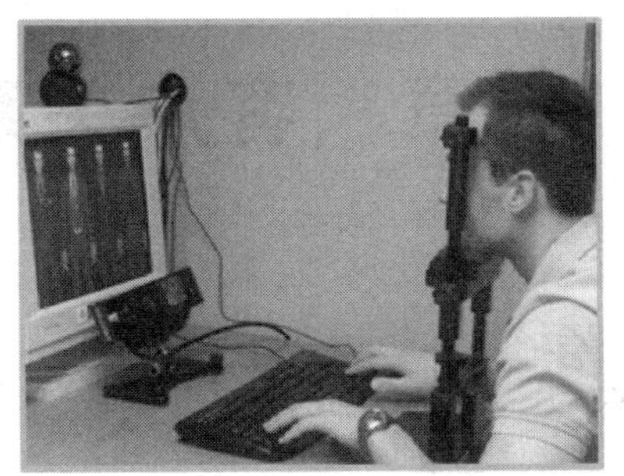

图 3-10　需要固定消费者头部的眼动测试仪

思考题

1. 在网络消费决策过程的各个阶段中，各种因素如何具体影响消费决策行为？
2. 在实际的网络购物过程中，网络消费决策过程是否按 5 个阶段依次进行？是否存在决策过程中的某几个阶段交替存在的情况？
3. 设计一个研究方案，研究消费者在网络购买某种商品的决策过程。

第4章 客户关系管理

学习目标

- 概括客户关系管理在电子商务世界的意义；
- 明确界定客户关系管理的基本内涵；
- 描述客户关系管理理论分析模型的内涵与逻辑框架；
- 掌握客户关系管理测评工具与关键指标；
- 解释客户关系管理与企业管理之间的联系；
- 描述信息技术在客户关系管理中的角色及 Web 2.0 之下 CRM 软件技术功能特点。

Web 2.0 所坚持的开放与沟通开启了电子商务的新模式，原本略显苍白的客户关系管理，在 Web 2.0 技术及商业模式之下，获得了充分展现的机会、空间和工具。客户关系管理的理论研究是超前的，在很大程度上体现了人们对基于利益共享与买卖互动的期望。但现实表明，企业层面的反应有些滞后，或是被动。一种原因是部分企业抱有投机取巧的幻想，不愿意在关系开发与维护领域投入更多。另一种原因是管理者不理解客户关系管理的真正内涵及践行的路径。问题的焦点在于对企业与客户之间"关系"的理解与管理能力。

4.1 客户关系管理的时代背景

随着互联网和信息技术的迅猛发展，你的客户距你的竞争者仅有点击一下鼠标之遥。"客户就是上帝"的时代真正开始了，"以客户为中心"的口号不仅仅是时尚，也日渐成为现实。客户逐渐成为交易规则的制定者，客户不仅仅靠脚投票，而且靠手投票[①]。客户资本是指企业与业务往来者之间的组织关系的价值，是客户与企业保持业务往来关系的可能性，其价值一般从客户类型、客户忠诚度、客户角色、客户支持和客户成功等方面进行衡量。投资者越来越习惯于将客户支持率作为衡量公司价值的重要指标，可以说，公司的价值将由公司的客户支持率来决定。客户焦点与商业价值之间的关系如图 4-1 所示。

---

① 由于缺少相关法律的支持，在以往，客户当感到不满时，大多数会选择愤懑地离开，而现在则有很大的不同，不仅法律更加支持客户维护权益，客户自身因为受教育水平的提高及沟通联合可能性的增强，客户开始用更加积极的方式维护自身的权益。

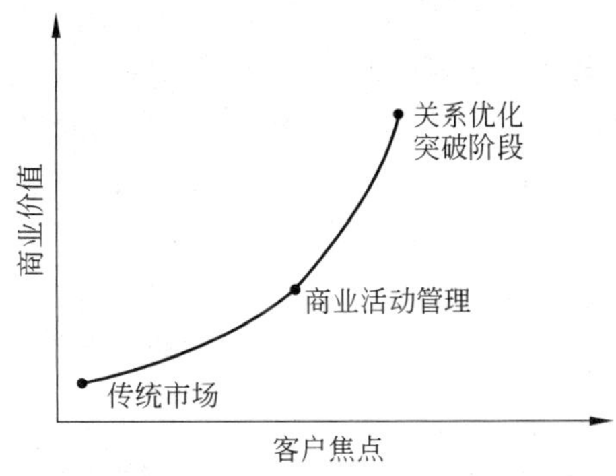

图 4-1　客户焦点与商业价值之间的关系

富裕程度的增长、教育水平的提高、社会结构的转换、法律的日趋完善及技术的进步是推动客户关系管理成为时代主角的关键力量。

富裕程度指社会的财富水平、可支配收入及生活水准。虽然对中国是否已经步入中等发达国家水平的问题，各方面有不一样的声音，但社会整体富裕水平的增长是不容置疑的。消费结构与消费习惯因此而有根本性的变化，并带动了企业与消费者关系的深层次改变。

随着生活水平的提高，民众的正式普通教育得以发展起来。2010 年我国基本普及高中教育，毛入学率达到 80%，目前部分发达地区开始推进普及高等教育的工作。当公民的受教育水平得以不断提高时，他们对生活的期望也要跟着提高。富裕和教育二者结合起来，构成了社会对主要机构(诸如企业)进行批评这一风气出现的基础。

社会是由许多不同的不完全自治或自治的群体所组成。我们社会的多元性使得企业与社会的关系比其他社会更令人关注和新奇。多元性是指权力分散在社会的许多群体和组织那里。权力是分散的，而不是由任何一个机构(如企业、政府、工会或军队)或少数群体来掌握的，这被许多人认为是一类正义的体制。有人将这种社会称为特殊利益社会，即由许多特殊利益群体结合而成的社会。在多元的、特殊利益的社会中，企业与社会关系中一个最令人关注和最难对付的压力是由特殊利益群体所施加的。这些特殊利益群体对某些问题特别关注，经常向他们希望影响的公司表明其需求与态度。这是促使企业转变其自以为是作风的重要力量。

2010 年末腾讯和 360 之间市场斗法，两家企业都拥有上亿的用户，并且都宣称以用户的利益为重，但外界评论直指两家公司绑架用户。类似这样的情况在国内多有发生，其重要原因是缺少保护消费者利益的法律。发达国家的经验表明，法律是消费者的后盾，健全的法律为消费者权利诉求提供了合法保障。2000 年 11 月，美国国会通过了《交通工具召回的强化责任和文件法案》，强化了企业在安全召回方面的责任。凡厂家隐瞒严重的质量缺陷以及相关事实真相，有关负责人最高刑罚 15 年，而厂家也将付出高达 1500 万美元的罚金。这之后才有更安全的车辆上路。国内最近几年陆续出台了类似的法律法规，并逐步健全执法体系，这有助于将“以客户为中心”的概念落到实处。

技术进步让消费者更容易发现自己喜欢的商品，更容易对提供者进行分析判断。计算机、通信技术、网络应用及相关管理技术的进步为企业更好地管理客户关系提供了手段。企业与客户之间有了更便捷的沟通方式，软件系统能够帮助企业分析庞杂的客户数据，甚至在很大程度上颠覆了传统的理念与操作模式，在信息技术的支持下，原本难以实现的管理方式能够得以实现，例如以客户为导向的组织结构。

在新的社会环境之下，客户需求表现出新的特征：

(1) 客户需要在购买前试用。

(2) 客户将分块购买，例如客户只想购买专辑中的一首歌，而不是全部，这是一个机会，但也是难题。

(3) 客户将自行混合和搭配，例如越来越多的人喜欢将来自不同提供者的响铃方式、卡通画面、信息服务、应用软件等混合设计自己的手机。

(4) 客户将改变产品，赋予产品新的用途，例如，当你购买 PhotoDisc 公司的任何一个图片时，你有权利对它进行任何改动。

(5) 客户要求与他人分享，这种分享不仅是产品方面的，还有购买经历方面的。

(6) 客户希望参与产品的提供过程，成为企业的一员。

……

对于想持续发展的企业来说，这些新表现都是重要的启示。

客户永远是商业存在的理由。基于对客户资本重要意义的理解，越来越多的企业开始学习倾听客户变革的节拍、向客户革命妥协、坚持以客户价值为中心。在客户关系管理方面，如下三条原则得到了普遍认同。

原则 1：客户占主导地位，客户正在重塑商业模式并转变我们的产业结构。

原则 2：客户关系非常重要，现在或潜在的客户关系、客户支持率将决定公司的价值。

原则 3：客户体验非常重要，客户对品牌的感觉将决定他们的忠实程度。

4.2 客户关系管理概述

20 世纪 80 年代初期的美国就已存在所谓的“接触管理”(Contact Management)，即专门收集客户与公司联系的所有信息；其后，1985 年巴巴拉·本德·杰克逊提出关系营销，乃至 1990 年演变而成的“客户关怀”(Customer Care)。1999 年，以 Gartner Group 公司提出的客户关系管理(Customer Relationship Management，CRM)概念为标志，客户关系管理领域呈现出快速增长的发展态势。特别是进入 21 世纪，互联网和信息技术的发展可以被视为客户关系管理的加速器，具体的应用表现在数据挖掘、数据仓库、呼叫中心、基于浏览器的个性化服务系统等。

客户是企业最重要的资产，因此，建立长期的客户关系对于业务持续增长的重要性不言而喻。美国学者 Reichheld 和 Schefter 于 2000 年在《哈佛商业评论》发表文章提出，获取网上客户的成本过高，初创企业可能在至少的 2～3 年内呈现非盈利状态。研究显示，企业若能增加 5%的顾客保留率，就能增加 25%～95%的利润。

客户关系管理，是企业以客户为中心，以提高客户满意度和忠诚度为目标，是企业面向长期客户关系，提高企业核心竞争力的有效路径。并在此基础上展开的包括识别、吸引、发展和保持客户所需的全部业务流程，并包括其使用的电子化、自动化的信息技术、软硬件系统。具体而言，客户关系管理包括：第一，客户关系管理的理论和概念；第二，客户关系管理的运营流程；第三，客户关系管理的信息技术、软硬件系统。

4.2.1 客户关系管理的优势

成功应用客户关系管理能够给企业带来可衡量的显著效益。美国独立的IT市场研究机构ISM(Information Systems Marketing)持续13年跟踪研究应用CRM给企业带来的影响，通过对大量实施CRM企业的跟踪调查，得出了详细的、可量化的利益一览表，从而证明在CRM系统上的资金、时间、人力的投入是正当的。

第一，在实施系统的前三年内，每个销售代表的年销售总额至少增长10%。之所以能够获得这样的收益，是因为销售人员提高了工作效率(例如，有更多时间去拜访客户和实施策略)，工作更富成效(例如，因销售人员更加关注有价值的客户、更了解客户需求从而提高了他们的销售访问质量)。

第二，在实施系统的前三年内，一般的市场销售费用和管理费用至少减少5%。因为公司和市场人员可以更有针对性地对目标客户发放他们所需要的资料，选择沟通渠道，而不必像以往那样，去大量散发昂贵的印刷品和资料给所有现有和潜在的客户，由于传统方式针对性不强，必然广种薄收，成本居高不下。

第三，在实施系统的前三年内，预计销售成功率至少提升5%。因为销售员辨别和选择机会时可以更仔细，及早放弃那些不好的机会，从而全神贯注于那些高成功率的机会。

第四，在应用系统的过程中，每笔生意价值至少增加1%的边际利润。由于销售员可以与那些经过仔细选择的客户群更紧密地合作，这些客户群像注重折扣一样注重价值销售，因此销售员趋向于更少打折。

第五，客户满意率至少增加5%。因为那些能够更快得到所需信息的客户、获得了更好服务的客户以及那些乐于建立关系营销而销售员又能够提供的客户感到更满意。

概括而言，客户关系管理系统广受重视的原因在于其具有如下优势：

(1) 更为有效地选择目标市场。

互联网的好处在于联系人列表是自动选择或预先限定的。公司会通过登记他们的名字和地址谋求与那些访问站点并对产品展现出兴趣的客户建立关系。具有访问网站和浏览内容的行为表明其为目标客户。因此，获取新客户并和他们建立关系的方法完全不同于吸引客户到站点完成一次在线登记。

(2) 实现营销信息的大规模定制。

个性化技术还可以使得大部分客户选择和沟通的业务得以自动实现。营销信息的大规模定制一方面可以为较小的客户群提供定制的网页，另一方面，技术使得发送定制的电子邮件能够以低得多的成本实现。

(3) 提供对企业市场分析的数据。

客户关系管理系统接触企业客户，直接面对真实的市场需求。企业利用数据挖掘技术将这些市场数据加以统计分析，有助于针对业务运营状况及营销活动成效做出正确的评价，同样也有助于企业借助积累的历史数据，了解客户行为及其趋向，从而进一步有效地推进业务开展。

(4) 提高客户服务水平与工作效率。

随着信息技术的飞速发展，由互联网应用与计算机系统集成而成的一体化客户服务中心来改善与客户接触的方式已成为客户服务的一种有效手段。客户服务中心能够提供全方位的客户服务并有效地处理客户关系，同时，先进的客户关系管理思想也正越来越多地融入客户服务中心的核心设计中，这极大地提高客户服务中心的生产效率，使得企业对于客户资源的管理更为有效，能够为客户提供更好的服务。

4.2.2 客户关系管理的应用领域

企业的客户关系管理主要包括企业利用互联网和信息技术支持其价值链中的营销(Marketing)、销售(Sales)和客户服务与支持(Customer Service and Support)等三项环节。客户关系管理基于上述三项环节，通过各种媒介与工具针对客户展开全面充分的互动与信息获取，直至客户满意度与忠诚度的提升。具体而言，客户关系管理可以归纳为三个方面：市场营销中的客户关系管理、销售过程中的客户关系管理、客户服务过程中的客户关系管理，以下简称为市场营销、销售、客户服务与支持。

1. 市场营销

客户关系管理系统中的营销环节帮助企业识别和定位潜在客户，并为销售团队提供线索。营销自动化，作为对销售力量自动化的补充，其不局限于提高销售人员活动的自动化程度，其目标是为营销及其相关活动(包括以网络为基础的营销活动或传统的营销活动)的设计、执行和评估提供详细的框架。此外，全渠道营销背景下，营销环节的能力更需要关注、跟踪、测量多渠道活动，包括电子邮件、搜索、社交媒体、电话和直接邮件等。

2. 销售

销售是客户关系管理系统中的主要组成部分，主要包括潜在客户、联系人、业务机会、订单、报表、统计图等模块。业务员通过销售漏斗分析、经营指标统计、记录沟通内容、建立日程安排、快速浏览客户数据等有效地缩短了工作时间和提升了工作效率，从而实现充分的业务增长。销售力量自动化(Sales Force Automation, SFA)是客户关系管理在销售领域的重要表现，涉及使用软件来简化销售过程的所有阶段，主要是提高销售过程的自动化程度，尽量减少销售代表在每个阶段花费的时间。其功能表现在日程安排、客户管理、渠道管理、销售预测、费用报告等。

3. 客户服务与支持

毫无疑问，客户的获取与保持依赖于提供优质的服务，因此，客户服务和支持对很多公司是极为重要的。客户服务主要是用于快速及时地获得问题客户的信息及客户历史问题记录等，这样，就可以有针对性并且高效地为客户解决问题，提高客户满意度，提升企业形象。客户服务与支持的典型应用包括：客户关怀、交易纠纷、退换货、订单跟踪等。同时，客户关系管理系统中的客户服务与支持环节能够基于强大的客户数据使得通过多种渠道(如互联网、呼叫中心)的纵横向销售成为可能；特别是企业将客户服务与支持功能同销售、营销功能较好地相互匹配，就能够把握更多实现客户交易的市场机会。在客户关系管理系统中，客户服务与支持主要是通过呼叫中心和互联网来加以实现。

在过去的十年或更长时间里，关系营销、直销和数据库营销结合起来创造了一个强大的新营销模式——客户关系管理。客户关系管理着眼于公司与客户的长期关系，致力于为每一位客户更好地了解客户的需求并提供满足个性化需求的服务。客户关系管理的相关方法被称为一对一营销，其立足于客户的个体层面，以客户个体为基础进行管理，通过自动化的方式提供定制化服务。定制化服务可以通过电子邮件营销或网站上的推荐和促销等来实现。

4.2.3 客户关系管理的核心概念

客户关系管理理论有助于企业分别从战略和战术层面深入推进企业的客户关系管理系统的实施。这里我们需要考察客户关系管理的若干核心概念。

顾客终身价值(Customer Lifetime Value)又称顾客生涯价值。客户终生价值是一个重要概念，它鼓励企业将业务重点从季度利润转移到客户关系的长期健康。“顾客终生价值”指的是每个购买者在未来可能为企业带来的收益总和。研究表明，如同某种产品一样，顾客对于企业利润的贡献也可以分为导入期、快速增长期、成熟期和衰退期。每个客户的价值都由三部分构成：历史价值(到目前为止已经实现了的顾客价值)、当前价值(如果顾客当前行为模式不发生改变，将来会给公司带来的顾客价值)和潜在价值(如果公司通过有效的交叉销售可以调动顾客购买积极性，或促使顾客向别人推荐产品和服务等，从而可能增加的顾客价值)。

客户参与(Customer Engagement)是消费者与组织之间通过不同渠道进行的业务沟通连接；这一连接可以是发生于线上或线下的反应、互动、效果或者整体的客户体验。客户参与也可以用于界定客户与客户之间关于产品、服务或品牌的沟通。

关系营销 (Relationship Marketing)。所谓关系营销，是把营销活动看成一个企业与消费者、供应商、分销商、竞争者、政府机构及其他公众发生互动作用的过程，其核心是建立和发展与这些公众的良好关系。德克萨斯州 A&M 大学的伦纳德 · L. 贝瑞(Leonard L. Berry)教授于 1983 年在美国市场营销学会的一份报告中最早对关系营销做出了定义：“关系营销是吸引、维持和增强客户关系。”在 1996 年又给出更为全面的定义：“关系营销是为了满足企业和相关利益者的目标而进行的识别、建立、维持、促进同消费者的关系并在必要时终止关系的过程，这只有通过交换和承诺才能实现”。

客户忠诚度(Customer Loyalty)，又可称为客户黏度，是指客户对某一特定产品或服务产生了好感，形成了“依附性”偏好，进而重复购买的一种趋向。客户忠诚度主要包括客户的情感忠诚和行为忠诚两种类型。情感忠诚承认感知和情绪驱动行为。一个情感忠诚的顾客对品牌和公司有同理心和依恋感，并且更容易推荐它给潜在客户。情感忠诚表现为客户对企业的理念、行为和视觉形象的高度认同和满意。行为忠诚是指通过销售来证明对品牌忠诚的行为。这意味着顾客的行为符合品牌的要求，行为忠诚表现为客户再次消费时对企业的产品和服务的重复购买行为。

4.3 客户关系管理流程

"一对一"营销专家唐·佩珀斯与玛莎·罗杰斯提出了"IDIC"模型作为企业实施客户关系管理的基本参考架构。客户关系管理的"IDIC"模型依次划分为四个步骤：第一，识别你的客户(Identify)；第二，对客户进行差异化分析(Differentiate)；第三，与客户保持互动(Interact)；第四，调整产品或服务来满足每个客户的需要(Customize)。

4.3.1 识别你的客户

客户，即企业为其提供产品和服务的对象，主要体现在来自企业外部的，并且和企业发生交互行为的组织或者个体。客户识别(identify)就是需要知道谁是最有价值的客户，知道谁是最具成长潜力的客户。客户识别通过一系列技术手段，根据大量客户特征等可得数据，找出企业的目标客户是谁、企业的潜在客户是谁、客户的需求是什么等问题，并把上述问题作为企业客户关系管理的实施起点。企业要依托所有的客户触点、所有的渠道，利用强大的IT系统作为支撑，设法寻找客户和了解客户。

企业可以完善地记录客户数据的以下三种类型：

① 人口统计数据：按照年龄、性别、收入等分类个人信息，用以识别细分市场，这是消费者的基本属性。例如网络ID、姓名、电话、Email、QQ、购买时间、所在地域、会员等级等。

② 沟通数据：从推式营销的角度出发，例如，目标客户被活动触及、反应的数据记录；从拉式营销的角度出发，企业利用自媒体站点或频道，与客户进行沟通时客服人员主观记录的属性数据，如购买力、风格、价格敏感、印象等。

③ 交易行为数据：消费者与企业的每次交易行为数据，包括采购商品、接洽时所接触的网络内容信息和产品信息，如消费者浏览过或者购买的商品类别、商品价格、消费金额、最近发生消费的天数、交易次数、浏览路径、购买渠道等。

在界定客户这一阶段，企业首先要搞清楚这个阶段需要掌握哪些客户信息与资料，再通过根据自身需要界定所需信息范围和根据客户特点收集信息范围这两个原则进行有选择地调查，了解主要的客户信息。对于个人客户，企业需要关注的信息有：基本信息、心理信息以及行为信息。对于组织客户，则要关注的信息是：基本信息、业务状况、交易状况以及主要负责人信息。另外，还需要注意客户信息更新，客户信息更新包括信息更新的及时性，抓住关键信息、及时分析信息与删除无用信息。

4.3.2 差异化分析客户

差异化(differentiate)分析客户解决客户对于企业的价值问题。由于客户对于企业具有不同程度的价值，同时，他们也具有不同的需求，所以，企业要针对客户进行相应分类，区隔客户并排列优先级；一方面向最有价值的客户争取最大的利益，另一方面避免投入过多的财力与物力在缺乏价值的客户上。概论而言，差异化分析客户就是针对每位客户特定的需求，以不同的方式对待不同的顾客。我们以RFM模型为例进行客户细分，通过这一模型制定客户等级标准,分析客户获利能力及价值模式。

RFM 模型能够作为分析消费者价值和消费者创收能力的良好手段。该模型强调以客户的行为来区分客户,通过一个客户的近期购买行为、购买的总体频率以及消费金额三项指标来描述该客户的价值状况。RFM 有三个重要的指标(见图 4-2)如下:

最近一次消费 (Recency)
• 客户上一次购买的时间
消费频率 (Frequency)
• 客户在限定的期间内所购买的次数
消费金额 (Monetary)
• 客户一次或累计购买的金额

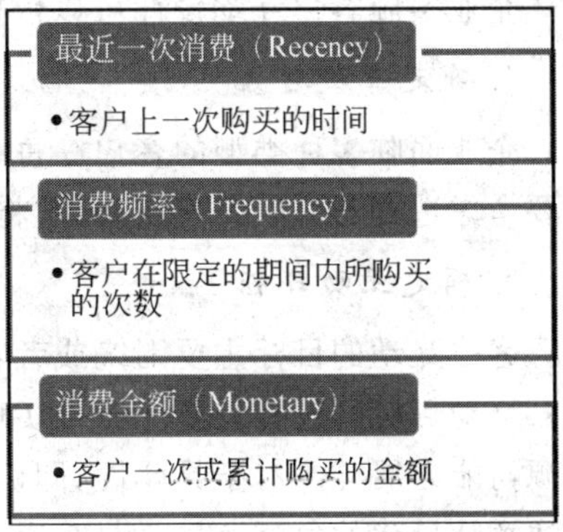

图 4-2 RFM 的三个重要指标

(1) 最近一次消费 (Recency)。

最近一次消费指消费者距离前一次消费的时间。距离最近一次消费是越近越好,这样的消费者最容易对新产品做出反应,也最有可能再次购买产品。这个指标可以衡量出消费者的忠诚度,以更好地吸引消费者,与消费者保持良好的距离。

(2) 消费频率 (Frequency)。

消费频率是客户在限定的期间内所购买的次数。可以说,最经常购买的客户就是满意度最高的客户,也是忠诚度最高的客户。增加客户购买的次数意味着从竞争对手处争取市场占有率。

(3) 消费金额 (Monetary)。

消费金额是客户在一定时间内购买产品的总额。在指定的时间内,如果客户的消费金额越多,也可以表明客户创造的价值越大。

为了更加形象地展示 RFM 模型,可以采用三维坐标系,如图 4-3 所示,X 轴代表最近一次消费(R),Y 轴代表消费频率(F),Z 轴代表消费金额(M),坐标系不同象限代表了不同类别的消费者。

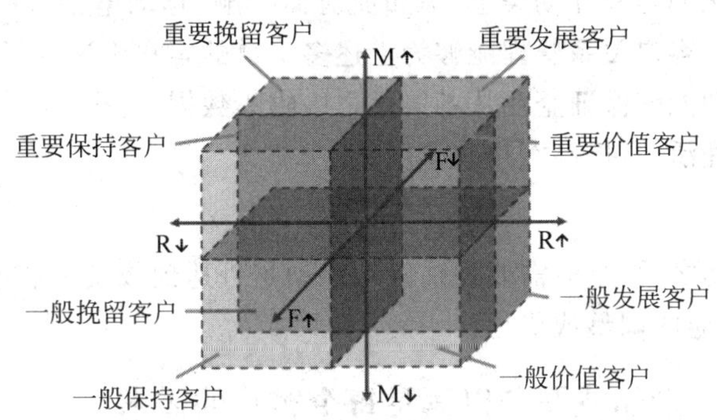

图 4-3 采用三维坐标系展示 RFM 模型

4.3.3 与客户保持互动

客户互动(interact)是指企业与客户之间进行信息的交流与互换。客户互动的作用体现在三个方面:第一,企业通过与客户互动将产品与服务介绍给既有和潜在的客户;第二,企业通过客户互动了解和掌握客户的需要;第三,企业与客户之间的互动可以建立良好的客户关系,并能有效提高客户满意度。企业实施客户互动,即根据客户需求,采取对应方法，和客户对话与交换信息。企业致力于让客户乐于和企业互动，从而可以有效地分析客户更为详细的需求。

企业实施客户互动设计可以依据以下几个步骤展开：

1. 确定互动对象

企业面临多种类型的客户。每种类型的客户都具有各自的特点、需求与偏好。企业需要考虑选择与哪些客户互动，这将进一步决定企业互动的内容与渠道等问题。

2. 确定互动目标

客户互动的目标主要围绕或者着力于实现潜在的交易目标，或者巩固既有的客户关系。互动目标的选择需要注意可实现性与具体性等。对于可实现性，即根据企业的现有资源与能力展开。对于具体性，即切忌空泛，不可衡量，如有效提升了客户关系等描述；而是注意从量化的角度考量，例如，通过针对某一细分市场的客户互动，使得这一细分市场的客户转化率达到10%。

3. 设计互动信息

企业与客户之间的互动内容包括互动的主题、内容与形式。互动主题，即能够实现互动目标的核心与诉求；互动内容，即企业需要根据目标客户的需求与特征，设计相应的匹配内容；互动形式，即需要不同的客户群体、渠道特点等因素，通过文字、图片、音频、视频等形式展开。

4. 决定互动预算

决定互动预算则是解决预计花多少钱的问题，企业可以选择多种方法灵活运用。

5. 选择互动渠道

企业具有多样化的客户互动渠道，诸如面对面接触、移动电话、呼叫中心、电子邮件、社会化媒体等渠道。客户关系管理能够为上述多渠道的客户沟通提供一致的客户数据和信息。多渠道的互动能够保证企业从各渠道之中收集数据，这样，企业就能够更为有效地设计与实施客户管理活动，提高客户满意度。

6. 评估效果

在实施互动活动之后，企业需要评估互动活动是否达到或实现预期的互动目的；并根据评估结果，进行相应的调整或优化。

4.3.4 定制：调整产品或服务以满足每个客户的需求

定制(customize)可分为规模化定制和个性化定制，满足这种需求的挑战来自两个方面：一是增加客户对现有产品需求的多样化；二是加强企业的灵活性生产能力，从而使企业与最有价值客户的每一次互动更加灵活有效。客户定制即调整产品或服务以满足每个客户的需要。客户定制是将每位客户视为一个潜在的细分市场，并根据每一位客户的特定要求，单独设计、生产产品并迅速交货的营销方式。客户定制的核心目标是基于客户愿意支付的价格并以能够获得一定利润的成本高效率地进行产品定制。管理顾问专家琼·佩恩和詹姆斯·H. 基尔默提出了四种定制方式，如表4-1所示。

表 4-1　不同定制类型间的比较

定制类型	实施成本	易被模仿性	客户关系紧密程度	创建竞争优势
适应性定制	低	高	低	低
化妆式定制	较低	较高	低	低
合作式定制	高	低	高	高
透明式定制	较高	较低	高	高

适应性定制：企业向客户提供标准产品，客户则可以根据自身的不同需要将其加以变化。例如，宜家家居，客户购买了挑选的家具后可以根据自己不同的需要对所买家具进行不同的组合。

化妆式定制：企业在销售的过程中，针对不同客户的需要对产品进行一些装饰或者修饰，以满足客户的个性化需要。例如，汽车生产厂家根据客户的需求，在车体上喷涂公司名称、广告等。或在金银首饰店，根据客户需求，在戒指或首饰上刻上客户名字。

合作式定制：企业完全按照客户的需要生产产品或提供服务。例如，尚品宅配为客户提供卧室、厨房、书房、儿童房、客厅、餐厅等全屋家具定制服务，还提供上门量尺、设计3D家具效果图、配送安装及终身维护等服务。

透明式定制：企业为不同的客户提供定制化产品或服务，但是没有告诉客户。例如，亚马逊、当当等会根据客户的浏览偏好以及购买偏好来确定向不同客户展示的网页。

4.4　客户关系管理评测工具与指标

针对不同价值的客户制定有差别的营销策略才是企业的生存之道。如何让企业用有限资源实施最有效的客户关系管理，从众多客户中把握住现有高价值的客户，并进一步发展具有潜在价值的客户是企业一直不断探索的问题。将有价值的潜在客户转化为现实客户，客户关系管理必须完成相应任务：

(1) 在庞大的现有及潜在客户群中，识别出有价值的潜在客户；

(2) 将有价值的潜在客户转化为现实客户；

(3)培育有价值客户的忠诚度。

管理大师彼得·德鲁克说："没有测量就没有管理。"因此，用什么工具与方法评价客户价值是企业必须解决的问题。

客户关系管理评测工具与指标包括客户价值区分、客户满意度的测量、客户忠诚度的测量与管理过程监控四个维度。

4.4.1　客户价值区分

客户价值是指企业从与其具有长期稳定关系的客户中获得的利润。目前有三种价值区分法：ABC 法(根据客户为企业创造的价值，将客户区分为高端客户、大客户、中等客户、小客户等不同类别)；RFM 分析法(根据客户购买间隔、购买频率和购买金额来计算客户价值，进而区分客户）；CLV 分析法（根据客户生命周期价值来区分客户价值）。

ABC 分析法是基于二八法则，根据客户为企业创造的价值，将客户区分为高端客户、大客户、中等客户、小客户等不同的类别。

RFM 分析法是由美国数据库营销研究所的 Arthur Hughes 提出来的，他指出在分析和细分客户时，必须要考虑三个非常重要的指标：最近一次消费（Recency）、消费频率（Frequency）、消费金额（Monetary）。RFM 分析法在传统零售业中的运用非常广泛，尤其是像沃尔玛这样的拥有很多种消费品的企业。在网络零售商中，所谓的电子商务网站，因为有强大的 IT 系统作为支撑，能够记录大量详细、丰富的交易信息，运用 RFM 分析法有着得天独厚的优势，对于网络零售商的精细化运作而言，这种分析方法就显得更具有意义。

CLV 分析法考虑了客户生命周期，CLV 指客户生命周期价值（customer lifetime value），指客户在企业的整个生命周期内为企业创造的价值。CLV 可以分为两个部分：一是历史价值，二是未来价值。

预测一个客户的价值从逻辑上来讲很简单，关键在于资料，所需过程如下。

（1）决定你的目标客户；

（2）确定赢得和保持客户的成本以及销售额外产品和服务的成本；

（3）确定来自销售的利润贡献；

（4）计算连续几年的净贡献趋势；

（5）用现金流量贴现法计算出客户的净现值。

4.4.2 客户满意度测量

客户满意度是一个人通过对一种产品的感知效果与其期望相比形成的愉悦或失望的感觉状态[①]。基于该理解框架，客户满意度可以用如下公式表示：

$$C = b/a$$

式中：C 为客户满意度；

b 为客户对产品或服务的实际体验；

a 为客户对产品或服务的期望值。

关于客户从哪些方面去感知产品或服务，由此建立期望及形成实际体验，表 4-2 中列出了代表性的观点。

表 4-2 客户满意度影响因素

提 出 者	影响客户满意的因素
杰姆·G.巴诺斯	核心产品或服务，提供核心产品或服务的支持系统，技术表现，企业与客户的互动，情感因素
Parasuraman，Zeithaml 和 Berry	可靠性，有形性，响应性，安全性，关怀性
阿伦·杜卡	与产品有关的指标，与服务有关的指标，与购买有关的指标

① 这是营销学家 Philip Kotler 的定义，其他人的理解虽然在表述上有所不同，但基本内涵及观察角度与 Kotler 的没有差异。

要评价顾客满意的程度，必须建立一组与产品或服务有关的、能反映顾客对产品或服务满意程度的产品满意项目。由于顾客对产品或服务需求结构的强度要求不同，而产品或服务又由许多部分组成，每个组成部分又有许多属性；如果产品或服务的某个部分或属性不符合顾客要求时，他们都会作出否定的评价，产生不满意感。

企业应根据顾客需求结构及产品或服务的特点，选择那些既能全面反映顾客满意状况又有代表性的项目，作为顾客满意度的评价指标。全面就是指评价项目的设定应既包括产品的核心项目，又包括无形的和外延的产品项目。否则，就不能全面了解顾客的满意程度，也不利于提升顾客满意水平。另外，由于影响顾客满意或不满意的因素很多，企业不能都一一用作测量指标，所以应该选择那些具有代表性的主要因素作为评价项目。

4.4.3 客户忠诚度测量

客户忠诚度是指客户对某种产品品牌或公司的信赖、维护和希望重复购买的一种行为倾向。客户忠诚度包含重复购买与心理依赖两方面的特征。对客户忠诚的测量，一般从如下纬度进行。

1. 客户重复购买率

客户对某产品或某品牌重复购买的次数。

2. 客户需求满足率

客户购买某产品的支出占其对该类产品全部需求的比例。

3. 客户对本品牌的关注程度

客户通过购买或非购买的形式对品牌予以关注的次数、渠道和信息越多，表明忠诚度越高。

4. 客户对竞争品牌的关注程度

客户对竞争品牌的关注程度越高，意味着客户流失的可能性越大。

5. 客户对产品价格的敏感度

对客户喜爱和信赖的产品，客户对其价格变动的承受力较强，其购买行为较少受到价格波动的影响，即客户对价格的敏感度低。相反，对客户不喜欢或缺少信赖的产品，客户对价格变动的承受力较弱，一旦价格上涨，客户立刻会减少购买行为，即客户对价格的敏感度高。

6. 客户购买的选择时间

客户购买产品都会经历挑选这一过程，如果客户对企业的忠诚度较低，往往会拿出较多的时间去比较与权衡，相反，如果客户信赖企业，选择的时间就会较少。

7. 客户对产品质量事故的承受力

关系是需要经受考验的。客户对产品质量事故的承受力代表着客户对企业犯错误的包容性及对企业解决问题能力的信任，客户这方面的承受力越强，说明客户与企业之间的关系越稳固。

4.4.4 对管理过程的监控——客户飞行监控系统①

管理过程②是对事务进行有序处理的方法，它要求对如何完成各项工作进行清晰的说明。以客户为中心的管理变革不仅发生在与客户接触的前台，而且发生在管理后台，或者说遍及管理体系的各个环节。为了保证客户关系管理的程序性工作能顺利开展，管理过程需要符合下列标准。

（1）员工对该过程有充分了解，即此过程已成为他们日常培训方案的一部分。

（2）分工明确，员工完全了解自己的工作并用技能、时间和资源来完成这些工作。

（3）客户关系过程给员工提供明确的好处，如帮助员工改善工作，减少压力或冲突，或给他们一个评价自己业绩的明确标准。

（4）员工对此过程负有责任。

（5）管理人员应了解各个员工是否完成任务，以确保对有困难者提供援助。

（6）设计该过程的目的是支持市场营销目标并使员工能更有效地实现这些目标。

一个以客户为导向的过程，其主要目标是满足客户的需求，次要目标是检查交易的"正确性"，而以企业自身为导向的内向型的过程，其主要目标和次要目标的次序则刚好相反。

客户飞行监控系统的目的是测算与监控企业客户关系管理的状态，让企业员工随时了解新增和保持客户价值以及给客户满意体验方面的现状。以下是该模型提出者给出的英国 Egg 公司采用客户飞行监控系统的操作实例，如表 4-3 所示。Egg 公司是英国保诚旗下的子公司，通过网站提供银行、保险与投资产品服务。

表 4-3 Egg 公司的客户飞行监控系统

	飞行导航	运行表现	运　　行	环　　境
客户数量	互联网客户数量 推荐的客户数量 每个客户所购买的产品数量	活跃的网上客户数量 被推荐的客户数量的增减 使用两种以上产品的客户数量的增减	网站浏览者的数量转换率 不同意使用网络应用程序的数量 同意使用网络应用程序的数量	竞争者的客户数量、资产和产品的等级 银行 非银行
客户保留	客户保留率	按产品计算的客户保留率 按客户群计算的客户保留率 按营销活动计算的客户保留率	使用新产品或新服务的客户比例 客户群的交易频率	比较指标：行业平均值

① 该系统由帕翠珊、罗尼和杰夫瑞提出，这个模型名字的灵感来自一个飞行员朋友，据作者介绍这个飞行员做了 20 年的宇航员，关于这个模型的详细介绍，可以参阅《客户关系管理理念与实例》（机械工业出版社出版）一书，关于这个模型，该书给出多个案例。

② 决策、计划、信息、人员、任务、标准、资源等是管理过程的基本构成要素，这些要素的不同组合方式影响着管理体系的导向与效率，客户关系管理需要将各个要素同客户需求建立联系。

续表

	飞行导航	运行表现	运行	环境
客户体验	客户满意程度的评估 Egg 自由区的客户抱怨比率	各接触网点的客户满意程度评估： • 网站 • 电子邮件 • 电话 特定产品的客户满意程度的评估 客户对以下方面的满意程度 • 比率和费用 • 营业单据 • 在线和不在线信用卡的使用 • 提供产品	瞬时网站反应时间 完成普通的客户方案的时间 平均网上交易点击次数 客户服务中出现问题一次性解决的百分比	竞争者所提供的客户体验： • 瞬时网站反应时间 • 特定任务的客户方案完成比例 • 完成普通的客户方案的时间 • 平均网上交易点击次数
客户消费	整个资产 每个客户群的利润 客户终身价值	客户资产的增减 获得新客户和保持客户的成本 每个客户群钱包的份额	客户百分比： • 在线 • 不在线 没有执行的贷款百分比 网店的客户服务和支持成本	竞争者的费用和结构比率

决定客户关系深度的四大要素为：客户数量、客户保留率、客户体验和客户贡献。对每个要素，该模型从飞行导航、运行表现、运行和环境四个层面去分析。其中“飞行导航”是指观察的参照指标，相当于飞机的导航仪表；“运行表现”是指引起指标变化的影响因素，相当于运行情况的仪表；“运行”则反映是什么引起了运营状况的变化；“环境”是指企业外部情况，类似于飞行员要观察天气变化。

4.5 客户关系管理软件系统

信息技术的发展对于企业实施客户关系管理具有重要的推动意义与独特的技术支撑，具体表现在以下几个方面。

4.5.1 信息技术对改善客户关系管理的意义

企业内部和外部的行为在以客户为中心的活动中发生了变革。在这一过程中，企业需要把大量详细的历史交易信息直接联系起来，从而迅速发现隐藏在客户关系管理流程中的信息。通过一个强大的以客户为中心的数据仓库，公司就可以通过正确的渠道，在正确的时间，将正确的促销瞄准在正确的预期客户身上。将数据仓库运用于目标营销，反应率可以达到 20%～25%，而以前最高的不过 8%左右。信息技术提供了同客户沟通的更有效的渠道，能让客户更便捷、更安全、更有效地获得相关产品与服务。此外，信息技术在整合企业内部管理方面扮演着重要角色，能够将原本难以实现的理念转化为现实，例如组织结构的柔性化设计。

4.5.2 客户关系管理软件系统的一般模型

如图 4-4 所示，CRM 软件系统一般包括对三个模块的信息化处理：客户接触管理、业务操作管理和数据管理。除了业务上的处理外，CRM 软件系统需要具备技术上的一些基本功能，如参数管理、接口管理、界面工具等。

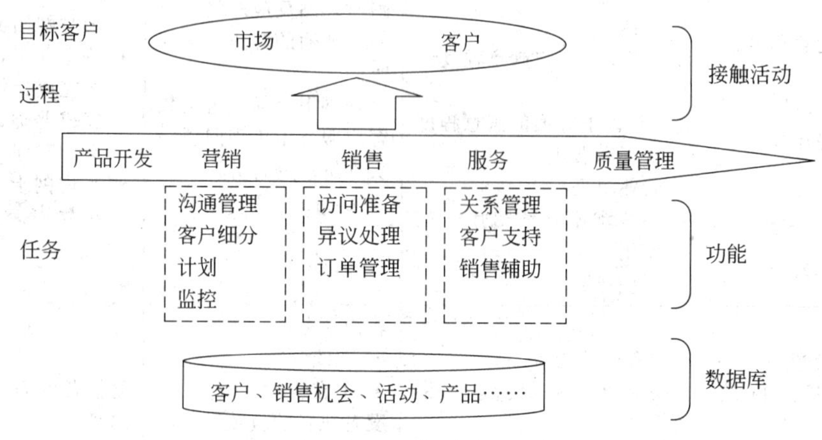

图 4-4　CRM 软件系统一般模型

Web 2.0 网站的核心功能均构建在以人为核心的理念上，着眼于建立网络上的社会关系系统，凝聚的是人的力量，是用人群来扩大人群的力量。自 2004 年 Web 2.0 的概念提出以来，Web 2.0 范畴内的许多技术已迅速融入传统互联网，它所代表的“去中心化、丰富的用户体验、自由开放、驾驭集体智慧”等理念也已经成为新一代 CRM 软件系统的研究热点。基于 Web 2.0 的 CRM 软件特点如表 4-4 所示。

表 4-4　基于 Web 2.0 的 CRM 软件特点①

	Web 1.0	Web 2.0	CRM 的变化
客户的变化	单纯的内容消费者	内容消费者＋内容生产者和合作伙伴	客户与合作伙伴概念的融合；基于客户生命周期的关系管理；面向客户提供自主管理服务
产品的变化	网站单向提供产品	网站提供产品＋客户自创产品；产品的动态性；产品的多样化	支持多类型产品集成管理；客户参与的产品评价和排名功能；通过产品管理预测客户的特性；丰富的衍生产品与增值业务支持
服务的变化	标准的客户服务模式	网站与客户联合的服务模式；开放式客服	网站提供基础的客户服务框架；合作伙伴提供针对性的增值服务，面向增值业务开发支持服务
客户端的变化	浏览器、阅览器	客户端丰富化	更丰富的客户数据采集来源和渠道，更丰富的内容展现方式

① http://www.sinocall.com/industry/crm/1725.shtml。

续表

	Web 1.0	Web 2.0	CRM的变化
门户的变化	提供单一入口，整合后台的系统资源	应用本身完全Web化；门户功能多样化	用户接入门户手段多样化；用户定制化的管理
销售的变化	标准化的销售	针对性的销售；销售功能多元化	以客户为中心的个性化销售；复合销售功能；销售与市场功能的融合

4.5.3 基于Web 2.0的CRM软件技术

基于Web 2.0的CRM软件技术主要具有如下5个特点。

1. 精细化客户管理

1）基于生命周期的客户管理

在Web 2.0模式下，客户的行为及其对网站的价值呈现明显的生命周期特性，相应地可将客户关系的发展划分为考察期、形成期、稳定期、退化期4个典型阶段。考虑到Web 2.0模式下客户的高度参与性，及时分析和掌握客户所处的生命周期阶段有助于运营者采取灵活的服务和营销模式，加速潜在客户的培育并延长客户的成熟期，并针对有价值的客户通过二次开发获得进一步增值。基于生命周期模式采取针对性的客户管理策略和资源投放策略，有助于帮助运营者实现运营成本的最优配置，从而增强企业竞争力。

2）分级的客户管理模式

Web 2.0的客户资源遵循80/20法则，因而采取分级化的客户管理，针对不同ARPU(每用户平均收入)值的客户给予不同的营销策略和客户服务水平，实现运营资源的优化配置，是运营者的最佳选择。考虑到Web 2.0模式下，客户的特性是动态变化的，而且要实现针对性的营销，也需要对客户的持续跟踪分析，并根据分析结果来动态确定客户的级别，才能实现真正意义上的分级客户管理。

3）客户信息搜索

针对性的营销和客户管理离不开对客户信息的有效检索，这里包括了客户的基本信息以及客户的行为记录信息。一般Web 2.0平台都提供多维度的信息搜索服务，在客户信息资源方面也可以结合运用搜索技术，面向运营者、合作伙伴和最终用户提供相应的客户信息搜索服务。

2. 融合的销售模块

Web 2.0模式下用户不仅是网站内容的消费者，同时也是网站内容的提供者和合作运营参与者，他们为网站提供了绝大部分的内容产品。这样就带来了销售和市场模块功能的重叠，相应地，在Web 2.0的客户管理系统中，可通过公共的市场服务层面来实现销售和市场模块功能的有机整合，以适应管理模式的转型。

由于Web 2.0的交互性，能够得到更为精细化的用户行为信息，通过对这些信息的综合分析，可实现主动的营销模式(即针对性营销)。通过针对性营销，可将目标消费群体明确细分，以便锁定特定的目标客户群体，推出针对这一客户群体的细分产品及价格策略，并通过特定的渠道和传播、促销方式进行差异化的精细营销。通过针对性营销管理，可满足客户需求，积极开发全生命周期内的客户价值，提高客户忠诚度。

3. 统一的服务界面

随着目前互联网应用向移动互联网推进的趋势，Web 2.0 系统的服务界面趋于多样化，为未来不同客户介入方式提供统一的客服界面将是一个重要的问题。这里既要考虑到不同接入平台自身的技术特点进行必要的服务定制，又必须确保不同接入渠道进来的客户得到同等质量的服务。

在统一的客服界面上，将面向最终用户提供客服自助系统，有助于通过自助服务方式降低网站的客服成本。该项功能也将与客户自助的业务运营管理功能有机结合，为客户参与增值业务运营管理提供支持。

在统一客服界面的基础上，还需要面向增值业务的合作伙伴提供相应业务的客服接口，以便全面整合合作伙伴的服务资源，打造 Web 2.0 平台的服务品牌，提高最终用户的服务体验，并有效降低合作伙伴的客服成本。

4. 客户价值分析

Web 2.0 平台中可采集的客户数据十分丰富，包含了客户基础数据、销售活动数据及客户交易数据三大类。Web 2.0 平台所采用的客户端技术有助于通过定制客户端来实现对精细客户行为数据的采集，更进一步丰富了 Web 2.0 系统后台客户分析的数据来源。

客户价值分析将是整个 Web 2.0 系统 CRM 功能的核心，通过对各种渠道采集到的客户行为数据进行清洗和多维度的综合分析，得到对客户的行为特性分类，并根据分类和 Web 2.0 后台的内容产品数据库、业务数据库的相关信息来综合评估客户的价值，形成客户价值分析、客户细分、客户忠诚度分析、客户满意度分析和客户的行为特征提取等方面的评估报告。这些评估结果将成为后续针对性营销和分级客户管理的依据。

5. 增值业务的关联接口

Web 2.0 的进一步发展趋势是构建虚拟社区，通过特定主题的吸引，以自身的 Web 2.0 系统为社区中的用户提供沟通的平台，并以在线的方式来创造社会和商业价值。增值业务作为客户数据采集的一个新来源，也需要和 CRM 系统有机整合在一起。通过增值业务的客户管理接口，Web 2.0 的 CRM 功能将进一步延伸到增值业务领域。

4.5.4 Web 3.0 下的客户关系管理软件系统

什么是 Web 3.0？下面的例子有助于理解 Web 2.0 与 Web 3.0 的异同。

假设你正考虑去休假，想去热带地区，为这趟旅行你准备了 3000 美元的预算。你想住在好的酒店，又不想太花钱，还想要一张便宜的机票。借助目前可以使用的互联网技术，你不得不多次搜索以便找到最佳的休假选择：你需要研究潜在的目的地，然后确定哪个适合自己；你还可能要访问若干个折扣旅游网站，然后比较机票和酒店客房的价格；最后，你还要把很多时间花在查阅各个搜索引擎网页的结果上，整个过程可能要花几个小时。

而在一些互联网专家看来，在 Web 3.0 时代你只要发出一个很简单的指令，剩下的事情则交给互联网，互联网完全可以替你做所有工作：它会根据你的偏好确定搜索参数，以缩小搜索服务的范围。然后，浏览器程序会收集并分析数据，提供给你，便于你进行比较。浏览器之所以有这个本领，是因为 Web 3.0 能够理解网上的信息。

互联网专家们认为，对于普通用户而言，Web 3.0 带来的最大好处就是让你拥有了一个贴身的私人助理。通俗的解释是，Web 3.0 时代网络对你无所不知，能够自主地查询互联网上的所有信息来回答任何问题。Web 2.0 使用互联网是为了把人与人联系起来，而 Web 3.0 使用互联网是为了把信息与信息联系起来。

Web 3.0 能为用户提供具体的情景或解决方案，而不只提供信息片段。在本文的例子中，如果你输入"热带休假目的地，预算不到 3000 美元"这个搜索请求，Web 3.0 浏览器可能会提供一份与搜索结果有关的趣味活动或美味餐馆列表。它会把整个互联网视为一个庞大的信息数据库，可以满足任何查询要求。

关于 Web 3.0 的技术，大多数互联网专家对于它的特点比较一致的看法是，Web 3.0 会为用户带来更丰富、相关度更高的体验。许多专家还认为，借助 Web 3.0，每个用户会有一个独有的互联网配置文件，该配置文件基于该用户的浏览历史记录。Web 3.0 会使用该配置文件为每个用户提供独特的浏览体验。这意味着，如果两个不同的人使用相同的服务，用相同的关键字在网上搜索，他们会得到由各自配置文件决定的不同结果。

Web 3.0 是基于大数据的技术，在大数据时代，数据分析力量要渗透到业务和管理的各个环节，围绕核心大客户的价值分析、商机挖掘、差异化服务、一对一营销、定制化服务，这些在各个方面、各个环节发出数据的声音、体现数据的价值。Web 3.0 时代的客户关系管理软件系统有如下两个特征。

(1) 多元化集成数据。

人们会采用电话咨询、邮件反馈、媒体报道和论坛吐槽等方式。因此，在"互联网＋"时代，要想更好地了解客户的兴趣点，还需要关注客户的互联网行为，例如点击了哪些内容，浏览了哪些网站，访问网站时间的长短等，这都有助于销售团队深入了解客户的兴趣点。网络上蕴含了海量的数据，客户的部分信息也会出现在互联网上。需要广泛收集各种信息，例如客户对品牌的反应、产品功能和市场预测等，目前的软件系统能实现将其和企业内部数据结合起来，加深了解客户对自己产品和竞争者产品的印象。

(2) 注重借助数据挖掘把握客户需求。

琐碎的事情很容易消耗大量的时间精力投入，而销售人员需要与客户保持密切的联系，需要了解客户最近的活动，CRM 软件可以帮助销售人员简单快速地收录这些信息，并生成有意义的报表供其参考客户现阶段产品与需求动态走向，避免错过重要内容，为下一阶段客户攻坚降低难度。新一代软件系统通过综合数据分析，对于外部数据，如社交互动数据、购买历史与费用开销等数据评测客户需求要点，与现有产品与服务的内部数据信息结合起来以提升洞察力。也许客户自己还没有意识到需求趋势，而厂商却已经预测到了。

思考与练习

1. 回顾你的一次购物经历，想一想店家是否赢得了你的信任，还是招致你的抵触，为什么？这对我们思考客户关系问题有何启示？

2. 如何应对客户的反应？

有一家以加工鸡肉为主的肉类加工企业的经理，最近收到许多客户的来信，有的对企业提供的产品表示基本满意，并希望厂家以后多倾听他们的意见，也有的把厂家的产品贬得一文不值，指责其产品太糟糕。他深感众口难调，在准备召开各部门会议前，他归纳出4种类型的客户，并做成表4-5。现在请你浏览表格，给这位经理一些建议。

表4-5 4种类型的客户

客户代表类型	购买情况	反映情况
以一家鸡肉罐头厂为代表的购买大户	每年要从公司订购大量鸡肉，是公司的大客户，订购的产品占到销售额的50%	产品基本符合他们的要求，希望在加工鸡肉的时候再精细一点，以减少他们的劳动投入。另外，在价格上能否给予一定的优惠
以一家饭店为代表的餐饮业	每年从公司订购的产品占到销售额的30%	要求产品要进一步加强保鲜，对肉味提出了许多具体的要求
一些散户	购买不固定，厂家打折的时候购买的多，每年从公司订购的产品占销售额的15%	要求价格低，对鸡的来源地提出了非常明确的要求
少数挑剔的客户	偶尔购买，每年从公司订购的产品占销售额的5%	对产品极不满意，指责鸡肉不合他们的口味，要求鸡肉加工出来以后，肥瘦分布均匀，花费烹调的时间要短

3. 以下是关于时代华纳对哈利·波特影片成功运作的资料，谈一谈如何通过客户关系管理进行深度营销。

2001年11月16日，要在英国上映的《哈利·波特与魔法石》还未正式售票时，一家连锁影院就已经接到了2万名热情观众的订票请求。该公司负责人喜不自禁："我们的599个影院中有255个都安排放映《哈利·波特与魔法石》，这个比例比《泰坦尼克号》还高。"和所有人预想的一样，这部耗资1.25亿美元的童话电影一面世就引起了收视狂潮，在北美地区10天劲收1.88亿美元，创下了一系列票房纪录。

哈利·波特这个气质沉稳的小男孩横扫电影市场的背后，是AOL时代华纳这个全球第一媒体集团那几乎无所不包的传播力量。

除了《哈利·波特》原著小说的版权和作者罗琳不是AOL时代华纳的"资产"，它拥有几乎所有和《哈利·波特》有关的东西——7部电影的版权以及所有特许权和制造附属商品的权利。时代华纳的魔法就是利用这些资源进行交叉推广。《哈利·波特与魔法石》电影出自AOL时代华纳旗下华纳兄弟电影公司，电影原声唱片也由其子公司录制。该片在美国放映前两周就出现在AOL时代华纳属下的《时代》杂志上，并成为另一份华纳刊物《娱乐周刊》的封面。而只要你打开AOL网站，那熟悉的小男孩的模样和网上订票服务、预告、网上游戏等就会铺天盖地而来，关于他的一切，你都可以随时看到。

那些等着数钞票的影院并不是最大的赢家，真正乐得合不拢嘴的是《哈利·波特》的制片商。1.25亿美元的拍摄投资可谓不小，但就在电影开映前，这些成本就已经收回了。其中最大的一份合同来自可口可乐，它花了1亿美元买下哈利·波特的形象使用权在其包装上使用，影片中小魔法师酷爱喝可乐的动作也许将会为广大影迷模仿。而《哈利·波特》的出版商也表示，影片的热映可能会使书籍的销量增加至少100万册。电影在美国上映前，包括福斯、NBC、ABC和CBS等美国四大电视网都有意争取《哈利·波特》的电视首映权，而华纳电影公司开出的权利金则高达7000万美元。

4. 以下是两个企业应对客户抱怨的不同反应，请你就客户抱怨与建立客户忠诚谈一谈自己的看法。

资料一：通用汽车有一个品牌叫Pontiac，曾经收到过一个投诉。顾客说他们家每天晚饭后要吃冰激凌，惯例是全家决定了吃什么口味然后他开车去商店购买。问题出在他新买的汽车身上。他每次开车去买冰激凌，如果买的是香草味的，车就无法启动；如果是其他口味，就没有问题。汽车公司的经理虽然很怀疑事情的真实性，还是派了一个工程师去解决这个投诉。

工程师在晚上到了顾客家里，一起去买冰激凌。那天是香草味的，买完之后，车的确无法启动；接连三个晚上，工程师都去了，第二天和第三天是买别的口味的冰激凌，车正常启动；第四天又是香草味的，还是无法启动。不知道顾客遇到过多少次同样的事情，工程师和顾客一起重复了顾客的描述。

在这几次和顾客一起买冰激凌的过程中，他详细地记录下了过程中的每一个细节，尽管他不知道这些细节有没有用。然后他比较这些细节，希望找出买香草冰激凌和其他口味冰激凌过程中的所有不同的地方。这种不同可能是导致汽车表现不同的原因。最后，他发现，买香草冰激凌所用的时间远比其他口味的要短。因为香草冰激凌最好卖，商店把它放在离门口很近的地方，也不用找，直接拿起来就去付账。而其他口味的冰激凌放在商店后面，多种口味放在一起，要走过去还要先找，所花的时间明显比买香草味的要长。所以，停车时间的长短，而不是冰激凌的口味，是产生这一“神迹”最可能的原因。

他怎么去找出车无法启动的原因我们就不去关心了，那是一个工程问题。总之，他找到了原因：停车时间短，发动机冷却不足，发生了汽车故障里的“蒸汽锁死”现象。只要等发动机充分冷却，故障自动排除。找到了这个根本原因，设计工程师们可以改善发动机的设计，比如用高压避免气化，或者要求使用适当沸点的汽油等。这种“蒸汽锁死”的故障，或者说“对香草冰激凌敏感的汽车”，在新一代的汽车中，基本就不会出现了。

资料二：有一家电脑制造商的客户，给厂家打电话反映他们生产的电脑在使用的时候噪声太大，尤其是在晚上，简直就像一台电风扇在工作。厂家未知可否。后来别的客户也向经销商反映同样的问题。最后经销商把情况汇总到厂家，厂家认为客户吹毛求疵，电脑又没有安装消声器，怎会没有噪声？没有噪声的电脑永远无法生产出来。

5. 阅读以下资料，总结CRM系统对客户关系管理的帮助。

一家银行的顾客数为300万～500万，所营业的金融商品包括一般存放款、投资（如基金、股票、债券)、保险等。随着竞争的激烈,面临着如何提高现有顾客所带来的利润的挑战。以往划分 VIP 客户是根据客户的存款金额,于是信息部门从现有客户资料中找出平均存款余额超过 80 万元的客户资料,约有 50 万笔。如果按照传统的电话行销方式,光是联络名单上的顾客就需要两年的时间,势必无法按时达到目标。

造成这样的结果是因为银行缺乏整合性的行销与分析系统。这位信息主管意识到他们面临着:如何有效地找到有潜力顾客,了解他们的特质、投资偏好以及如何挖掘其贡献潜力的问题。

其导入 CRM 系统的步骤如下:

(1) 归户。

客户信息和行为交易记录暗示着客户的习惯、偏好等。传统银行以账户为导向,客户数据存在于不同的信息系统中,对于同一客户的所有交易无法有全貌的了解。建议那位信息主管从数据清洗开始,将数据中的不准确、无效及重复的部分剔除掉,并将同一位客户的所有金融产品汇总在一起,做综合分析。

(2) 客户分层。

要发展 VIP 客户,首先要弄清谁是 VIP 客户和有潜力客户。笔者建议应摒弃以单纯的存款多少对客户做分级的做法,而应以所有的商品综合贡献做衡量。当社会经济不景气时,更多客户选择了存款放弃投资,因此,银行就背负了重大的利息包袱。而那些通过银行购买其他金融产品(如股票、贷款)的客户,使银行不但增加了手续费收入,还分担了投资风险。

(3) 轮廓分析。

在找到了 VIP 客户后,CRM 系统能够分析出目前 VIP 客户群的组成结构特性。

(4) 对比筛选。

将与 VIP 客户组成结构特性相符、但目前贡献不高的客户挑选出来,明确了销售对象。

(5) 需求分析。

当锁定具有开发潜力的顾客后,下一个问题就是:如何增加这些客户的贡献度。CRM 系统可以科学地分析出不同类型客户的投资偏好,以及客户的投资风险承担能力。因此,银行管理人员可以针对不同类型的客户制定不同的销售策略和销售产品。

(6) 销售执行。

基于 CRM 系统中的销售管理平台,利用网络、邮件、电话传真、短信息等渠道将销售信息传达给目标客户,这些信息基于科学分析的结果,会使客户感到关怀,并提高销售准确率。例如,当某位客户在银行办理购房贷款时,CRM 系统就会提示业务员,推荐新推出的购房、装修统一贷款模式给此位客户。

绩效:销售准确率从原来的 1%上升至 12%～16%。过去因为无法"找对"客户,所以只好一个一个试,成功率自然偏低,而经由 CRM 的手段从庞大的客户群中挑选后,成功率才能大幅提高,过去一年才能达成的绩效,现在只需要一个多月就可以完成,同时还降低了电话费、车费、招待费等销售成本。此外,由于服务针对性、准确性的加强,客户投资收益率也逐渐上升,使得客户对这家银行的信任度、忠诚度加大。

6. 阅读以下资料并简述：你经常光顾哪些网站，这些网站为了吸引和留住你的注意力采用的方法是什么。

访问量始终是网站经营的头等大事。增加网站的访问量基本上有两种途径：一是吸引新的访问者，关键是如何在众多的站点中，使你的站点抓住用户的注意力，这被CPU巨无霸英特尔公司的董事长安迪·葛鲁夫形象地称为"争夺眼球的战争"；二是吸引回头客，重点是如何留住用户，增加用户对站点的忠诚度。

Cisco① 的模式最典型。这家公司在利用Internet使企业更加富有效率方面已经成为领先者，从雇员、培训、工作小组、外部伙伴到产品订购以及售后服务等，公司都在不断为适合网上交易的商业活动开发新的应用，它的站点已经成为当前世界上最大的互联网络商业站点之一。这一成功的基础便在于其通过Internet将业务与购买商、供应商紧紧联系在一起。它的代表性做法有：

- 管理好公司销售的交易处理，为顾客采购和自行配置产品提供研究和评价工具；
- 把公司的后台支持系统变成顾客的自行管理的前台系统，理顺公司的业务流程并巩固好客户关系；
- 向顾客提供个性化的服务；
- 提供交互性研讨和专家即时支持；
- 为顾客创造一种网上社区的氛围；
- 增加品种，扩大公司提供的产品的选择范围；
- 营造一个品牌化的集散中心。

7. 案例研究练习：请整理关于"以客户为中心组织变革"方面的案例。
   - 描述你所收集的案例资料，你的描述应该涵盖如下要点：
     ① 这个企业的名称、主营业务、业绩情况、人员素质与规模、市场地位；
     ② 管理问题，即企业面临的矛盾是什么；
     ③ 问题情境，即问题发生时的特定情况，以便对管理问题有更确切的认识；
     ④ 当事人，与问题相关的决策人及相关者；
     ⑤ 解决方案，当事人是如何解决问题的；
     ⑥ 结果及绩效。
   - 阅读理论上对以客户为中心组织变革的解释。
   - 小组间交流案例。
   - 总结以客户为中心组织变革的要点。

---

① Cisco是全球领先的互联网解决方案提供商。

第5章　客户体验管理

学习目标

- 理解客户体验的含义及其重要性；
- 概括客户体验管理的基本架构；
- 能够描述什么样的客户体验是优秀的，什么样的客户体验是糟糕的；
- 概括网站客户体验的要素；
- 掌握网站客户体验管理的基本过程、工作内容及基本方法。

购物的过程从来就不是单纯的买卖，带给客户的体验对于企业和客户之间的关系有非常重要的影响，甚至有人提出了体验经济的概念。网络环境下的购买过程是由很多个触点构成的，如颜色、图标、操作流程等。客户在网络上的消费行为同在实体店没有根本上的区别，他或她依然希望能够享受消费过程。而一旦体验过程并不能带来愉悦，客户只需要简单地点击一下鼠标，就会换到另外一个商家。

5.1　客户体验的内涵

体验是个体对一些刺激做出的反应[①]。客户体验是一个或一系列的客户与产品、公司、公司相关代表之间的互动，这些互动会造成一些反应，如果反应是正面的，就会使客户认可产品或服务的价值。

5.1.1　客户体验层次

客户体验是分层次的，如图5-1所示。属性是影响客户体验形成的各种因素，是体验设计的操作性基础。主题是对客户需求的深层次分析与理论总结，是各种体验要素能够满足客户需求的共性特征。效果是客户与企业交往中形成的美好感觉。

5.1.2　客户触点

与客户体验相关的一个概念是客户触点。客户触点是客户体验品牌形象或某种信息的情景。体验存在于企业与客户之间的每一个触点，各个触点不同的体验形成客户对企业整体的印象，所以每个触点都是至关重要的。正如北欧航空总裁 Jan Carlzon 所言：

---

① 客户体验管理的基本观点多来自于哲学、神经生物学、心理学和社会学。

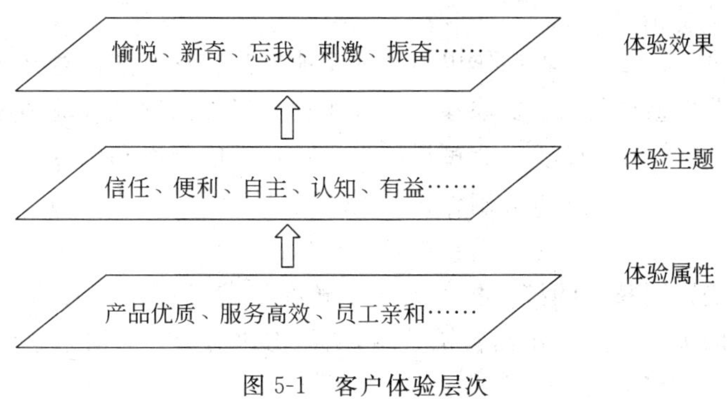

图 5-1　客户体验层次

“客户在任何时候接触企业的任何一个层面，不管多么遥远，都是企业在客户心中建立印象的一个机会。”

5.1.3　体验式营销

1. 体验式营销的特点

体验式营销的特点在于：

(1) 以消费者的体验为关注点：注重企业与客户之间的沟通，挖掘客户内心的愿望，从客户体验的角度，提供感官、情感、认知、行为以及相关价值，取代了功能性价值。

(2) 检验消费场景：营销工作不再独立地思考一个产品(质量、包装、作用等)，而是更加关注消费场景。与专注于狭义定义的产品类别和竞争相比较，体验营销不仅仅关注洗发水、剃须膏、吹风机和香水，而且考虑浴室里的氛围。因为大多数营销品牌的重要机会都产生于客户购买后消费产品的阶段，而所有的消费行为都是在特定情境中存在的。

(3) 重视理性，更重视感性。传统的营销将消费者视为理性的决策者，但忽视了感性因素在客户购买与消费过程中的意义。体验营销者则不仅仅把客户看成理性决策者，而且认为客户希望得到乐趣、刺激，感受到感情上的触动以及接受有创意的挑战。

(4) 方法与工具的多样性：体验是五花八门的，体验营销的方法和工具也是多样性的，其和传统的营销又有很大的差别，企业要善于寻找和开发适合自己的营销方法和工具，并推陈出新。

2. 体验是可以测量的

多年来，心理学者和营销调研者为了探究客户体验制定出很多方法。其中最著名和最广泛用于测试的技术是萨尔特曼隐喻诱引技术(Zaltman Metaphor Elicitation，ZME)。这项技术的基本前提是思想在根本上是以形象而不是语言为基础的，所以人们传播时大部分信息是非语言的，形象的说法是传播知识的关键。这项技术要求参与者就某一特定主题拍照片或从报纸杂志上收集相关图像。然后，为了更好地理解他们的体验，将会采用一系列方法让参与者描述或阐述他们所收集的图像。这些方法包括：

(1) 图像分类：参与者根据相似性对图像加以分类，然后研究者根据这些相似图像的潜在意义分析这些信息。

（2）视觉描述：要求参与者制作出另外一张能够强化现有图片意义的图片。

（3）对图像进行感觉测试：要求参与者利用视觉以外的感觉表达图像的核心意义。

（4）短片描述：参与者描述一个短片用以表达他们的想法和感觉。

（5）制作数字图像：把参与者制作的图像扫描进计算机，让参与者利用计算机处理图像。

萨尔特曼隐喻诱引技术的核心价值在于了解在消费者行为背后的“为什么”，据此围绕驱动消费行为的关键元素制定出营销策略，从而构建消费者的情感意识，实现企业体验设计与客户体验的对接。

5.2 客户体验管理的意义

麦当劳餐厅提供的食品花样并不繁多，为什么在中国会受到如此欢迎呢？《东方的金色双弓：麦当劳在东亚》的作者詹姆斯·沃森的解释可谓一语中的：“中国的麦当劳餐厅虽然菜单内容有限，但不会有任何问题，因为在中国，消费者去麦当劳所寻求的只是一种体验而不是产品。”

类似这样的情况在很多领域有越来越突出的表现。按照马斯洛需要层次论的逻辑，在人们解决了基本需求之后，更加关注情感与心理层面的需求，体验的意义便会日益上升。早在1998年，《中国日报》曾经发表过一篇调研结果，51%的被调研者说他们在购买手机的时候看重的是外表，只有37%的人说他们更看重的是价格，另外还有11%的人更看重手机的功能。2002年央视调查中心的一项关于消费者行为的调查揭示，中国消费的大趋势之一就是“全面体验消费模式”。传统的营销更加关注特色和益处，显然已经不能符合消费主流的需要。传统营销与现代营销的不同关注点如图5-2所示。

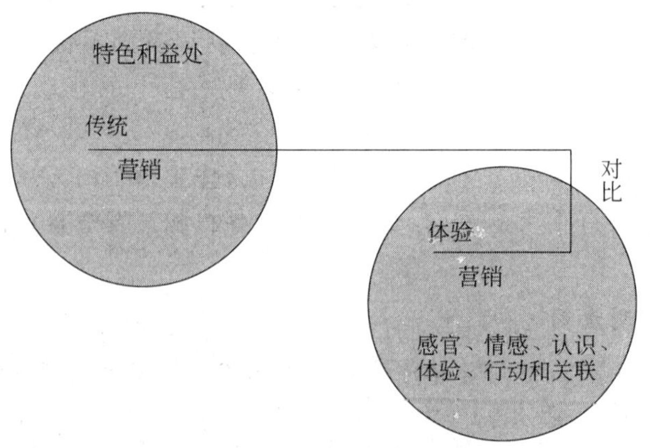

图5-2　传统营销与现代营销的不同关注点

企业的营销方式因此正在发生深刻的变化，集中体现在企业与客户之间的沟通方式上。我们正在从将传播内容灌输给大众的泛传播转变为针对群体或者个体的需求设计传播的窄传播。我们正在从单向的传播媒介转变为互动的传播媒介，至少在三个方面传播思路发生了变化：自变量由说服变量（如消息来源的可信性）向表述概念（即所用语言的本质）和结构概念（在媒介中事件是怎样包装和表现的）转变，因变量由态度（对一个对象或反对或支持的评价）向认知（关于一个对象的知识或信念）转变，对传播效果的强调重点由改变（如态度改变和行为改变）转向重构（包括关于事件图解或模型的建构，或者对真实的社会建构）。

研究和企业营销事件表明，体验式的营销方式能给企业带来更好的绩效。ADK 公司在 2011 年的一次调查显示体验式广告相比于常规广告能带来更高的 GRP①。浏览电子商务网站的人数远远多于从它那里购买产品的人数，是否具有良好的体验是将这些偶然浏览者转化为实际购买人的关键。

对于网站来说，良好的客户体验是第一位的，因为客户能够非常容易地在不同网站之间进行转换，只有那些能够带来愉悦体验的网站才能留住客户的关注。网站体验的设计体现在很细微的环节，以下选择了来自电子商务经营者的观点，能够让我们更确切地理解在网络购物中具体的体验需求有多么重要②。

1. 让客户更容易看到产品描述

如果页面布局或其他条件不允许我们将描述放到首屏或不能完全放到首屏，我们如何让用户方便地看到商品描述呢？很多电商网站自己给出了答案，不过在使用这些方法时需要注意一些问题。例如，有一些网站使用了一种我们称为锚链接的方法，在首屏我们主要的信息包括商品图片、商品名称、商品价格、优惠价格、邮费、简要描述、添加购物车按钮、直接购买按钮等，这些信息基本占据了商品页面首屏的绝大部分空间。这时我们没有更多的空间放置详细的商品描述，有些商家就在“添加到购物车”按钮上方或简要描述文字的下方放置了一个锚链接，链接文字类似“详细信息”这样的字样，是有色的带下画线的。当用户点击后，页面滚动到下一屏，详细信息就显示出来了。这种情况下需要注意的是锚链接文字的状态和位置，因为需要用户去点击它，所以这个锚链接要突出一些，例如使用蓝色下画线的形式（总之是为了突出视觉效果）。在点击后，用户进入下一屏时，不要将详细信息的文字放在靠近页面顶端的位置，这样会给用户造成一种压迫感。如果这样做，绝大部分用户会再一次向上滚动屏幕调整到能够看到上一个页面的部分内容时才开始阅读。同时要注意的是在这个页面中购买按钮的位置尽量不要放在首屏的下方接近页面低端，因为这个样式会给用户一种错觉，使得用户认为这个页面就是这些内容，而不进行点击或滚动操作了。

另一种方法与上面说的比较类似，但放置的不是锚链接。而是一个页面链接。用户点击后会打开一个新的页面或窗口，显示更多商品信息。两种方法中笔者更倾向于前一种，不过这两种方法都有一个共同的缺点，就是链接给人的感觉好像是要跑到别的页面，所以不是很愿意去点击。

这里还有一种方法使用的是标签的形式，这种形式使用得很多，而且在国内的电商网

---

① ADK 是世界著名广告集团，GRP 是一种衡量收视率的指标，1 个人看过 10 次和 10 个人看过 1 次都是 10 个收视点。

② UE 小王国的博客，http://www.ueking.com，博主在其中分享了其关于网站体验设计的观点。

站中越来越多地成为一种趋势，从用户体验的角度上看这种形式较前两种更有优势，因为可以把更多的信息条理化、清晰化，同时因为这种形式原本就是借鉴了计算机软件界面的设计风格，用户在使用经验上更有优势。

2. 关于字体的选择

现在说说汉字，汉字不像英文只有26个字母。一套完整的汉字字体包含大约9万个汉字，中文字库分三种，最常见的是TBK，有2万多个汉字，中华大字典有7万～8万个汉字，最少的基本字库TB2312有6763个汉字。生活中我们能见到的如家具品牌“宜家”，在介绍产品及价格的标签上使用的是方正毡笔黑体字，目的是给顾客刚刚写上去的感觉，暗示这是最新的价格。我们在网站中使用的字体也应该区别对待，根据字体本身的属性在适当的位置使用适当的字体。同样是宋体，“博雅宋”适合用在正文中，而“粗雅宋”适合标题。

3. 结账流程中的问题

一旦用户进入结算流程（付款流程），网站的页面应该变得简洁、清晰，页面中尽量减少无关的信息以免对用户造成干扰，同时用户在整个流程中应该清楚地知道自己当前的位置，例如这个付款流程一共需要几步，我现在在第几步。并且让用户知道自己需要进行哪些操作、填写哪些信息。通常情况下付款流程中包含了几个主要内容，如物流信息和账单信息等，需要用户提供的是物流地址、账单地址以及个人的银行卡或信用卡（或第三方支付平台账户）。这些信息作为一个电子商务网站都是必需的，一般有购物经验的用户都可以进行正常的操作，除此之外如果要增加额外的信息（限制性条款等）应该考虑一些帮助信息，协助用户完成操作。

5.3 网络客户体验

对于电子商务领域，体验是客户对网络产品的综合印象和感觉。在网络经济环境下，客户体验具有如下特征。

（1）利用互联网交互性特点，客户能实现高度参与；

（2）客户体验具有较高的动态性，表现在客户在不同时间、不同状态下，对同一产品的感觉是不一样的；

（3）客户体验具有个性化、人性化的特点；

（4）客户体验具有技术集成性的特点；

（5）买卖双方通过网络交互界面发生联系。

网络客户体验包括感官体验、情感体验、思考体验、行为体验四个方面，体现在客户与购物过程有关节点上的内容、功能、性能和可得性，如图5-3所示。

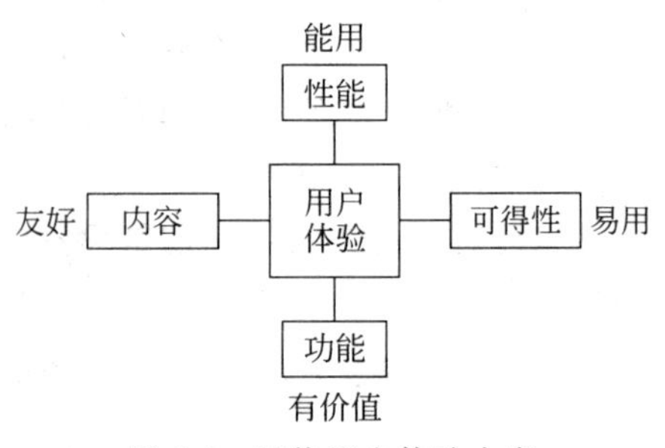

图5-3 网络用户体验内容

感官体验，主要指网站给用户留下的第一印象，漂亮、古朴和简洁等用来形容风景、图画的词语都可以来概括用户的感官体验。作为网站交互体验设计的第一层,感官体验主要通过网站的整体形象来创造,核心是网站的主题风格和用户界面设计。

情感体验关系到人们访问网站时的好恶情绪和态度心情。情感体验设计的核心是激发用户的共鸣心理。这需要深刻理解用户的访问期待,找到那些能够刺激用户的设计要素,才能吸引用户进一步的关注和参与。

思考是用户参与的前提。之前的感官和情感体验更多的是一种条件反射式的流露,而用户的思考体验则是一个相对理性的过程。如何出乎意料地激发用户的兴趣,引起用户的好奇心,并激励用户去思考,去了解和使用你的网站,是这一层次主要考虑的问题。考虑这个问题之前,首先要扪心自问,网站中有什么值得用户思考。

行为体验就是网民使用网站过程中的感受。这种感受来源于很多方面,包括功能、视觉和可用性等多个方面。但如果分析网民在网站上的所有操作行为,无非只有两类:一类是需要点击鼠标的,另一类是需要键盘输入的。行为体验是 Web 2.0 网站交互体验设计的最后一个层次,其实施效果与之前三个层次密切相关,是一个统筹协作的阶段,这个层次的行为体验设计核心在于用户行为优化。用户行为优化,也就是网站操作的便捷程度。主要体现在减少无效点击、简化注册流程、厘清访问路径这三个方面。

优秀的体验一般具有如下特征。

(1) 为用户提供清晰的目标,告诉用户能够完成什么任务;

(2) 为用户的选择提供及时反馈,让用户感觉目标容易达到;

(3) 更有效率的设计,让用户能够更高效地完成操作;

(4) 让用户总有新的发现,避免枯燥的感觉;

(5) 情感的一致性,不同部分之间、线上和线下之间的承诺、情感、规则等是一致的,避免产生受骗的感觉。

糟糕的体验一般具有如下特征,但不限于这几条。

(1) 经常访问中断、载入速度慢;

(2) 破坏了用户原有的习惯操作;

(3) 学习难度大;

(4) 产品架构不清晰;

(5) 功能贫乏;

(6) 明显的引诱或欺骗;

(7) 不友好的表达。

5.4 客户体验管理架构

要在客户经济中取得成功,就要为客户创造完美的消费体验。这种体验要与所有销售渠道和接触网点所体现的品牌个性和品牌形象一致。图 5-4 中列出了所需要的要素:建立客户喜欢的品牌、建立牢固的客户关系、建立信任、支持客户喜欢的交往方式。

客户体验是一个从品牌内涵到具体触点策略的完整体系,关于该体系建设的框架,最

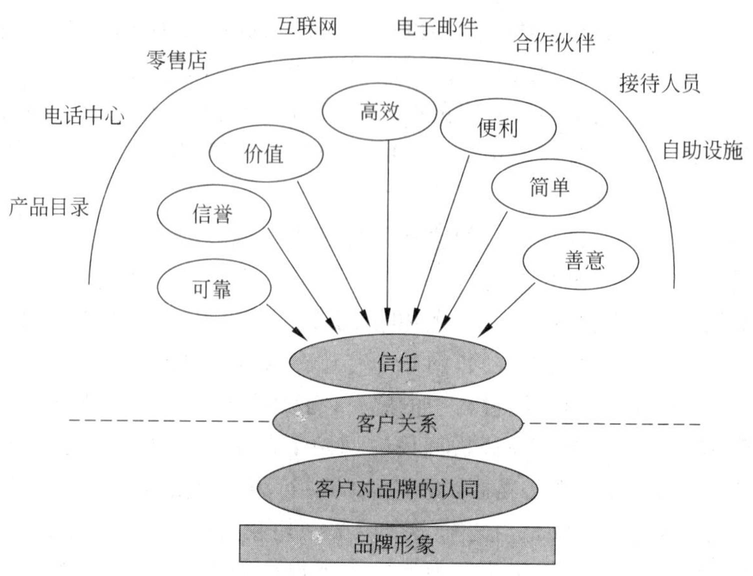

图 5-4　客户体验管理体系结构

具代表性的解释来自贝恩特·施密特的 CEM(Customer Experience Management)框架[①]。

第 1 步：分析客户体验世界。

探索客户内心最深处的想法。在消费品市场上，要分析消费者生存环境，包括社会文化因素、消费者的体验需求和想法及生活方式。对于工业品市场，要分析商业环境，包括可以影响客户体验的经营方式。

第 2 步：建立客户体验平台。

体验平台是战略和实施之间最主要的连接点，体验平台包括对理想体验的描述，表明客户能从中获得的价值。

第 3 步：设计品牌体验。

决定了品牌体验以后，必须在品牌体验中实施，赋予产品必要的属性，并设计同客户沟通的方式与策略。

第 4 步：建立与客户的接触。

体验平台要在与客户接触中实施，在这一步需要在触点给客户真实的体验，实现体验平台强调的效果。

第 5 步：致力于不断创新。

保持客户的注意力及对企业的新鲜感是维持客户与企业关系的基本前提，创新向客户显示公司是能够连续创造新的相关体验的动态企业。

5.4.1　分析客户体验世界

外界事物作用于人的感官而在人脑中产生的对这些事物整体的反应过程被称为知

---

① 贝恩特·施密特.顾客体验管理——实施体验经济的工具.北京：机械工业出版社，2004.

觉。知觉具有归类和推理的性质,选择、组织、解释是构成知觉的整个过程。布鲁纳[①](1947年)以出身贫富不同家庭的儿童(10岁)为被试对象,要他们在同样的条件下估计各种硬币,以比较儿童的金钱价值与知觉的关系。结果发现两组儿童对硬币面积的估计都有夸大的倾向,但贫困儿童组的夸大倾向远超过富裕儿童组。布鲁纳推论:一件事物的意义在于把它置于假设性推理的网络中,然后对它的特征和效应做出推理。人的认知规律提醒我们,完美的客户体验来自对客户本身心理与行为的倾向,而不是企业的自以为是。

【案例5-1】 安飞士公司的客户体验

安飞士(AVIS)是由Warren Avis先生于1946年在底特律的一家机场创建的品牌,是第一家设置在机场的汽车租赁公司。公司成立之初只有资本85 000美元和3辆汽车,时至今日AVIS已经发展成为一家全球性的汽车租赁公司,在世界170个国家和地区设立了超过1700家分支机构,4700多个营业网点,拥有19 000名员工,车队规模超过50万辆。

为了提高客户对租车经历的愉悦感,安飞士在咨询公司的帮助下,分离客户关心的因素,并将整个租车过程分成100个步骤,一个一个地去改善。客户关心租车速度,所以发起了安飞士完美服务项目,会员下飞机后可以直接在机场租车,不必到安飞士的室内营业网点办手续。为了帮助客户对付旅行带来的压力,安飞士在全国各地的机场创建了特殊的沟通中心,在那里可以打电话,接上笔记本电脑,复印,查询开车路线。

安飞士重视员工体验在其中的作用。训练有素的前台员工对客户的特殊需求非常敏感。员工告诉带小孩的父母车内可分配小孩坐椅;告诉到高尔夫球场的会员当地天气预报和地图。安飞士努力从各方面寻找客户体验并致力于不断提高。为了让客户放心,安飞士的经理都戴着耳机。其副总裁说:"客户看到有人负责时,紧张程度就会降低,那些耳机是个信号。"

分析客户体验世界可以采用如下4个步骤。

1. 确定准确的目标客户

确定目标客户是分析客户体验世界的第一步,不同客户需要不同的体验。

2. 分离客户体验世界

客户体验是可以划分为众多层次的,客户对某些功能属性的体验往往是嵌入在特定的情景之中。这就是说要考虑到客户有可能采取的每一个行动的每一种可能性,并且去理解在这个过程的每一个步骤中客户的期望值。Jesse James Garrett在其《用户体验要素》中给出了网站设计中需要考虑的客户体验要素模型[②]。网站客户体验设计的层次如图5-5所示。

成功的客户体验,其基础是一个被明确表达的战略,因此战略是客户体验设计的起

---

① 布鲁纳是美国著名的心理学家和教育学家,是当代认知心理学派和结构主义教育思想的代表人物。

② 其个人网站www.jjg.net是提供信息架构资源的网站中最受欢迎的一个。

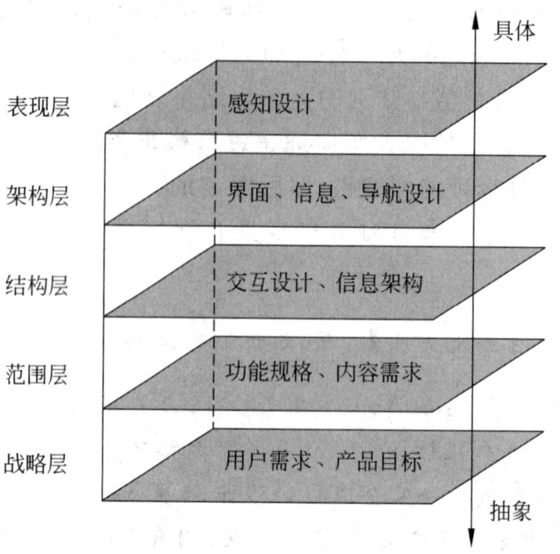

图 5-5　网站客户体验设计的层次

点。知道企业与客户双方对产品的期许和目标，有助于促进客户体验各方面战略的确立和制定。成功的客户体验需要客户与企业之间在价值观层面的彼此认同，客户会从表面的符号去透视企业内在的价值选择，企业需要回答下面两个基本问题：

第一，我们要通过这个产品得到什么？

第二，我们的客户要通过这个产品得到什么？

带着“我们想要什么”“我们的客户想要什么”的明确认识，我们才能弄清楚如何去满足这些战略目标。当你把客户需求和产品目标转变成产品应该提供给客户什么样的内容和功能时，战略就变成了范围。这是客户利益最直接的层次。在范围层，客户关注的不仅是最终要获得的内容，还有形成结果的过程，就像我们去菜市场买鸡蛋，鸡的生活环境及饲养方式是影响我们选择的重要方面。所以，有价值的过程及产生有价值的产品是范围层需要解决的两个重要问题。此外，我们还需要注意到客户对不同过程及产品的不同层面看重的程度是有差异的，因此需要对以产品价值为核心的过程进行优先级排序，真正将对客户体验具有重要影响的环节放在关键的位置，并且让客户感知到我们确实是这样操作的。

在定义好用户需求并排列好优先级别之后，我们对于最终产品将会包括什么特性已经有清楚的图像。下一步就是要将这些分散的片段组成一个整体，这就是范围层上面的结构层，即为产品创建一个概念结构。这是从抽象到具体的衔接层次，我们需要描述客户可能的行为，也就是客户会按照什么轨迹来理解和接受我们的产品提供过程，并据此选择我们需要传递的信息及有意义的传递方式。结构层次的设计将直接影响客户对真实产品的感知。

架构层确定了很详细的界面外观、导航和信息设计，让晦涩的结构变得更加实在。模型的顶层是感知设计，这是客户首先注意到的地方，内容、功能和美学汇集到一起产生一个最终设计，完成其他四个层面的所有目标。

3. 从客户和公司的触点追踪全部体验

在触点上追踪客户体验的主要目标是去理解如何丰富客户体验。我们需要关注重要触点上的关键人物、时间、地点、所处购买阶段及具体的行为。

4. 了解竞争对手

关注竞争对手不仅是要塑造独特的客户体验,而且也是重要的学习方式,直接竞争对手、新入行的企业及行业外的对手所提供的体验是需要我们重点观察的。

5.4.2 建立客户体验平台

体验平台包括三个策略内容:体验定位、体验价值(EVP)和全面实施主题,如图 5-6 所示。体验定位描述了品牌代表什么;体验价值描述了客户能得到什么;全面实施主题总结了中心信息的内容和形式。红牛(Red Bull),一种功能饮料,是成功实施体验平台的例子。在欧洲和美国,红牛在喜欢夜总会的年轻人中很流行。这种饮料含有咖啡因和牛磺酸及普糖醛酸基转移酶。牛磺酸是新陈代谢的载体,因为它有解毒作用,能加强心肌收缩;普糖醛酸基转移酶帮助清除有害物质,加速新陈代谢。红牛的体验定位是"瓶里的能量",它的 EVP 是"巩固心脏,加速新陈代谢,战胜疲劳",实施主题是适应社会上各种有趣的活动:对全世界迷上夜总会的人来说,喝红牛就像注射了一针能量剂,这能帮助他们跟上越来越快的音乐。

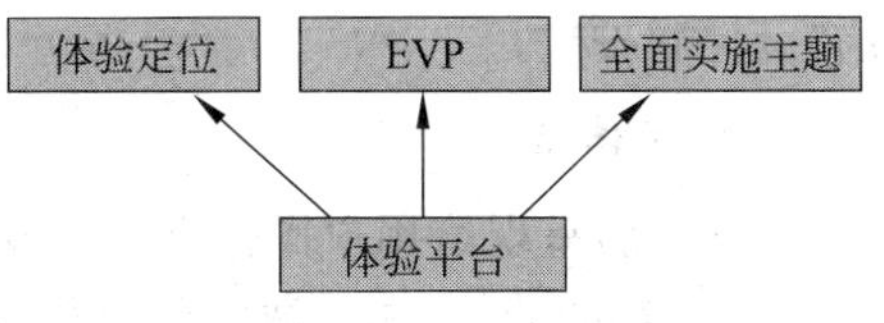

图 5-6　客户体验平台

对于一个营销网站而言,客户与网站的触点构成了一个让客户感知企业产品与服务的情景平台。艾瑞网专栏作家李翠芬①总结了网络用户体验的关键触点,共分为 5 个方面,76 个体验点。

1. 感官体验

感官体验呈现给用户视听上的体验,强调舒适性。

(1) 设计风格:符合目标客户的审美习惯,并具有一定的引导性。

网站在设计之前,必须明确目标客户群体,并针对目标客户的审美喜好,进行分析,从而确定网站的总体设计风格。

(2) 网站 LOGO:确保 LOGO 的保护空间,确保品牌的清晰展示而又不占据过多空间。

(3) 页面速度:正常情况下,尽量确保页面在 5 秒内打开。如果是大型门户网站,必须考虑南北互通问题,进行必要的压力测试。

(4) 页面布局:重点突出,主次分明,图文并茂。与企业的营销目标相结合,将目标客户最感兴趣的、最具有销售力的信息放置在最重要的位置。

(5) 页面色彩:与品牌整体形象相统一,主色调+辅助色不超过三种颜色。以恰当

---

① 艾瑞网,http://www.iresearch.cn/。

的色彩明度和亮度，确保浏览者的浏览舒适度。

(6) 动画效果：与主画面相协调，打开速度快，动画效果节奏适中，不干扰主画面浏览。

(7) 页面导航：导航条清晰明了、突出，层级分明。

(8) 页面大小：适合多数浏览器浏览(以 15 英寸及 17 英寸显示器为主)。

(9) 图片展示：比例协调、不变形，图片清晰。图片排列既不过于密集，也不会过于疏散。

(10) 图标使用：简洁、明了、易懂、准确，与页面整体风格统一。

(11) 广告位：避免干扰视线，广告图片符合整体风格，避免喧宾夺主。

(12) 背景音乐：与整体网站主题统一，文件要小，不能干扰阅读。要设置开关按钮及音量控制按钮。

2. 交互体验

交互体验呈现给用户操作上的体验，强调易用/可用性。

(13) 会员申请：介绍清晰的会员权责，并提示用户确认已阅读条款。

(14) 会员注册：流程清晰、简洁。待会员注册成功后，再详细完善资料。

(15) 表单填写：尽量采用下拉选择，需填写部分需注明要填写的内容，并对必填字段作出限制，如手机位数、邮政编码等，避免无效信息。

(16) 表单提交：表单填写后需要输入验证码，防止注水。提交成功后，应显示感谢提示。

(17) 按钮设置：对于交互性的按钮必须清晰突出，以确保用户可以清楚地点击。

(18) 点击提示：点击浏览过的信息需要显示为不同的颜色，以与未阅读内容区分，避免重复阅读。

(19) 错误提示：若表单填写错误，应指明填写错误之处，并保存原有填写内容，减少重复工作。

(20) 在线问答：用户提问后后台要及时反馈，后台显示有新提问以确保回复及时。

(21) 意见反馈：当用户在使用中发生任何问题时，都可随时提供反馈意见。

(22) 在线调查：为用户关注的问题设置调查，并显示调查结果，提高用户的参与度。

(23) 在线搜索：搜索提交后，显示清晰列表，并对该搜索结果中的相关字符以不同颜色加以区分。

(24) 页面刷新：尽量采用无刷新(Ajax)技术，以减少页面的刷新率。

Ajax 是新兴的网络开发技术的象征。它将 Java 和 XML 技术结合在一起，用户每次调用新数据时，无须反复向服务器发出请求，而是在浏览器的缓存区预先获取下次可能用到的数据，界面的响应速度因此得到了显著提升。

(25) 新开窗口：尽量减少新开的窗口，以避免开过多的无效窗口，设置弹出窗口的关闭功能。

(26) 资料安全：确保资料的安全保密，对于客户密码和资料进行加密保存。

(27) 显示路径：无论用户浏览到哪一个层级，哪一个页面，都可以清楚看到该页面的路径。

3. 浏览体验

浏览体验呈现给用户浏览上的体验，强调吸引性。

(28) 栏目的命名：与栏目内容准确相关，简洁清晰，不宜过于深奥。

(29) 栏目的层级：最多不超过三层，导航清晰，运用 JavaScript 等技术使得层级之间伸缩便利。

(30) 内容的分类：同一栏目下，不同分类区隔清晰，不要互相包含或混淆。

(31) 内容的丰富性：每一个栏目应确保足够的信息量，避免栏目无内容的情况出现。

(32) 内容的原创性：尽量多采用原创性内容，以确保内容的可读性。

(33) 信息的更新频率：确保稳定的更新频率，以吸引浏览者经常浏览。

(34) 信息的编写方式：段落标题加粗，以区别于内容。采用倒金字塔结构。

(35) 新文章的标记：为新文章提供不同标识(如 new)，吸引浏览者查看。

(36) 文章导读：为重要内容在首页设立导读，使得浏览者可以了解到所需信息。文字截取字数准确，避免断章取义。

(37) 精彩内容的推荐：在频道首页或文章左右侧，提供精彩内容推荐，吸引浏览者浏览。

(38) 相关内容的推荐：在用户浏览文章的左右侧或下部，提供相关内容推荐，吸引浏览者浏览。

(39) 收藏夹的设置：为会员设置收藏夹，对于喜爱的产品或信息，可进行收藏。

(40) 栏目的订阅：提供 RSS 或邮件订阅功能。

(41) 信息的搜索：在页面的醒目位置，提供信息搜索框，便于查找到所需内容。

(42) 页面打印：允许用户打印该页资料，以便于保存。

(43) 文字排列：标题与正文明显区隔，段落清晰。

(44) 文字字体：采用易于阅读的字体，避免文字过小或过密造成的阅读障碍。可对字体进行大中小设置，以满足不同的浏览习惯。

(45) 页面底色：不能干扰主体页面的阅读。

(46) 页面的长度：设置一定的页面长度，避免页面过长而影响阅读。

(47) 分页浏览：对于长篇文章，要进行分页浏览。

(48) 语言版本：为面向不同国家的客户提供不同的浏览版本。

(49) 快速通道：为有明确目的的用户提供快速入口。

4. 情感体验

情感体验呈现给用户心理上的体验，强调友好性。

(50) 客户分类：将不同的浏览者进行划分(如消费者、经销商、内部员工)，为客户提供不同的服务。

(51) 友好提示：对于每一个操作进行友好提示，以增加浏览者的亲和度。

(52) 会员交流：提供便利的会员交流功能(如论坛)，增进会员感情。

(53) 售后反馈：定期进行售后的反馈跟踪，提高客户满意度。

(54) 会员优惠：定期举办会员优惠活动，让会员感觉到实实在在的利益。

(55) 会员推荐：根据会员资料及购买习惯，为其推荐适合的产品或服务。

(56) 鼓励用户参与：提供用户评论、投票等功能，让会员更多地参与进来。

(57) 会员活动：定期举办网上会员活动，提供会员网下交流机会。

(58) 专家答疑：为用户提出的疑问进行专业解答。

(59) 邮件/短信问候：针对不同客户，为客户定期提供邮件/短信问候，增进与客户之间的感情。

(60) 好友推荐：提供邮件推荐功能。

(61) 网站地图：为用户提供清晰的网站指引。

5. 信任体验

呈现给用户的信任体验强调可靠性。

(62) 搜索引擎：查找相关内容可以显示在搜索引擎前列。

(63) 公司介绍：真实可靠的信息发布，包括公司规模、发展状况、公司资质等。

(64) 投资者关系：上市公司需要为股民提供真实准确的年报、财务信息等。

(65) 服务保障：将公司的服务保障清晰列出，增强客户信任。

(66) 页面标题：准确地描述公司名称及相关内容。

(67) 文章来源：为摘引的文章标注摘引来源，避免版权纠纷。

(68) 文章编辑、作者：为原创性文章注明编辑或作者，以提高文章的可信度。

(69) 联系方式：准确有效的地址、电话等联系方式，便于查找。

(70) 服务热线：将公司的服务热线列在醒目的地方，便于客户查找。

(71) 有效的投诉途径：为客户提供投诉或建议邮箱或在线反馈。

(72) 安全及隐私条款：对于交互式网站，注明安全及隐私条款可以减少客户顾虑，避免纠纷。

(73) 法律声明：网站法律条款的声明可以避免企业陷入不必要的纠纷中。

(74) 网站备案：让浏览者确认网站的合法性。

(75) 相关链接：对于集团企业及相关企业的链接，应该具有相关性。

(76) 帮助中心：对于流程较复杂的服务，必须具备帮助中心进行服务介绍。

这些体验触点及每个触点所传递的价值，需要以企业将要提供的EVP及体验定位为依据，并以此将各个点串联起来。而目前很多网站对于个别触点在技术层面往往倾注更多，但整体的定位与EVP却相对薄弱。正如前面所提到的，体验是双方沟通的结果，在缺少整体设计的情景中，客户难以获得整体的、一致性的体验效果。

5.4.3 设计品牌体验

创建良好的客户体验最重要的工作内容是大量收集亟待解决的非常细微的问题。"成功的方法"和"注定会失败的方法"的差异归根结底就是以下两点。

1. 了解你正在试着去解决的问题

面对需要解决的许多纠缠不清的问题，有时是非常令人气馁和厌烦的，所以很多企业难以给客户提供完美的体验,很多企业会因为客户的流失而不得不退出商业领域。不要以"节省项目时间或经费"的理由对客户提出的问题敷衍了事。正确的问题定义是一切事业的开始。在对问题持之以恒的关注中,客户体验才能更加精致与深刻。

2. 了解这些解决办法所造成的后果

要记住你做出的每一个决定对其上、其下层面都可能产生"连锁反应"。在产品某个部分运作得非常好的某个导航设计,可能完全不符合结构层的另一个部分。

建立工作的指导原则对设计品牌体验有重要意义,这些原则可以让企业的各个层面有可以遵循的依据,并保有处理问题的灵活性。星巴克的完美体验在很大程度上依赖于其对基本原则的思考与设计。

【案例 5-2】 星巴克公司的六项指导原则

在快速成长过程中,星巴克坚持要成为世界上最好的高品质咖啡提供者,为了衡量各项决策的适用性,星巴克建立了六项指导原则。

- 提供完美的工作环境,尊重每个人,维护每个人的尊严;
- 在事业中将多样性作为一项重要内容;
- 在咖啡的采购、烘焙和运输中坚持最高标准;
- 每时每刻开发客户的热情与忠诚;
- 为社区和周围的环境做出积极的贡献;
- 利润对公司的未来是非常关键的。

5.4.4 建立与客户的接触

在体验平台中,客户接触面是第二个重要的实施领域。这些接触面指发生在公司和客户之间动态的信息和服务的交换——服务人员与客户的接触中、在电话问答中、在网上或其他方面。例如,接触发生在存款人使用银行的自动提款机时,商务人士入住酒店时,客户到商店退商品时,人们在网上聊天时,这些都产生了互动,即相互接触。

客户接触面可以提高或降低通过品牌体验建立起来的客户体验。所以,要认真对待与客户的接触。触点必须要建立在客户的需求上。例如,星巴克品牌的核心价值是人情味儿、享受、休闲并富有情调。星巴克的独特体验源于它把这些要素有效地注入消费者的整个消费流程中。例如,冲咖啡时要打出绝佳的奶泡,直到蒸汽与牛奶结合发出"嘶嘶"的声音(此触点注入"富有情调");将咖啡交到客人手上时,一定要眼神交会、微笑和答谢(此触点注入"人情味儿")。

1. 客户触点管理的注意事项

为了有效地进行客户触点管理,企业需要经常反思如下问题:

(1) 内部人员何时何地以何种方式与客户接触;

(2) 在每个触点上,实际的客户体验是什么样的;

(3) 每个触点究竟传达了什么内容;

(4) 有没有达到客户的期望,有没有带给他们超乎预期的不同体验;

(5) 企业分配了哪些资源到每个触点上，是否花了太多钱在没有什么影响力的服务上，但在客户觉得对本身的体验很重要的点上却投入太少；

(6) 同时分配的资源是否关照到了客户认为重要的触点；

(7) 有没有昂贵的服务接触反而造成了负面的影响。

2. 客户触点管理的主要内容

客户触点管理的主要工作内容包括：

(1) 发现触点；

(2) 明确接触目标；

(3) 理解接触受众；

(4) 设计接触模式，即接触的点、渠道和体系；

(5) 落实接触规范；

(6) 接触激励；

(7) 接触分析；

(8) 接触监控；

(9) 接触档案管理。

5.4.5 致力于不断创新

员工提供的服务水平必须坚持用不断变化的客户需求和竞争环境来衡量。我们必须坚持不懈地调查消费者以确保了解什么样的服务是消费者需要的，并做相应的调整。为了描述消费者，需要做大量的研究。这是任何伟大品牌能够经历整个产品生命周期而存活下来的主要原因[①]。

实施 CEM 框架的最后一个元素是创新。它包括提高客户体验的任何方面，不管是突破性的创新还是小创新或营销创新。致力于不断创新需要超前的意识和管理方法。以体验为导向的创新不是以产品或生产为中心，和 CEM 哲学一样，它是以客户为导向的过程，是要将客户体验融入研发和营销中，它也是在所有客户触点上提高体验的方法。亚马逊在不断完善客户体验方面是一个典型。

【案例 5-3】 亚马逊的网络体验个性化

亚马逊是第一个使网上体验个性化的公司。如果你是回头客，网站以你自己的名字来称呼你。根据你上次上网和搜索的习惯，网站给你建议：书籍、音乐、DVD、厨房小物品，如此等等，都是和你上次买的相似的东西。假如你知道自己要找的东西，在搜索框里敲进书名，就到了这本书的网页，不仅容易买到这本书，也容易搜索到相似的书，而且能找到其他人是如何评价这本书的。网页上提供本书的主要信息，包括库存情况，你可以知道这本书的订单安排情况。所有这些设计目前已经被众多的网上书城仿效。

---

① 这是 Fairmont 酒店总裁比尔·卡特的一句话。创新的方法和路径有很多，但这句话提醒我们，创新最重要的是指保持对事业的关注和敏感，因此研究具有至为重要的意义。品牌的客户体验是一个系统的、复杂的项目，更类似于长跑，需要参加者不断地调整和坚持，研究为这些工作提供了最关键的支持。

为了增加网上书籍搜索的美好体验，亚马逊增加了独特的“打开封面看看”的特色服务——用户可以浏览书中真实的一页。这个特色使得客户充分得到像在书店拿起一本书并翻动书页的感觉。客户可以阅读封底的文字，查看目录，并读几页以大概了解书的主旨。

亚马逊随着互联网的发展而发展，不断增加小创新并使之变成网上的客户体验。亚马逊作为现代的网上零售商，以持续创新来满足客户期望。

思考与练习

1. 测试你的体验。运用萨尔特曼隐喻诱引技术测试你或同学的体验。
2. 查阅资料，分析一个品牌，看一看这个品牌将给客户的体验是什么，品牌与客户的关键触点有哪些，给这些触点的表现打分，分析客户对该品牌体验的效果。分析时可以尝试使用如图5-7所示的图形工具，沿着客户购买的时间线路，确定线路上的关键点，对各个点进行评价，然后将各个点连起来，就形成了一个品牌体验的评价曲线。

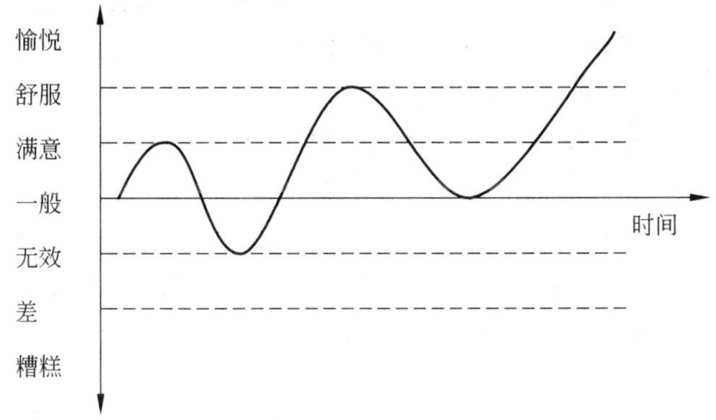

图5-7　品牌体验的评价曲线

3. 自我检测。创造产品体验时需要问的问题：
   - 哪些价值观是支撑我们品牌的理念？客户能将这些理念与我们的产品充分联系起来吗？
   - 我们产品的哪些特性可以被突出以强调我们产品的优越前景？
   - 我们有哪些服务项目可以与我们的产品捆绑，并始终与我们的价值理念相一致并提升客户使用我们产品的愉悦体验？
   - 我们怎样加强产品特性以全面调动客户的感官体验，使我们的产品在客户心目中独具特色？
   - 如何将我们的目标客户集合起来，使得使用我们的产品成为他们生活方式必须的一部分？
   - 如何提供能引发客户对我们的产品及使用经历记忆的线索？
   - 如何发现对我们的产品很有热情并对我们的产品充分了解的人？

   请以你熟悉的一个品牌为例，用上述问题为导引，为其提升品牌体验提出改善建议。

4. 下面的资料中提到10个转换率非常高的网站，请登录这些网站，看看它们的与众不同之处。

曾经看到一篇有趣的电子商务研究，来自一家市场研究商SeeWhy，他们做了一个有趣的调查，他们根据AC Nielsen的数据加上访谈，列出了10个他们找到的“转换率最高”的网络商店。所谓“转换率最高”，就是这些商店的流量不见得比别人大(不过至少要有一个月500万不重复拜访才有资格被列入)，但是他们可以让每个网友进来后好像着了魔似的，成交率特别高。他们说，一般的在线商店的转换率大约是2%～3%，也就是说每100人进来只有2%～3%的人买单；之前比较过美国两大购物网站Target和Wal-Mart的版型，也提过两大购物网站的转换率也只有7%～8%，符合SeeWhy的观察。而SeeWhy列出来的十大名店，平均转换率却在23%左右，是平常购物网站的10倍！叫我们怎么能不好好研究一下，到底这些购物名站是怎么达到这么高的转换率的。

先来看看这些购物名站是谁。排行第一的是Schwan's，是卖食物的，高达41.7%的转换率，令人咋舌！第二名则是常常被用在NET-MBA(现称fb-MBA)课程里的案例，在线花店ProFlowers，它的转换率高达26.5%。另外还包括卖维生素的Vitacost，转换率高达24%，还有Woman Within，转换率高达22.4%，还有卖衣服的Blair.com，转换率高达20.5%。以上是前五名。而第六名到第十名则分别是Lands' End(卖衣服的)、DrsFosterSmith.com(卖宠物用品的)、Office Depot(卖办公用具的)、Roaman's(卖衣服的)、QVC(卖首饰的)，转换率分别落在18.3%到20.5%之间[①]。

5. 回想你曾经的消费经历，有多少给你留下美好的回忆呢？如果有，相信这个商家会是你下一次购物的首选；如果是糟糕的经历，相信你已经将这个商家糟糕的服务告诉了不止一个人。这就是客户体验对企业的意义，它决定着客户下一步的行动。在回顾你的消费经历时，尝试应用客户体验层次模型进行分析。

① 资料来源：http://www.alibuybuy.com/posts/21992.html。

第三篇

网络营销组合

第6章 网络产品与网络品牌

学习目标

- 理解网络产品的特点、层次和类型；
- 掌握网络新产品策略；
- 了解网络品牌的含义。

6.1 网络产品

产品是向市场提供的，引起注意、获取、使用或者消费，以满足欲望或需要的任何东西。网络产品是从传统意义上的“产品”衍生而来，其基于互联网及信息技术的发展而出现，用于满足互联网用户需求和欲望的有形或无形载体。简而言之，网络产品是满足网络用户需求而产生和发展的互联网应用与服务的集成形式。例如，新浪的产品是“新闻”，腾讯的产品是“QQ”，百度的产品是“搜索”，网易的产品是“邮件”。网络产品是指从传统意义上的“产品”延伸而来的，是在网络经济条件下满足互联网用户需求的物质产品、信息产品和网络服务等的总称。

6.1.1 网络产品的特点

1. 外部性

商品的外部性是指在经济交易中，成本和收益落在了与交易无关的第三者身上。一个消费者消费某种商品，不仅给自己带来效用，也给他人带来某种效用，这就是外部性。外部性作为网络产品的重要特性，是网络产品区别于非网络产品的重要指标。例如，一名使用微信的消费者，不仅方便自己和别人沟通；同时，也方便别人能够随时随地找到他。并且，参与微信平台的消费者越多，微信平台的价值也就越大。

2. 数字化

与纯粹的物质产品不同，网络产品具有鲜明的数字化特征，其知识、信息含量高。电子图书、在线音乐、软件程序等都是典型的数字化网络产品，以 Windows 软件程序为例，软件程序的开发、设计是复杂的创造性劳动，知识、信息等构成了软件程序这一数字商品生产中的重要成本支出。

3. 知识性

任何供给都需要生产要素的投入。一般来说，生产要素包括土地、劳动、资本。网络经济背景下，科学技术开始作为一个独立的生产要素，在生产过程中处于头等重要的地位。相对说来，工业经济背景下的实体产品需要大量资金、设备等，有形资产起到了决定性作用，而网络经济背景下的网络产品则是知识、技术，甚至数据等无形资产的投入起到决定作用。

4. 低成本

有别于工业经济的产品，网络经济背景下的网络产品能够最大限度地保证制造商、零售商与消费者直接在网上实现双向沟通，达成协议，减少了中间交易环节，降低了交易成本。

6.1.2 网络产品的层次

美国营销学者菲利浦·科特勒倾向于使用五个层次来表述提供顾客价值的产品整体概念，他认为五个层次的表述方式能够更为深刻、准确地规划市场供应物。产品整体概念的五个层次依次为：第一，核心产品。核心产品是指提供给顾客核心需求的产品基本效用或利益。第二，基本产品。基本产品是指核心产品借以实现的形式（由品质、式样、商标、包装等特征构成）。第三，期望产品。期望产品是指购买者在购买产品时期望得到的与产品密切相关的一整套属性和条件。第四，附加产品。附加产品是指产品包含的附加服务和利益（如产品保证、安装、维修、技术培训等构成）。第五，潜在产品。潜在产品是指该产品最终可能的所有增加和改变。

这里，如果更为简洁清晰地解释网络产品的层次，可以围绕核心产品、基本产品和附加产品三个层次展开。核心产品即产品中给购买者带来的基本利益和效用，即产品使用价值，是顾客真正要买的东西。在产品整体概念中处于最基本、最主要的部分。基本产品即核心产品得以实现的形式，即向市场提供的实体或劳务的外观。附加产品即顾客购买产品时所能得到的附加服务和利益。例如国外的一家热门减肥网站“eDiets. com”，其市场定位为减肥专家，通过提供众多产品以及饮食计划，致力于减肥、改善健康和保持体型。eDiets. com 的核心产品是节食信息；基本产品是准确的信息、建议和对想减肥的个人的动力支持；附加产品可能包括一个单独或个性化的节食计划，定制的测验安排，以及在线支持小组和会议等。

6.1.3 网络产品的类型

基于互联网的商业活动，部分商业活动开展纯粹的在线交易，部分商业活动将在线和离线交易整合起来进行。依照产品的生产、使用和存在方式等与互联网关系强度的不同，我们把网络产品划分为广义的网络产品和狭义的网络产品。从广义的角度讲，网络产品可以划分为网络生产产品、网络信息产品和网络信息服务三大类；从狭义的角度讲，网络产品可以划分为网络信息产品和网络信息服务。以下网络产品的具体划分按广义的角度展开。

1. 网络生产产品

网络生产产品，是由离线交付的产品销售和分销及连带提供的网络服务所构成的网络产品。网络生产产品基本围绕有形产品展开,如家电、时装等,其产品生产直接或间接利用计算机技术和网络信息技术;但是,这些技术只是生产的必要条件,自然资源仍然是生产的主要资源和基本要素。网络可作为通用的营销手段传播产品信息,并通过在线零售、批发或拍卖等形式的分销促进产品的交易。事实上,网络上的大多数商务活动由零售商和分销商构成,它们在线销售的产品与离线销售的产品完全一样。这种形式特别是对于“海尔”“李宁”这样的传统品牌,以天猫旗舰店为代表,他们致力于网络零售的转型或过渡可以理解为扩展传统的离线商务模式,只不过将在线运作包括进来。

2. 网络信息产品

网络信息产品,作为由信息构成的一种无形产品,其以在线产品的形式在网络上交付核心利益。有别于网络生产产品,网络信息产品则完全依赖于网络。网络成为其生产的必要和充分条件,而对于自然资源的依赖程度,则下降到次要地位。网络信息产品的典型代表就是数字化产品,数学化的信息产品通过互联网交付给消费者。新浪的“新闻”、腾讯的“QQ”、网易的“邮件”、百度的“搜索引擎”等,都是互联网背景下的网络信息产品。以新浪的新浪新闻为例,新浪网新闻由新浪官方出品,是新浪网最重要的频道之一。每天24小时滚动报道国内、国际及社会新闻。

3. 网络信息服务

网络信息服务,是以在线服务的形式在网络上交付核心利益。网络信息服务介于网络生产产品与网络信息产品之间,其生产既不是完全依赖于网络,也不是基本围绕有形产品展开。网络信息服务具体表现在其高度依赖储存的信息,同时能够分解成例行或良好的在线服务,并最终依靠离线系统来实现交付。网络信息服务通常是无形的,服务的提供广泛分布于物流、旅游、教育等领域。例如,为顾客提供的无形服务(如汽车冲洗)上所完成的活动;为顾客提供的无形服务(如宾馆住宿)上所完成的活动。

6.1.4 网络新产品策略

在以创新著称的互联网领域,谷歌公司极富创新精神。谷歌公司开发推出的网络产品,无论是搜索引擎、Gmail 邮箱、网络文档编辑器,还是 Google 地球、Android 手机操作系统等都获得了巨大回报。实践证明,新产品是企业进一步成长发展的重要支撑。以下探讨若干新产品策略。

1 新问世的产品

新问世的产品指该产品在市场中从未出现。新问世的产品具有高风险、高回报的产品特征。互联网领域的创新基因使得新问世的产品层出不穷。我们习以为常的搜索引擎、微信就是曾经的或新近的典型新问世产品。以微信为例,微信通过导入 QQ 好友、手机联系人、熟人间互相推荐等,用人际传播的方式使得很多原本并不了解微信的人成为用户。这种“病毒营销”手段快速扩大了微信用户群,建立了一个更加稳定、更加活跃、更适用于移动应用的社交网络。

2. 新产品线

新产品线指企业基于现有品牌,相对于现有的产品线增加完全不同的新产品线。例如，微软公司，相对于网景公司已经开发的浏览器，开发并推出IE浏览器。

3. 现有产品线的补充

现有产品线的补充指依托于现有产品线，企业添加最新偏好、规格或其他变化。例如，阿里巴巴基于在发展既有的天猫商城零售业务的同时，又推出天猫超市这一业务；杭州本地报刊"都市快报"的网络电子版不同于其硬拷贝版，网络电子版适用于以在线形式交付在线读者；此外，"酒仙"网持续增加白酒、啤酒、葡萄酒等产品线的品牌、规格等也属于这一范畴。

4. 现有产品的改良或更新

现有产品的改良或更新指通过不断的更新替代原有产品。例如，微信自问世以来，经过持续不断的版本更新，截至2018年5月已更新至微信6.7。

5. 降低成本的产品

降低成本的产品采用低价，甚至免费的方式与现存的品牌进行竞争，以赢得市场优势。在互联网领域的发展过程中，不乏低价与免费产品。例如，2003年的eBay中国和淘宝网之争。2002年eBay进入中国，2003年全面收购易趣，当时占有中国线上C2C市场超过2/3的市场份额；eBay的盈利模式是向卖家收取商品展示费、交易佣金、支付佣金等与交易相关的费用；此外，还拥有少量广告及分成收入等。2003年淘宝网成立，淘宝网主要收取广告费，卖家在淘宝网开店是不收费的。淘宝网利用免费政策吸引了大量的中小型卖家入驻，并且凭着强大的市场推广能力，扩大了网络电商市场规模，争取了很多新用户。

6. 重新定位产品

重新定位产品是将现有的产品定位，针对不同的市场或提供新的用途，进行相应的调整与修正。例如，曾经的雅虎作为资历最长的"分类目录"搜索数据库，也是最重要的搜索服务网站，在2009年将自身重新定位于门户网站。

6.2 网络品牌

网络营销的成功秘诀在于创造一个响当当的网络品牌。品牌在作为极具效率的推广手段的同时，也具有较高的经济价值。品牌是无形价值的保证形式，在互联网领域更为重要。网络商务的兴起，传统企业将不可避免地进入到网络世界；对于传统知名企业而言，其品牌知名度与美誉度高，服务和商品的差异化特点也较为明显，线下客户基础较为雄厚，营销网络也较为发达；因此，可以直接依托原有的品牌名称或标识开发互联网市场。而对于新兴企业，则需要构建自己的网络品牌。传统企业与新兴企业都需要发展自己的网络品牌，并确保为消费者传递良好而深刻的网络品牌印象，以利于品牌基于互联网的口碑传播。

6.2.1 品牌

按照美国市场营销协会的定义，品牌是一种名称、属性、标记、符号或设计，或是它们的组合，其目的是借以辨认某个销售者或某群销售者的产品或服务，并使其与竞争对手的产品和服务区别开来。品牌能够建立清晰强大的品牌识别(品牌理念)，从而帮助公司建立竞争优势。例如，当人们提及麦当劳时，就会迅速将其与快餐、标准化的服务、干净的地面等印象联系起来。品牌可以理解为对客户的一种承诺，这种承诺可以在客户心目中建立信任，从而使得客户愿意为商品和服务支付更高的价格。

迈克尔·波特在其《品牌竞争优势》中曾提到：品牌的资产主要体现在品牌的核心价值上，或者说品牌核心价值也是品牌精髓所在。品牌价值是品牌在某一个时点、用类似有形资产的评估方法计算出来的货币单位。根据美国公认会计原则的阐述，品牌作为无形资产具有无限的生命力。具有较高品牌价值的企业通常拥有明显的竞争优势。因为品牌企业享有更高的品牌知名度与美誉度，所以，企业可以更为容易地基于品牌推陈出新，积极主动地扩充产品线。

2017 年，brandz 发布了中国最具价值品牌百强榜，中国品牌总价值增长 6%，达到了 5571 亿美元，再创历史新高。图 6-1 列出了 2017 在中国排行前 10 位的品牌，其中，腾讯品牌价值增长 29%，至 1060 亿美元，仍是中国最具价值品牌，这也是腾讯首次品牌价值超千亿美元，阿里巴巴紧随其后。

1	腾讯	Tencent腾讯	科技	106,181	29%
2	阿里巴巴	Alibaba Group	零售	58,009	22%
3	中国移动	中国移动 China Mobile	电信服务	57,899	1%
4	中国工商银行	ICBC 中国工商银行	银行	31,482	-8%
5	百度	Baidu百度	科技	23,886	-11%
6	华为	HUAWEI	科技	20,383	10%
7	中国建设银行	中国建设银行	银行	18,398	-7%
8	平安保险	中国平安 PING AN	保险	16,463	5%
9	茅台		酒类	16,219	41%
10	中国农业银行	中国农业银行	银行	14,848	-9%

图 6-1　2017 中国品牌价值 10 强排行榜

6.2.2 网络品牌概述

自 21 世纪初以来，基于百度、阿里、腾讯的“BAT 平台模式”，中国网络品牌呈现的发展态势为：第一，传统品牌向线上转移，以华为、李宁、海尔等为代表；第二，新兴的电子商务品牌，以京东、小米、淘宝等为代表；第三，由于互联网所具有的网络经济属性而发展兴起的平台模式，使得相当数量的中小企业的品牌基于平台的规模流量均享，有效提升了中小企业的品牌知名度与美誉度，如以御泥坊、三只松鼠、韩都衣舍等淘品牌为代表(淘品牌是在淘宝网上形成的品牌，是淘宝商城推出的基于互联网电子商务的全新品牌概念)。

网络品牌(也称为在线品牌)作为品牌管理技术或工具,其依托互联网作为媒介用于品牌的市场定位。越来越多的企业正在探索如何利用各种在线渠道,其中包括搜索引擎、社交媒体、在线新闻发布、网络贸易平台或站点等渠道和工具与消费者建立牢固的关系以及建立自己的品牌知名度。相对于传统意义上的企业品牌,网络品牌具有以下特征:

1. 网络品牌的社会化

网络品牌涉及与社会化媒体的互动和融合。一方面,网络品牌通过微信、微博、脸书等平台开展媒体营销,分享关于品牌产品、服务等的信息、知识,主动深入地与客户进行互动交流;这种社会化媒体营销形式已经被越来越多的主流在线品牌所认可。另一方面,利用微博、微信、视频等平台,在特定的内容站点或频道,针对特定的目标客户进行的展示与推送也是网络品牌与社会化媒体相互结合的常见形式。

2. 网络品牌的口口相传

与线下相比,网络消费者更为关注商品或服务的综合评价。越来越多的网络消费者将互联网视作可靠的信息来源,通过消费者的口碑对不同品牌的产品或服务进行全面分析,并通过微信、微博等自媒体平台,充分自由地表达自己的声音,以高度透明的方式进行票选。互联网显著加快了口碑传播的速度,极大地扩展了口碑的影响范围。消费者已经或多或少参与到营销环节,他们成为信息的传播者,甚至创造者。如图 6-2 所示。

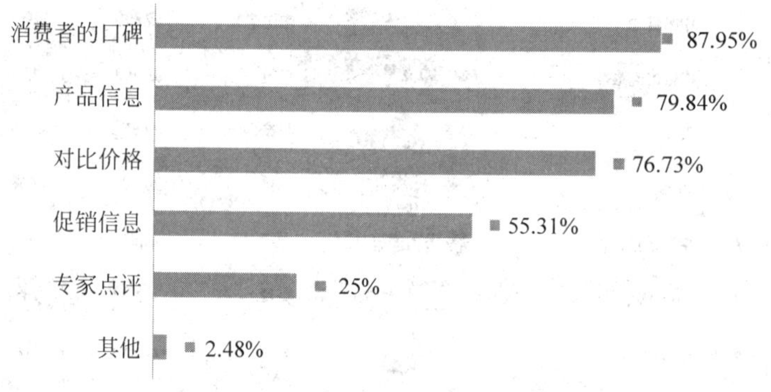

图 6-2　消费者在互联网搜寻商品信息的类别

来源:阿里巴巴集团研究中心,2011.04

3. 网络品牌的客户导向

正如科特勒在《营销管理》一书中所言,“每一个强有力的品牌实际上代表了一组忠诚的顾客”。网络商务背景下的网络品牌价值意味着企业与网络用户之间建立起来的更为紧密的客户关系。作为互联网的特性之一“互动性”,有助于企业持续地沟通品牌信息和直接与客户对话。基于互联网,通过与消费者进行的独特与个性的双方互动,可以有效传递企业的品牌意识和品牌形象;同时,企业的客户也可以获得品牌知识和提供反馈。由于消费者的潜在购买行为可以受品牌知识和熟悉度的影响,因此,优秀的网络品牌致力于与客户建立更为紧密的品牌联系,并且强化客户忠诚度和客户关系。

6.2.3 网络品牌建构

这里从品牌组成入手，将网络品牌划分为显性品牌要素与隐性品牌要素。

1. 显性品牌要素

所谓显性品牌要素，即企业区别于其他竞争者所使用的具有显著特征的感观识别要素，包括品牌名称、标记或设计等。

(1) 域名

从技术上讲，域名只是一个 Internet 中用于解决地址对应问题的方法，是与网络上的数字型 IP 地址相对应的字符型地址。域名是 Internet 上的一个服务器或一个网络系统的名字，域名具有唯一性。域名被誉为"企业的网上商标"，是企业商标保护必备的产品之一。域名的选择需要简单、易于记忆、逻辑性强。域名或者根据公司品牌或与产品的中英文全称或缩写吻合，或者根据网站的性质、用途选择。如表 6-1 所示。

表 6-1 网络域名规则

域名组成	一个完整的域名由域名主体和域名后缀两部分组成，主体是用户为网站所起的名字，后缀是根据网站类型而选择的。以万网域名 wanwang. com 为例，wanwang 是域名主体，. com 则是域名的后缀
域名类型	按语种划分，域名主要分英文域名和中文域名。按域名所在的域划分，分为顶级域名、二级域名。按管理机构划分，分国际域名和国内域名。国际域名是以. com、. net、. org 等根域为后缀的域名；国内域名是在它的后面再加上国家代码，如以. cn 为后缀的中国代码。按照后缀的形式划分，有代表企业的. co，代表政府的. gov，代表个人的. me 等
域名命名规则	域名中只能包含的字符：26 个英文字母，"0，1，2，3，4，5，6，7，8，9"十个数字，"-"英文中的连词号； 域名中字符的组合规则：在域名中，不区分英文字母的大小写，对于一个域名的长度是有一定限制的； 域名要简单、易记，逻辑性强；与企业商标、产品名称吻合； 根据网站的性质、用途选择； 同一个域名注不同的后缀

(2) 名称

Amazon. com 曾经的叫法非常接近于"Cadabra"，来自"abracadabra"，中文意思为"胡言乱语"。鉴于创始人贝索斯(Bezos)的律师常常将该词误听为"cadaver"(尸体的意思)，故他将其进行了重新概念化。在亚马逊(Amazon)这条河流被多次报道后，贝索斯(Bezos)对其刚刚诞生的企业进行了重新命名。

(3) 标识

标识可以迅速识别一家企业，并理解其产品、承诺及个性。美国"亚马逊"的标志开始于一条抽象的河流而设计。在做了很多次设计改进后，亚马逊的标志于 2000 年由 Turner Duckworth 重新设计，也就是我们今天看到的样式。笑容和箭头代表了"我们非常高兴、非常乐意为您送达，无论何物，无论何地"。一份始于 a 并止于一个小酒窝 z 的微笑时刻送达于亚马逊的客户，这里 a 到 z 强调了亚马逊可以提供任何东西，从英文字母 A

到 Z 的所有客户想在网络上购买的物品。”如图 6-3 所示。中国“三只松鼠”的标志设计采用漫画式的卡通松鼠。首先，坚果是松鼠的食物，松鼠设计可以直接让人联想到品牌的产品类别；其次，萌动有趣的松鼠可以塑造活泼亲和的品牌形象。

图 6-3　亚马逊标识

（4）颜色

颜色能够体现站点的自身特点，又能够给用户留下深刻的第一印象，可以起到良好的传播效果。例如，可口可乐的红色，百事可乐的蓝色，色调统一的品牌通过互联网页面能够给客户带来直观、强烈的视觉冲击，持续地维护与提升自己的网络品牌。在天猫商城、京东商城开展网络零售的“紫魅”，是一个经营紫色女包、服饰等时尚产品的网络品牌。其经营的紫魅花、郁金香、紫荆花、熏衣草等产品系列全部以赏心悦目的紫色产品体现。通过颜色来塑造网络品牌可谓独树一帜。

（5）故事

御泥坊原材料的采集地——湘西隆回县的滩头流传着一些古老的传说。不管是“祭泥仪式”“白蛇传说”还是“神秘御泥”都在诠释着御泥坊独特的产品功效。互联网背景下，人们对情感回归的渴望与日剧增，因此，商家在品牌营销与服务的过程中关注与消费者的情感沟通，能够较大限度地与消费者产生共鸣，有利于塑造品牌的亲和力。品牌的故事可以起到与消费者沟通情感的桥梁作用，让品牌披上“故事”的袈裟，赋予文化营销的品位与灵魂。

（6）广告语

广告语是品牌用来快速向品牌受众传达其品牌承诺或核心竞争信息的简短声明。例如，手机品牌“荣耀”的广告语“勇敢做自己”。

2. 隐性品牌要素

所谓隐性品牌要素，即可以理解为品牌的内涵，包括企业提供的商品属性、客户利益以及文化和价值观等。

（1）属性

品牌能够带来产品的相关属性。例如，2012 年苹果推出的 iPhone 5 具有更薄、更轻、更高的产品属性。以网络品牌“裂帛”为例，裂帛强调神秘、流浪、民族原创等，坚持将年轻人的流浪异域情结、民族神秘特征与时尚都市的个性融合起来。裂帛的服装产品更多地把少数民族的手工、形式及色彩进行了延伸，另外，还广泛吸收尼泊尔、印度等国外的民族元素，融入自己的设计之中。

（2）利益

品牌属性能够转化为功能和情感利益。例如，汽车的“耐用”可以转化为功能利益：“我未来几年内不会再去买一辆车。”汽车的“昂贵”可以转化为情感利益，“我会受到别人的认可与赞赏。”“绩效”表现为品牌能为顾客创造的利益与价值。

(3) 文化

品牌可以代表某种文化。例如上述谈及的网络品牌“紫魅”,品牌愿景是成为国际一流的时尚品牌;品牌使命是引领紫色文化,成就魅力女性,为美好人生而努力奋斗;品牌的价值观是正直、拼搏、进取和创新。

(4) 用户

用户意味着购买或使用产品的消费者类型。正如,我们能够理解坐在奔驰车上的是一位年长的企业高管,而不是一位年轻的女秘书。网络品牌的用户是品牌针对的特定消费群体,这往往与品牌的价值主张、产品和服务密切相关。例如,“伊米妮”的品牌定位是“做百年精致手袋”,重点为自信、有品味、热爱生活的女性设计手袋,而不对消费者的年龄、收入、职业设定明确的界限。其针对的客户群既有18岁的姑娘,也有80岁的老奶奶;既有职业白领,也有在校学生:而她们在自信、生活品位等方面都具有明显的共同点。

(5) 个性

品牌可以映射某种个性。苹果的品牌个性涉及自由、创新、激情与希望等。网络品牌持续地塑造自己的品牌个性,可以更为有效地吸引目标客户。例如,部分消费者选择唯品会,就是出自他们倾向于网络购买品牌服装,而唯品会恰恰具备高端正品的个性特征。

6.2.4 网络品牌决策

网络品牌决策是塑造品牌的重要工作。其主要包括品牌定位、品牌名称选择、品牌持有和品牌开发决策。

1. 品牌定位

网络品牌需要在目标客户心目中完成清晰准确的品牌定位,这一定位可以依据性能、利益和情感三个层面进行展开。第一,性能层次。网络品牌可以通过产品属性来进行品牌定位。例如,2009年5月,淘品牌 Mr. ing 推出了爆款产品“091号懒汉呼吸鞋”,这双用网眼布作为主要材料的鞋子,透气性非常好。第二,利益层次。品牌定位可以通过消费者追求的利益来进行。例如,微信提供给客户的品牌利益是沟通和分享;顺丰提供给客户的品牌利益是快递的及时与保证。第三,情感层次。网络品牌可以基于性能与利益层次,通过传递文化与价值实现品牌定位。例如,帮宝适的品牌定位在超越“防水”与“干爽”之上,通过帮宝适村(http://www.jtandexler.com/pampers)和帮宝适网站(https://www.pampers.com/en-us)将帮宝适的品牌定位塑造成为一个“我们共同成长”的品牌,关注孩子的幸福、亲子关系和全面婴儿护理。

2. 品牌名称选择

好的品牌名称应该是简单、独特、有意义和与产品兼容的。理想的品牌应该具有的属性为:第一,应该表明产品的质量和利益。例如,传统化妆品品牌“宝洁”、新兴化妆品品牌“御泥坊”;第二,品牌名称尽量简短、易记。例如,传统家电品牌“海尔”,新兴网络品牌“七格格”;第三,鲜明、独特。例如,传统食品品牌“Nest”,新兴网络品牌“三只松鼠”;第四,品牌名称便于扩展。例如,亚马逊从最初的图书类目,逐渐扩展到家电、服装、家居等类目。第五，品牌名容易被译成外文。这对于计划进军海外市场的品牌尤其关键。阿里巴巴(alibaba)”在汉语、英语、阿拉伯语等多种语言中的发音和拼写几乎完全一致。当下，阿里巴巴在全球的声名鹊起，与其品牌名称不无关系。第六，能够注册并得到法律保护。注册商标对于品牌的长远发展和保护至关重要。根据《中华人民共和国商标法》规定的五种侵犯注册商标专用权的情况，其中之一是未经商标注册人的许可，在同一种商品或者类似商品上使用与其注册商标相同或者近似的商标。网络品牌“我的百分之一”由于在商标注册时已经被其他企业抢注，最后不得不改名为“百分之一”。

3. 品牌持有决策

根据发起人不同，品牌可以分为三种类型：制造商品牌、零售商品牌和特许品牌。

制造商品牌是由制造商推出，并且用自己的品牌标定产品。制造商品牌如海尔、联想和可口可乐等。制造商品牌能够将本企业的产品与竞争对手的产品相区别，便于企业方便快捷地向市场导入新产品，也是企业获取竞争优势、培养核心竞争力的有效路径。中国的部分网络品牌，兼具“中国制造”和“互联网”双重基因。他们在企业的发展过程中，在生产制造环节已经积累了扎实的基础。基于互联网的发展转型，着手布局网络零售市场，例如，歌瑞尔、御泥坊等。

零售商品牌是零售企业创建并拥有的品牌，既可以是自己店铺的名字，也可以是自己独立拥有的品牌名。例如，国外的沃尔玛、家乐福；中国的苏宁、国美，都是著名的零售商品牌。零售商品牌不仅需要负责品牌的设计管理、市场调查、产品选择、商品定价与营销推广等，而且还需要自行组织生产或委托厂家贴牌生产。但是，零售商品牌存在的优势依然明显。第一，价格优势。由于零售商品牌已经具有一定的品牌知名度或稳定客户群，因此，其具有一定的品牌效应，企业在宣传、推广等方面的投入较具效率。同时，零售商又能从工厂直接进货，省去部分中间环节和相关费用，从而能够以较低价格供货。第二，质量保证。零售商对其自有品牌的商品在其店铺销售具有强烈的质量敏感度，通常会给予足够的关注，在质量方面能够对顾客提供保证。第三，准确把握市场需求。由于零售商直接面对市场消费者，能够及时把握消费者的需求变化，从而能够在市场调研、产品开发等方面更加贴近市场，能够生产出更符合市场需求的产品。知名的快时尚服装品牌“韩都衣舍”就是典型的零售商品牌。

与大多数制造商或零售商投入巨资创建自己的品牌名称不同，特许品牌是指部分企业通过许可的方式，并支付一定的费用，使用其他制造商已经建立的名称或符号、知名人士的名字或者流行电影及图书中的角色名等。上述被使用的品牌、名称或符号等通常具有较高的声望和知名度，并且往往与购买品牌使用权的企业不属于同一个行业。例如，2011 年 8 月，网络品牌绿盒子与迪士尼合作，正式推出全新的女童装品牌，旗下包括迪士尼三大经典系列：米奇、公主系列、维尼小熊等。

4. 品牌开发决策

企业实施品牌开发决策时，具有如下选择：

第一，新品牌。如果企业进入一个新的产品类别，而现有的品牌名称又不适合的前提下，或者希望与已有品牌实现一定的区分，企业可以在新的产品类别中推出新品牌。例如，阿里巴巴集团为开发跨境网络零售市场，建立的新品牌“AliExpress”。北京裂帛服饰在女装领域取得成功后，创建旗下快时尚男装品牌“非池中”，进军男装市场。第二，品牌延伸。品牌延伸就是使用一个已有的品牌在新产品类别中推出新产品或者改进的产品。例如，网络品牌“三只松鼠”将其品牌冠名从最初的产品线坚果逐步扩展到果干、肉类、饼干、糕点等。品牌扩展能够快速地让新品类得到消费者的认同和接受，节省新品类的营销费用。第三，产品线延伸。产品线延伸是将已有品牌名称扩展到已有产品类别的新形式、新尺寸和新风格中。这是一种低成本、低风险的方法，能够在已有品牌影响力的基础上，推出新产品满足消费者多样的需求。例如，在线教育品牌“学而思网校”为3～18岁孩子提供小学、初中、高中全学科一站式课外教学。通过“直播＋辅导”双师教学，开展直播上课、实时互动、随堂测试、语音测评、及时答疑、作业作文批改等多样化在线教学；产品线已经较为全面地覆盖了受众的多方位教育需求。第四，在线移植离线品牌。线下拥有良好品牌形象的企业可以通过在线复制来建设它的品牌。例如，中国的传统线下品牌王府井、全聚德、娃哈哈通过实施线上转型，在线复制其离线品牌；无论是其建立官方站点，还是基于第三方网络零售平台建立旗舰店等，都可以实现其品牌价值。品牌站点 www.pg.com 和 www.crest 也属于离线品牌的在线移植。第五，多品牌。多品牌是指在同一类产品中推出新的品牌名称。这有助于企业通过不同文化、不同特色的商品满足不同的消费需求。例如，网络品牌“韩都衣舍”拥有 HSTYLE、Soneed、AMH、MiniZaru、Nanaday 等数十个品牌。其中，HSTYLE 目标客户群为20～35岁的都市时尚女性，是韩风快时尚女装第一品牌，以“款式多、更新快、性价比高”的特色获得消费者的青睐；Soneed 为韩风优雅时尚女装品牌，目标客户群为25～35岁中高收入的都市白领。

思考题

1. 简述网络产品的若干类型。
2. 简述网络品牌的显性要素与隐性要素。

第7章　网络营销渠道

学习目标

- 网络营销渠道的概念、优势与功能；
- 网络营销渠道的主体类型；
- 网络营销渠道的分销原则及其策略。

7.1　网络营销渠道概述

7.1.1　网络营销渠道概念

“终端制胜，渠道为王”。菲利普·科特勒认为，营销渠道是指某种货物或劳务从生产者向消费者移动时，取得这种货物或劳务所有权或帮助转移其所有权的所有企业或个人。简单地说，营销渠道就是商品和服务从生产者向消费者转移过程的具体通道或路径。网络营销渠道就是商品和服务基于网络平台从生产者向消费者转移过程的具体通道或路径。

与传统营销渠道相比，网络营销渠道在作用、结构和费用等方面有所不同。网络营销渠道的作用是多方面的。在传统营销渠道中，渠道中间商占据举足轻重的地位，这是因为中间商凭借其地理位置、陈列空间和规模经营等优势，在制造商进入目标市场方面能够充分发挥渠道效率。基于这一原因，也就使得在中间商与制造商的商业博弈中占据相对优势；从而体现在通常情况下，超市或商场向制造类企业收取的进场费、促销费、上架费等不胜枚举。但是，互联网的发展，使得传统营销渠道中间商的上述优势被互联网的虚拟性、直接性与无限性所取代。由于网络营销可以不受地域和时间的限制，从而使企业可以不必借助批发商和零售商的营销努力即可实现产品销售，只要网上的客户有需求，企业就可依其需求供货；不仅如此，对网络营销来说，还可以实现“少环节”销售，甚至可以不必设置大规模的产品展示空间和中转仓库，这样可以降低渠道运行费用和交易费用。网络营销使得传统营销渠道发生深刻变革，并呈现出较强的替代效应。

7.1.2　网络营销渠道优势

网络营销渠道通过渠道的创新性变革，可以充分发挥渠道的快速反应能力，促进客户关系管理，提高渠道运行的效率，具体包括以下 4 个方面。

1. 网络营销渠道的经济性

网络营销渠道能够大幅减少流通渠道环节，从而有效降低成本。同时，网络营销渠道一定程度上通过顾客的按需定制订单进行生产，可以有效降低企业库存。通过最大限度地控制库存，实现物流的高效运转，提升存货周转率。

2. 网络营销渠道的信息化

通过互联网及信息技术，网络营销渠道将制造商、批发商、零售商、物流商等作为渠道主体，以信息技术为纽带，重新组织与优化价值链，实现资源的充分整合，通过信息的即时传递有效降低商品流转时间，从而减少库存，提高商业效率。

3. 网络营销渠道的交互性

互联网的一个重要特性就是互动性，网络营销渠道发挥互动性，买卖双方从过去的单向信息沟通或者间接信息沟通向时下的双向直接信息沟通转变，增强了生产者与消费者的直接联系，可以使得围绕产品与服务的信息实现充分的互动沟通。

4. 网络营销渠道的便捷性

网络营销渠道可以提供方便快捷的服务。企业建立网络平台，顾客可以通过互联网直接实现在线订货和付款，然后就可以坐等送货上门，方便了顾客的生活需要。此外，通过为客户提供售后服务和技术支持，既方便顾客，又能以最小的成本为顾客服务。

7.1.3 网络营销渠道的去中介化与再中介化

互联网的出现使传统的分销渠道发生了颠覆性的变化，这一变化主要表现在市场的去中介化上。在去中介化的销售方式中，制造商不仅能够与消费者直接联系，直接掌握客户需求，也能够与消费者之间建立起密切的供求关系乃至伙伴关系。网络环境下的去中介化主要是指在一个给定的价值链中删除负责或承担特定中介环节的组织或业务流程。在众多的去中介化的类型中，消除批发商和零售商的去中介化，无疑是最为彻底的去中介化。在这种销售方式中，借助互联网这一平台，制造商(生产商)不仅能够与消费者直接联系，从而直接掌握客户需求和获取订单，同时制造商和消费者之间也能够建立起密切的供求关系乃至伙伴关系。在这种情形下，传统中介的地位和功能已不复存在。朱迪·施特劳斯(Judy Strauss)等人所著的《网络营销》曾提出，消除中介可以潜在性地减少成本，因为每一个中介为了获取利润必须将相应的成本附加到产品价格中。极端情况下，去中介化允许供应商直接向处于直销渠道中的消费者转移商品与服务。Dell 就是实现去中介化的成功范例。Dell 正是由于利用计算机直销的模式取消了中间环节，从而以最低的价格向消费者供应计算机。特别是 Dell 网上商店的开业，使 Dell 能够利用互联网直接推广其直销模式，直接体现其更低的成本和更高的客户忠诚度，从而使其市场份额进一步增加，盈利能力进一步增强，也使 Dell 再次处于业内领先地位。Dell 迅速成长的关键因素应归结于其消除了中间商，从而能够为用户提供性价比更加出色的产品，也能够更有效地影响客户的决策。通过以上的论述，可以看出去中介化的优势非常显著。因此，20 世纪 90 年代中期，在电子商务理论与实践领域出现的大量宣传与推测都形成相对一致的观点，即去中介化将导致中间商的销声匿迹、产品的价格大幅下降及市场份额的快速提升。

但是，事实并非如此，部分公司在分销渠道中实施去中介化的效果并不明显。这是因为企业实施去中介化的同时，往往忽略这样一个事实，即企业消除中介会降低公司的成本,但也有可能将中介所承担的相应职能消除或替代。而其中的部分职能是无法予以消除的,或其中的部分职能由于企业的非专业化会限制其职能的有效发挥。以 Dell 为例,Dell 直接将产品销售给最终用户,避开第三方的干预,但是实际上 Dell 负担包括市场信息、促销努力、交易、储运、安装和服务等传统中介功能,将很多后勤以及提交系统的工作交给了零售商和分销商来运作。与采用分销模式的厂商相比,Dell 有三类合作伙伴:第一类是物流合作伙伴,例如在国外,英迈是 Dell 最大的物流提供商,英迈不但为 Dell 提供物流服务,也为 Dell 提供用户所需的其他厂商产品的整合服务;第二类是第三方服务合作伙伴,主要负责 Dell 产品的维修服务;第三类是 Dell 的增值代理,主要为 Dell 做一部分服务和增值工作。从传统的分销渠道来理解,这种做法只是表面上的直销。显而易见,虽然消除中介是可能的,但是在产品由制造商向消费者转移的过程中,中介所承担的相应职能(例如降低分销成本、分担市场风险、降低买卖双方的寻找成本、促成买卖双方的交易等)并没有被取消。相反,由于中介所具有的专业化的竞争优势,所以在运用和发挥中介职能方面比制造商更有效率。如图 7-1 所示,假定客户要购买数码相机,为了选择最好的品牌并支付最合理的价格,他不得不在线访问三星、佳能、柯达、索尼等不同品牌的数码相机网站,显然,这一决策过程是比较复杂又缺乏效率的。相反,如图 7-2 所示,如果放置一个中介环节,即数码相机中介网站,消费者通过这一平台就可以直接货比三家,从而选择出具有较好性价比的品牌。在这样的背景之下,一些新的在线辅助手段开始出现,即再中介化(reintermediation)。再中介化是指在一个给定的价值链中添加负责或承担特定中介环节的组织或业务流程。对于再中介化而出现的新中介而言,无论来源于网络经济中新组织的诞生,或是来源于传统经济中旧组织的替代,它们的共性都在于利用互联网这一平台,将买卖双方聚集到虚拟的市场和空间中,并通过新的途径和方式为顾客和企业创造全新价值,最终实现交易目的。

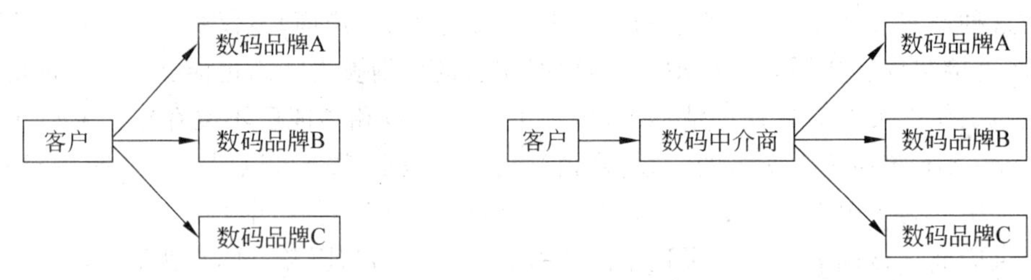

图 7-1　客户直接面对多家数码品牌　　　图 7-2　客户面对一家数码中介商

7.1.4　网络营销渠道功能

在传统营销渠道成员执行的主要核心功能,例如信息、促销、联络、匹配、谈判、物流、仓储、融资与风险承担等,在网络营销渠道领域上述功能依然存在并体现,其或者由传统经济的制造商、经销商、代理商得以继承,或者由网络经济背景下,随着专业化分工的不断深入,部分新兴的网络中间商开始承担物流、支付、软件,甚至咨询、培训、美工等功能。例如,淘宝商城提供的信息与促销功能、卓越亚马逊提供的匹配及其物流功能、阿里金融提供的融资功能等。主要的网络渠道功能包括物流、支付、信息等功能。

1. 物流功能

物流功能的关键是建立完善的配送系统。对于开展网络零售的企业而言，主要通过两种途径实施物流功能。一种是依靠自身力量建设物流系统，引入物流运作方法与观念，依托完整的物流信息系统，实现从货物的管理、分发到货物的跟踪。例如，卓越亚马逊自建物流体系，以卓越亚马逊在中国的最大运营中心——昆山运营中心为例，昆山物流中心面积为 12 万平方米。中心拥有世界一流的自动化包装流水线，以及先进订单处理系统和库存管理系统，是目前中国最先进的仓储物流中心之一。另一种是通过第三方物流公司为企业提供物流服务。例如，美国的 Dell 电脑公司就与美国的联邦快递公司(http://www.FedEx.com)合作，利用联邦快递的物流系统为 Dell 公司配送电脑给客户，Dell 公司只需要将要配送的电脑的客户地址和电脑的装配厂址通过互联网传输给联邦快递，联邦快递直接根据送货单将货物从生产地送到客户家里。将物流外包给第三方，这是大多数企业，特别是中小企业的物流选择，也是专业化分工的必然趋势。近些年来，以申通、顺丰、圆通、中通等为代表的中国第三方物流企业如雨后春笋般地涌现出来，使得网络营销渠道的物流功能得以充分实现。

基于互联网技术的现代物流系统一般具有下面特点。

(1) 顾客直接驱动。对于专业性公司，物流系统中的物流启动和运转都是围绕服务顾客而进行的。物流的启动是顾客的送货订单，顾客的需求是货物的及时送货上门。所以，现在的物流系统都采用现代化的信息系统技术来保证物流中信息畅通，提高物流效率。

(2) 即时跟踪。许多顾客关注商品物流进度，了解货物现处何地，以及何时到达。因此，现在的物流系统通过互联网技术，允许顾客直接通过互联网输入货物编号查询货物流转进程。

(3) 全面服务性。随着产品的复杂和使用的专业性，需要在物流服务内涵上进行扩展。以前货物送递只送到门口，现在要延展到桌面。特别是对于电子产品，很多客户需要安装。此外，还有代收款服务。

2. 支付功能

网络支付是指电子交易的当事人，包括消费者、厂商和金融机构，使用安全电子支付手段通过网络进行的货币支付或资金流转。网上支付系统包括 4 个主要部分。

(1) 电子钱包(e-WALLET)，负责客户端数据处理，包括客户开户信息、货币信息以及购买交易的历史记录。

(2) 电子通道(e-POS)，这里主要指从客户端电子钱包到收款银行网关之间的交易部分，包括商家业务操作处理（负责商家与客户的交流及订购信息的发出）、银行业务操作处理(负责把交易信息直接发给银行)、来往信息的保密。

(3) 电子银行(e-BANK)，这里电子银行不是完整意义上的电子银行，而是在网上交易过程中完成银行业务的银行网关，包括接受转账卡、信用卡、电子现金、微电子支付等支付方式；保护银行内部主机系统；实现银行内部统计管理功能。

(4) 认证机构(CA，Certificate Authority)，负责对网上商家、客户、收款银行和发卡银行进行身份的证明，以保证交易的合法性。在网上商店进行网上购物时，消费者面对的是虚拟商店，对产品的了解只能通过网上介绍完成，交易时消费者需要将个人重要信息，如信用卡号、密码和个人身份信息通过网上传送。由于互联网的开放性，网上信息存在被非法截取和非法利用的可能，存在一定的安全隐患。同时，在购买时消费者将个人身份信息传送给商家，个人隐私可能被商家掌握，有时这些隐私信息被商家非法利用，因此网上交易还存在个人隐私被侵犯的危险。

随着电子商务的发展，各大电子商务网站所支持的支付方式也有所不同，大致可以划分为两大类：网上支付、线上联系线下支付。第一种：网上支付。网上支付又可以分为银行卡在线支付和通过第三方支付平台支付。第二种：线上联系线下支付模式又可以分为邮局汇款、银行转账、货到付款、礼品卡等。具体包括：

(1) 第三方平台支付。第三方支付平台包括支付宝、快钱、财付通。以支付宝为例，支付宝的付款方式，买家需要注册一个支付宝账户，利用开通的网上银行给支付宝账户充值，然后用支付宝账户在网站上购物并使用网上支付，买家货款会先付款给支付宝，支付宝公司在收到支付的信息后会通知卖方发货，支付宝公司收到买方确认收货后，最终给卖家付款。

(2) 银行卡在线支付。

(3) 货到付款。大型电子商务网站有实力支持这一支付模式。货到付款主要涉及网民的诚信问题，而且它的发展受到物流发展体系的制约，目前为止只在较发达的城市实现。货到付款又分为两类，一类是货到时使用现金支付，另一类是货到时使用移动 POS 机刷卡支付。

(4) 银行转账，属于一种电子商务与传统支付相结合的方式。

(5) 邮局汇款，这是一种比较传统的支付模式，在电子商务诞生之前是最常用的交易支付模式。

(6) 各大电子商务网站自己所提供的礼品卡支付，例如，卓越亚马逊礼品卡、当当礼品卡。

3. 信息功能

网络营销渠道为买卖双方搭建了一个信息的平台，平台信息的透明度与丰富性大大降低了买卖双方的交易风险与交易成本。基于网络营销渠道，买卖双方较大程度上可以直接有效地沟通，以促成企业提供的商品和服务向消费者转移。

对于消费者而言，网络营销渠道所提供的服务主要有：第一，网络营销渠道可以发挥"信息海洋"的作用，为消费者提供无限海量的产品与服务场所。第二，可以通过网络平台提供的检索筛选服务实现信息的推荐，在相对较小、较准确的信息范围内实现较高的交易效率；帮助客户在众多大同小异的产品中完成高性价比的采购。

对于企业而言，首先网络营销渠道能够为其提供数量稳定的现实与潜在客户。其次，网络营销渠道提供的平台技术与工具可以帮助经销商进行高效、个性化的网络营销服务。例如，针对客户数据开展客户关系管理，有针对性地开展准确而高效的营销活动。再次，网络营销渠道还可以帮助企业提高他们的市场调查水平。因为网络营销渠道掌握完整丰富的消费数据，能够提供真实海量的市场情况。这些正是经销商进行市场调研需要得到的信息。

7.2 网络营销渠道主体及决策

7.2.1 网络营销渠道主体

伴随着再中介化的崛起,以网络中介为代表的各种类型的网络营销渠道主体不断发展演化,各自具有自己的特点并发挥不同的作用,主要的网络营销渠道类型有以下7种。

1. 信息中介

信息中介是指收集与组织大量数据,并作为介于需求信息与提供信息的主体之间发挥作用的网络主体。在网络环境中,信息中介的主要功能是收集来自消费者或市场的数据与信息,并对这些数据与信息进行分析、整理及提炼,最后出售给相关的信息需求企业。购买信息的企业则可以根据信息中介提供的信息对客户实施有针对性的目标营销。例如,专业网络广告公司 Double Click 就是典型的信息中介,Double Click 公司的主要业务模式之一是凭借数据服务、网络媒体等方面的专业优势,通过收集和提炼来自网民的准确数据协助广告商提高在线广告效益。

2. 网络代理商

任何企业,包括生产者、商人、代理商、经纪商、信托商等在内,只要能采用恰当的经营方式,努力改善经营管理,都能节省时间和劳动,节省流通费用,只不过在提高劳动效率方面,专业化的商业代理会与自销相比更节省销售费用。当然,这种代理身份的取得,在网络流通条件下是很苛刻的,必须具备一定运营水平与能力的条件才能代理客户进行交易,按照委托人发出的指令(例如买方对品种、规格、数量、交割时间、交割方式和价格方面的要求)对外独立进行经纪(买卖)活动。这种能以代理身份出现的经纪商,当其长期的、多次为某一客户提供服务,客户对其非常信任时,客户委托他作为长期、稳定的经营活动代表,经纪关系就可变为代理关系。

代理商和经纪商是有区别的,关键在于他所接受的是特定的而不是面向社会众多的,长期稳定的而不是临时多变的委托者或其他服务对象。他只是委托者的代表,而不是中间介绍者,或者独立地与对应者发生关系的当事者。作为代理商,比起经纪商、信托商的条件,从委托者的角度看要严格得多,不是任何组织要想当代理商就可以轻易办到的。经纪商的佣金较低,在受委托中是廉价佣金获得者,而代理商的佣金要高得多。

网络代理商不拥有商品或服务的所有权,不承担货物转移风险,其主要是基于网络平台为商品流通过程服务,并从服务中获得服务费与佣金作为商业收益。根据定义,网络代理商可划分为卖方代理模式的代理商与买方代理模式的代理商。其中,卖方代理模式是最为常见的网络代理商。卖方代理模式的代理商作为卖方公司代表的同时,受限于销售公司的专有产品或服务。随着网络零售的兴起,提供“一站式”服务的电子商务服务商也得以快速发展。以中国网络零售领域为例,越来越多的“淘拍档”——淘宝服务商开始以电子商务外包的模式为传统企业的网络店铺进行“代托管”。买方代理模式的代理商作为买方公司的代表,主要是帮助买方以较高的性价比采购产品,特别是多个买方联合起来实施共同采购，这种优势就体现得更加明显。例如由福特、通用汽车和戴姆斯勒共同建立的网站 www.covisint.com，该网站通过在线采购使得定价更为透明，引发的价格竞争也更为激烈，从而为买方赢得的性价比也最为理想。

3. 网络经纪商

近几年，由于供需双方对在线交易方式和业务模式的逐步认可，网络经纪业的发展较为迅速，并已成为网络中介中最为成功的形式之一。网络经纪商主要是指介于买卖双方的中介，它并不代表任何一方的利益，而只是创造一个买卖双方从事交易的网络平台，对供求双方的活动不做商业介入，不负经济后果。相对于网络代理商，网络经纪商具有三个特点：首先，网络经纪商的佣金较低，属于廉价佣金获得者，但由于其所具有的平台属性而带来的客户规模优势，可以充分地弥补廉价佣金的劣势；其次，网络经纪商不是为单一或少数的委托者代理，而是为众多的委托者服务；再次，网络经纪商的服务对象缺乏一定的稳定性与长期性，服务对象与服务时间的变化率较高。根据网络商业模式，网络经纪商主要划分为三种。第一，从事企业间(B2B)电子商务的网络经纪商。B2B 网络经纪商的典型代表是阿里巴巴中国站与国际站，阿里巴巴一般采用网络经纪模式，即通过虚拟的网络平台将买卖双方的供求信息聚集在一起，并协调其供求关系。阿里巴巴的目标市场主要集中在面向国际市场的中国出口商品供应商会员和面向国内市场的诚信通会员构成的广大中小型企业。目前，阿里巴巴已成为全球贸易领域内异常活跃的 B2B 网络经纪平台。第二，从事企业与消费者(B2C)之间电子商务的网络经纪商。中国的在线旅行服务公司 www.elong.com、www.ctrip.com 等属于这一范畴，作为众多宾馆、航空公司的卖方经纪商，利用在线平台为旅游者提供宾馆、机票的在线订购，一方面其作为网上旅游代理商，凭借其全天候的服务能力、整合的信息、较高的性价比等在线优势吸引旅游者订购，另一方面从在线交易中也将得到来自宾馆、航空公司的佣金。第三，从事消费者间(C2C)电子商务的网络经纪商。C2C 网络经纪商的典型代表是“易趣”与“淘宝集市”。作为网络中介商，易趣定位于消费者的网络经纪模式，将消费者作为买卖双方集中起来，并将交易服务费作为其主要收入来源。易趣网已经成为众多消费者经常光顾的低成本、高成效的电子商务市场，包括 IT 产品、服饰等众多商品都可以在网上销售。

在中国，介于企业与消费者之间存在着相当数量的 B2C 与 C2C 电子商务的网络经纪商。其中的典型代表为淘宝、京东、当当与卓越亚马逊四大品牌。

4. 网络零售商

网络零售商的常见形式是企业与最终消费者实现交易的 B2C 业务模式，这种模式的每次交易量小、交易次数多，而且购买者非常分散，网络零售商所塑造的网上购物可以让人们在最适合的时间找到自己最想要的商品。其典型代表是亚马逊公司。作为互联网上的第一个虚拟书店，亚马逊公司不仅用虚拟的空间取代传统的实景店面，而且用软件程序承担烦琐的进、出货工作，从而使其销售业绩不断上升。经过二十多年的发展，亚马逊公司销售的产品已从最初的书籍扩展到 CD、软件、玩具、电子产品、硬件等，并已成为世界上最大的网上零售商。

5. 网络批发商

网络批发商的常见形式是企业与企业实现交易的 B2B 业务模式。相对于网络零售商每次交易量小、交易次数多的交易模式，这种模式每次交易量很大、交易次数较少，并且购买方比较集中，方便购买企业进行选择。一方面，由于企业一般信用较好，通过网上结算实现付款比较简单；另一方面，由于量大次数少，因此配送时可以进行专门运送，既可以保证速度，也可以保证质量，减少中间环节造成的损失。1688.com 作为一个 B2B 背景下的批发交易市场，以批发和采购业务为核心，通过专业化运营，完善客户体验，全面优化企业电子商务业务模式。目前，1688.com 已覆盖原材料、工业品、服装服饰、家居百货、小商品等 16 个行业大类，提供从原料采购、生产加工、现货批发等一系列的供应服务。1688 阿里批发网的主要产品有诚信通、产业带、伙拼、淘工厂、商友圈、生意经、代理加盟、采购商城等业务。大量网络批发商基于 1688 平台进行在线交易。例如，基于 1688 平台的义乌市楠涛服饰有限公司，如图 7-3 所示。作为平台实力商家的义乌楠涛服饰始创于 2006 年，是集研发、生产、营销、运营为一体的服饰企业。其批发对象通常面向中小型网商、离线实体店铺等客户。公司的网络批发起始点最低 10 件，满 300 元混批，单款 5 件起批，购买方比较集中，通过网上结算实现付款。

图 7-3　义乌市楠涛服饰有限公司 1688 平台站点

6. 网络营销辅助商

互联网背景下，网络营销辅助商或者由过去的辅助商转型升级构成，或者基于互联网由新兴的辅助商构成，突出表现在网络营销辅助商的职能发生了改变，如提供货物运输配送服务的专业配送公司，提供货款网络金融服务的网络银行，以及提供网络营销技术与产品的网络营销服务商。例如，中国的专业配送公司“顺丰速运”。顺丰是一家主要经营国际、国内快递业务的港资快递企业，具有快速揽收发货、服务标准统一、服务质量稳定、安全性能保证等显著优点。截至 2015 年，顺丰速运已拥有 38 家直属分公司、5 间分拨中心、近 200 个中转场、逾 7800 个基层营业网点，覆盖 31 个省（包括自治区及直辖市）、近 300 个大中城市及逾 1900 个县级市或者城镇。此外，顺丰在中国香港、中国澳门、中国台湾地区以及韩国、日本、马来西亚、新加坡及美国都已设立网点，或者开通收派业务。再如，支付宝（中国）网络技术有限公司是国内领先的独立第三方支付平台，充当了电子商务平台与站点的主流支付工具，致力于为中国电子商务提供“简单、安全、快速”的在线支付解决方案，并不断根据用户需求推出创新产品，成为金融机构在电子支付领域最为信任的合作伙伴。现在无论是线上，还是线下，支付宝用户已基本覆盖C2C、B2C和B2B各个领域。国内工商银行、农业银行、建设银行、招商银行、上海浦发银行等各大商业银行以及中国邮政储蓄银行、VISA国际组织等各大机构均和支付宝建立了深入的战略合作。

7. **网络营销平台**

网络营销平台作为开展网络营销活动的载体，是指由人、技术、程序和规则等相互作用而形成的能够完成在线交易、沟通或社交等功能的平台系统。例如，作为典型的网络营销平台“新浪微博”，其营销方式注重价值的传递、内容的互动、系统的布局、准确的定位，无论是组织还是个人可以通过微博平台发现并满足用户的各类需求，能够为商家与消费者创造在线价值。从企业的视角出发，微博营销以微博作为营销平台，每一个听众（粉丝）都是潜在的营销对象，企业利用微博传播品牌、商品与服务的信息，以树立良好的企业形象和实现有效的销售业绩。

7.2.2 网络营销渠道决策

一个企业要引入或者发展网络营销渠道，一方面需要评判是否将网络营销渠道取代传统渠道。例如，网络品牌麦包包所属企业，基于网络与信息技术的发展，将创建发展网络品牌作为企业的战略决策，完全放弃企业原有的线下渠道，转变为线上渠道。另一方面，企业如果不能将网络营销渠道取代传统营销渠道，那么接下来需要考虑线上与线下能否相互结合。如果能够相互结合，那么需要考虑以线上为主、线下为辅还是以线上为辅、线下为主。

1. **网络营销渠道分销原则**

企业实施网络分销渠道决策时，一般需要遵循以下三个原则。

（1）畅通高效的原则。

畅通高效是网络分销渠道决策的首要原则。任何正确的渠道决策都应符合物畅其流、经济高效的要求。商品的流通时间、流通速度、流通费用是衡量分销效率的重要标志。畅通的网络分销渠道应以消费者需求为导向，将产品尽快、尽好、尽早地通过最短的路线，以尽可能优惠的价格送达消费者方便购买的地点。畅通高效的分销渠道模式，不仅要让消费者在适当的地点、时间以合理的价格买到满意的商品，而且应努力提高企业的分销效率，争取降低分销费用，以尽可能低的分销成本，获得最大的经济效益，赢得竞争的时间和价格优势。

（2）适度覆盖的原则。

企业在选择网络分销渠道时，还应考虑是否有较高的市场占有率足以覆盖目标市场。因此，不能一味强调降低分销成本，这样可能导致销售量下降、市场覆盖率不足的后果。成本的降低应是规模效应和速度效应的结果。在分销渠道模式的选择中，也应避免扩张过度、分布范围过宽过广，以免造成沟通和服务的困难，导致无法控制和管理目标市场。

(3) 稳定可控的原则。

企业的分销渠道模式一经确定，便需要花费相当大的人力、物力、财力去建立和巩固，整个过程往往是复杂而缓慢的。所以，企业一般轻易不会更换渠道成员，更不会随意转换渠道模式。只有保持渠道的相对稳定，才能进一步提高渠道的效益。由于影响分销渠道的各个因素总是在不断变化，一些原来固有的分销渠道难免会出现某些不合理的问题，这时，就需要分销渠道具有一定的调整功能，以适应市场的新情况、新变化，保持渠道的适应力和生命力。调整时应综合考虑各个因素的协调，使渠道始终都在可控制的范围内保持基本的稳定状态。

2. 网络营销渠道分销策略

企业实施网络营销渠道建设时，需要考虑网络营销渠道分销策略，可供选择的分销策略主要有以下三种。

(1) 密集型分销。

密集型分销策略的出发点是企业将其产品投入尽可能多的货架，使得消费者无论何时何地都可以发现并实现产品的购买。在密集分销中，凡是符合生产商的最低信用标准的渠道成员都可以参与其产品或服务的分销。密集分销意味着渠道成员之间的激烈竞争和很高的产品市场覆盖率。密集式分销最适用于便利品。例如，网络销售中的品牌“有友”凤爪、“好想你”红枣、“姚生记”炒货在众多的网络零售平台与店铺随处可见。密集型分销可以最大限度地便利消费者而推动销售的提升。企业采用这种策略有利于广泛占领市场，便利购买，及时销售产品。而其不足之处在于，在密集分销中生产商对于经销商的培训、服务支持、交易沟通等的成本增加。同时，经销商之间的密集分销加剧了经销商之间的竞争，他们对生产商的忠诚度降低，相互之间的价格竞争激烈。

(2) 排他性或奢侈性分销。

排他性分销极其有限地选择分销商分销他们的产品，极端情况下，企业自己销售，常见于奢侈汽车与女性服装。生产企业在一定地区、一定时间只选择一家中间商销售自己的产品。独家分销的特点是竞争程度低。一般情况下，只有当公司想要与中间商建立长久而密切的关系时才会使用独家分销。因为它比其他任何形式的分销更需要企业与经销商之间更多的联合与合作，其成功是相互依存的。它比较适用于服务要求较高的专业产品。

独家分销的优势在于避免了与其他竞争对手作战的风险，独家分销还可以使经销商无所顾忌地增加销售开支和人员以扩大自己的业务，不必担心生产企业会另谋高就。而且，采用这种策略，生产商能在中间商的销售价格、促销活动、信用和各种服务方面有较强的控制力，从事独家分销的生产商还期望通过这种形式取得经销商们强有力的销售支持。

独家分销的不足之处主要是由于缺乏竞争会导致经销商力量减弱，而且对顾客来说也不方便。独家分销会使经销商们认为他们可以支配顾客，因为在市场中他们占据了垄断性位置，对于顾客来说，独家分销可能使他们在购买地点的选择上感到不方便。采用独家分销，通常双方要签订协议，在一定的地区、时间内，规定经销商不得再经销其他竞争者的产品;生产商也不得再找其他中间商经销该产品。

(3)选择性分销。

选择性分销介于密集型分销和排他性分销之间。企业通过选择性分销,可以与所选择的渠道成员发展良好的工作关系。选择性分销常见于电器、家居、服装等。生产企业在特定的市场选择一部分中间商来推销本企业的产品。采用这种策略,生产企业不必花太多的精力联系为数众多的中间商,而且便于与中间商建立良好的合作关系,还可以使生产企业获得适当的市场覆盖面。与密集分销策略相比,采用这种策略具有较强的控制力,成本也较低。

思考题

1. 根据网络营销渠道的主体类型选择一个具体的企业实例进行分析。
2. 根据网络营销渠道的三种分销策略选择若干个企业实例进行具体分析。

第8章 网络价格

学习目标

- 理解影响企业定价的因素和基本定价方法；
- 了解网络对定价的影响；
- 掌握基本网络定价策略。

8.1 影响定价的因素和定价策略

定价策略始终是企业决策者的头等大事，也是营销策略中最活跃的因素，价格高低直接影响企业的利润，关系着产品和服务的销售业绩。顾客日益个性化的需求和信息获得的便利性迫使决策者站在战略的高度来制定价格，使价格合理又富有竞争力。定价决策在实现企业整体目标的过程中具有战略性地位，价格政策必须要能够配合市场营销组合的其他要求，以更好地实现企业战略目标。

8.1.1 影响定价的因素

影响产品定价的因素很多。有企业内部因素，也有企业外部因素；有主观因素，也有客观因素。概括起来，大体上可以分为产品成本、市场需求、竞争因素、企业的定价目标和其他因素等5个方面。

1. 产品成本

对企业的定价来说，成本是一个关键因素。企业产品定价以成本为最低价格界限，产品价格只有高于成本，企业才能补偿生产上的耗费，从而获得一定盈利。但这并不排除在一段时期在个别产品上，价格会低于成本。

在实际工作中，产品的价格是按成本、利润和税金三部分来制定的。成本又可分解为固定成本和变动成本。企业定价时，不应将成本孤立地对待，而应和产量、销量、资金周转等因素综合起来考虑。

2. 市场需求

如果说成本是企业制定价格的底线，那么市场需求就是价格的天花板。市场需求并不是固定的，价格的变动会直接导致需求量的变动，另外，收入变动、消费者偏好的改变、相关商品价格的变动都会导致需求的改变。对单个企业来说，能够确切地获得市场对其产品的需求信息至关重要，尤其是需求量的变动对价格变动的反应程度，反映这种影响程度的一个指标就是商品的价格需求弹性。如果商品的需求是富有弹性的，销售者会考虑降价，因为降低价格能获得更高的销售收入。

3. 竞争因素

市场竞争也是影响价格制定的重要因素。企业的价格策略，要受到竞争状况的影响。根据竞争的程度不同，企业定价策略会有所不同。按照市场竞争程度，可以分为完全竞争、不完全竞争与完全垄断三种情况。完全竞争与完全垄断是竞争的两个极端，中间状况是不完全竞争。在不完全竞争条件下，竞争的强度对企业的价格策略有重要影响。所以，企业首先要了解竞争的强度。竞争的强度主要取决于产品制作技术的难易，是否有专利保护，供求形势以及具体的竞争格局。其次，要了解竞争对手的价格策略，以及竞争对手的实力，企业必须假定竞争对手会对价格的变化作出反应。再次，还要了解、分析本企业在竞争中的地位。

4. 定价目标

公司常见的目标有生存、当期利润最大化、市场占有率最大化或稳定价格体系目标等。在不同的目标下，公司会制定不同的价格策略。如果饱受产能过剩、竞争过度或消费者需求变化的困扰，那么生存就有可能是公司的目标。为了维持生存，公司就可能制定低价以刺激需求。生存目标只可能是公司短期的目标；也有可能为了阻止竞争对手进入制定低价策略；或者为了稳定市场和竞争对手保持相同的价格水平。

5. 其他因素

企业的定价策略除受成本、需求以及竞争状况的影响外，还受到其他多种因素的影响。这些因素包括宏观经济环境的变化、政府或行业组织的干预、消费者习惯和心理、企业或产品的形象等。例如，经济周期的变动、利率和通货膨胀等宏观经济环境的变动都会影响生产成本和消费者对产品价值和价格的看法，从而影响定价决策。政府政策的变动，如税收政策的变化或者对价格的直接干预也会影响到公司的价格决策。消费者心理和习惯上的反应是很复杂、很微妙的，某些情况下会出现完全相反的反应。例如，在一般情况下，涨价会减少购买，但有时涨价会引起抢购，反而会增加购买。因此，在研究消费者心理对定价的影响时，要持谨慎态度，要仔细了解消费者心理及其变化规律。

8.1.2 基本定价方法

企业对产品基本价格的确定方法主要有成本导向定价、需求导向定价和竞争导向定价三种。根据这三种基本的定价导向，又产生了许多具体的定价方法，如成本加成定价、目标贡献定价、理解价值定价、需求差异定价等。此外，企业还可运用灵活的定价技巧对其基本价格进行修改，这些定价技巧包括心理定价、组合定价、折扣定价等。其中成本加成定价是最常用的定价方法，这种定价是按照单位产品的成本加上一定比例的利润所制定的市场销售价格。

1. 成本导向定价

成本导向定价是基本的定价策略，是在产品成本上增加一个固定的加价(markup)。这个加价增加到公司的总平均成本或可变成本上；对于大多数消费品，这个加价增加到商品的平均成本上。平均成本包括可变成本(额外生产一件商品的增量成本)和适当的固定成本分摊。可变成本通常包括生产额外商品必需的原材料和劳动力成本。

在具体定价的过程中,常用的成本导向定价法又可以细分为综合成本定价法、成本加成定价法、目标利润定价法和边际成本定价法 4 种。成本导向定价法的关键优势在于其易于计算,操作简便,但这种方法忽视了需求和竞争对手的反应,因而很难制定最合理的价格。只有在所制定的价格确实能达到预期的销售水平时才可以采用成本加成定价法。

2. 需求导向定价法

需求导向定价法是指根据市场需求强度和消费者对产品的价值的理解来制定产品销售价格。这种定价方法主要是考虑顾客可以接受的价格以及在这一价格水平上的需求数量而不是产品成本。需求导向的定价法主要有差别定价法、倒推定价法和感受价值定价法。其中差别定价法是指根据地域的差别、消费者群的差别和产品的差别以及消费时间的差别等引起的需求不同而制定不同的价格;倒推定价法是指企业根据市场上同类产品的价格估算本企业的销售价格,然后扣除中间商的利润和运费等,倒推出产品的出厂价格,然后和成本比较,最后制定价格;感受价值定价法主要是通过测定市场上顾客对产品价值的感受和需求强度,根据产品在买方心目中的价值来确定市场价格。

3. 竞争导向定价法

竞争导向定价法是指企业对竞争对手的价格保持密切关注,以对手的价格作为自己产品定价的主要依据,此时需求和成本对价格的影响反而比较小。企业制定的价格可能高于、等于或低于竞争者的价格。竞争导向定价法可以细分为随行就市定价法、密封投标定价法和正面竞争定价法三种。当需求弹性很难确定时,随行就市定价法由于能避免两败俱伤的价格战因而更常见。而在工程项目投标中,企业会根据对竞争者报价的推测来定价以赢得标的合同。

8.1.3 传统营销中的具体定价策略

公司在定价时可采用的策略较多,这里着重介绍心理策略、折扣定价策略和阶段定价策略三大类。

1. 心理定价策略

心理定价策略是以迎合消费者的不同层次的消费需求和不同购买欲望而制定的一种定价策略。使用这种定价策略,能使消费者感到购买这种产品有合算、实惠、名贵等满足,从而激发消费者的购买欲望,达到扩大产品销售的目的。常用的心理定价策略主要有如下两种。

(1) 尾数定价

尾数定价策略是在对产品定价时,针对消费者的求廉心理,取尾数价格而不取整数价格的一种定价策略。例如,将产品价格定为 0.98 元,而不定为 1 元;定为 98 元,而不定为 100 元等。采用这种定价策略,虽在核算产品价格和出售价格时比较麻烦,但能给消费者带来信任感和廉价感,增强产品的价格竞争力,起到薄利多销的作用。

(2) 声誉定价

声誉定价策略是将产品的价格定得比产品的实际成本、一般利润高得多,以吸引少数经济条件较优裕的消费者购买的一种定价方法。定价策略专家认为,消费者购买某种高价位产品的时候,他们往往会产生有身份的感觉。企业使用声誉法定价,可以向潜在的消费者传达高品质的信号。

2. 折扣定价策略

折扣,就是让利。在产品经销活动中,通过折扣,可以降低一部分产品价格,以达到争取快销和多销的目的。公司经常采用的折扣策略大致有如下几种。

(1) 现金折扣

现金折扣是企业对按约定日期付款的用户给予不同优待的一种折扣。例如,付款期限为一个月,立即付款可打 5%的折扣,10 天内付款可打 3%的折扣,20 天内付款可打 2%的折扣,最后 10 天内付款则无折扣优待。公司使用现金折扣策略的目的在于鼓励用户早日付款,减少赊销,加快公司的资金周转速度。

(2) 数量折扣

数量折扣是公司对购买一定数量和金额的用户给予大小不同优惠的一种折扣。即购买数量越多、金额较大,给予的折扣越多。具体又分为两种:累计数量折扣,即在一定的时期内,企业按照用户累计购货数量和金额的大小给予不同的折扣;非累计数量折扣,即用户每次购买一种或多种产品,达到一定数量或一定金额时,给予一定的折扣。

(3) 交易折扣

交易折扣是企业根据批发商或零售商在市场经销活动中的不同地位和功能,给予不同优惠的一种折扣。所以,这种折扣又称功能折扣。例如,某种产品的出厂价为 100 元,对零售商打 20%的折扣,即付款 80 元;给批发商时,在零售商的基础上再打 10%的折扣,即付款 72 元;给经销商时,在零售商的付款数上打 5%的折扣,即付款 76 元。给批发商的折扣较大,给中间商的折扣次之,给零售商的折扣较小。

(4) 季节折扣

季节折扣是生产季节性产品的企业,对在淡季购买产品的用户所给予的优惠折扣。它包括季节生产、全年销售和全年生产、季节销售两种情况。

季节折扣主要用于全年生产、季节销售的产品。例如,某产品在正常销售时每件 100 元,在销售淡季可打 10%或 15%的折扣。企业使用季节折扣,一方面可鼓励批发商和零售商早购产品,减少企业库存积压,加速资金周转,提高经济效益;另一方面还使企业的生产淡季不淡,实现均衡生产,提高劳动生产率。

3. 阶段定价策略

阶段定价策略是根据产品生命周期的不同阶段,即导入期、成长期、饱和期和衰退期,利用每个阶段产品的不同产量、成本、质量和供求关系等对价格的影响和要求,所制定的最有利于自己的一种价格策略。这种定价策略若运用得当,可扩大产品销售,增强产品竞争力,为企业求得最大的经济利益。

（1）导入期及其价格策略

新产品试制成功，投入少量生产和销售，便进入产品生命周期的第一阶段——导入期。在产品导入期，价格策略主要有高价和低价。适宜采取高价策略的新产品一般有：不易被仿制，或者不能被仿制的产品；需求弹性小的产品；更新速度快的产品；短期内较难满足购买者需要的产品等。对这些产品使用高价策略的好处是：在上市之初，高价可以树立优质形象；可迅速收回投资，及时取得利润；在经营上处于主动地位，一旦发现定价过高，可随时采取降价措施等。企业采取高价策略也存在一些弊病：价高利大，竞争者将迅速进入；价格较高，难以进入市场。

适宜采取低价策略的产品一般有：结构简单、易被仿制的产品；需求弹性较大的产品；市场广阔、销路较大的产品等。对这些产品采取低价策略的好处是：价廉产品易打开销路；价格低，利润薄，竞争者不愿进入。但这种价格策略会造成投资回收期长，调整价格余地较小的不利局面。

（2）成长期及其价格策略

新产品投入市场，经过一段时间后，销售量上升快，产品就进入了生命周期的成长期。在产品的成长期，原来的高价和低价逐步转为正常价格。所谓正常价格，是指正常纳税后的销售收入能补偿合理成本，并提供不低于行业平均利润的价格水平。供应偏紧和质量较优的产品，在低于导入期价格的前提下，允许保持高于行业平均利润，以体现优质优价政策。

（3）成熟期及其价格策略

产品由成长期进入发展缓慢时期，销售量增长停滞，产品就进入了生命周期的成熟期。

在产品的成熟期，如果产品的利润水平过高，会使企业安于现状，不思产品的更新。利润水平过高，也可能诱使其他企业重复布点生产，参加竞争，从而导致产品供过于求。因此，如果企业的产品利润率明显高于同行业平均水平，应适当降低产品价格，以保护产品竞争力。这样做，既可扩大产品销售，增强竞争能力，又可推动企业从事新产品的开发。但企业采用低价时，要掌握降价的依据和幅度，若价格降得过低，企业可能不堪重负；价格降得太少，对保护销售不起实质性作用。

（4）衰退期及其价格策略

由于技术的发展，市场上出现了新的产品，逐步替代老产品，老产品销量不断下降，产品就进入了生命周期的衰退期。

产品进入衰退期的价格策略应着眼于最大限度地挖掘产品在生命周期最后阶段的经济效益。因此，总的还是采用低价策略。根据具体情况，可分别采取维持价格和驱逐价格两种策略。维持价格策略就是继续保持产品在成熟期间的价格，但在经营上企业必须采取一些促销的手法，如加强广告宣传、改进包装、附赠礼品、加大回扣等，否则此价格策略难以持久。驱逐价格策略就是大幅度降价，使价格降到能将竞争者驱逐出市场的地步，以此增加本企业市场份额，阻止销售下降，延长产品寿命。企业采取驱逐价格策略可有两种方法：一是直接以产品的完全成本作为价格，这种价格虽不含利润，但可保本。二是以平均变动成本作为价格最低限度，这种价格虽不能保持产品的完全成本，但只要价格能大于平均变动成本，其余额对企业就是一种贡献，企业在短时期内仍可取得一定的边际效益。

8.2 网络对定价的影响

互联网的普及和网络营销的发展，使得进入消费者视野的同类商品或者替代品大幅增加，消费者获取信息的成本大为降低，减轻或消除了供求双方的价格信息不对称，产品的海量性使得消费者在做消费决策时更加注重价格因素，货比三家的心理预期增强，消费者对购买行为的控制大幅提高，企业想要利用信息优势获取高价和诱导性的定价技巧的难度也在增加。厂商攫取利润的难度加大，要想获得更多的利润必须转换与消费者进行价格博弈的策略。

【案例 8-1】 唱片已死[①]

"唱片已死"，这是不久前，唱片业的代表人物太合麦田老总宋柯的一句感慨，他表示未来不再签约歌手。在唱片业最火的时代，华语音乐人的单张唱片发行量几乎都是百万级的，能够上榜的音乐人发行量至少在 200 万张以上。时过境迁，到了 2010 年，几乎没有哪个音乐人的唱片发行超过 10 万张。惨淡的发行量，让几大唱片公司纷纷起诉相关的互联网企业。谁都知道，网上提供的免费音乐已经抢占了实体唱片发行的市场。

听音乐付费无可厚非，但是让歌迷为音乐内容本身付费的那种简单模式确实一去不复返了。宋柯对于自己放言"唱片已死"的解释是，销售 CD 唱片这种简单的商业模式已经死亡，但是流行音乐本身并没有死亡。"免费是一种趋势，靠销售音乐本身挣钱的时代已经不在了，但音乐的价值还在，只是这种价值需要通过新的介质转化而已。"

回顾音乐工业的每一次革命，都带来音乐产业的飞速发展，"唱片承载的内容太单一，数字音乐也不只有 MP3 一种形式，技术上早已解决能够接近 CD 音乐的数字音乐格式了，但是消费者对此并不买账。"宋柯认为，替代性产品应该是带有互联网特色的，内容更具吸引力，应该是具有互动性的多媒体产品。

"我们也正在研发，至于是什么样子，现在我也说不清楚。总之承载的内容一定比现在的唱片更多元化、更丰富。"宋柯说。

伴随着数字音乐的普及，唱片公司也曾尝试在线付费音乐业务，具有代表性的当属离世的乔布斯，iPod 的畅销让付费音乐成为可能。苹果 CEO 蒂姆·库克在 2011 年秋季新品发布会上透露，目前 iTunes 音乐商店业务曲库已达 2000 万首，已经成为全球第一大唱片销售渠道。iPod 产品的销售量达到了 3 亿台，与之对比，索尼随身听畅销 30 年才卖掉了 2.2 亿台。

在 iTunes 商店，只需花 0.99 美元，就能买到一首想听的歌曲，而整张专辑的价格不过 9.99 美元。IFPI 的数据显示，iTunes 的销售占据了美国整体音乐销售额的四分之一以上。

---

① 资料来源：《中国经营报》，2011 年 11 月 7 日，第 38 版。

但是付费数字音乐却在中国遇阻，尽管通过付费的方式可以下载音乐，但是音乐的格式存于电脑之中均为通用的 MP3 或 m4a 格式，使得共享与传播越来越容易。

手机界的另一泰斗诺基亚也推出了在线音乐商店业务——乐随享。与苹果不同之处在于用户可以免费下载音乐聆听，但是这并不意味着用户可以不支付音乐版权费用，而是诺基亚与四大音乐唱片公司签署了版权协议，以 B2B 的方式统一支付了音乐版权，费用由诺基亚买单，使用者免费。

付费音乐在国内仍然有利可图的，只剩下中国移动的彩铃业务。宋柯也表示，彩铃正是一种音乐的过渡性产品，"对用户很有吸引力，应用方便，消费者愿意为此花钱。"

国内糟糕的唱片业现状，让一些人决定放弃传统的唱片发行，开始尝试走一条全新的音乐之路。在百度音乐上首发专辑，并且在推出 MV 时也是通过百度音乐频道在线征集演员。

的确，在数字音乐时代，唱片公司的利润需要通过学习类似"360 模式"(360 模式的核心是杀毒免费，但增值服务和开放的平台收费)演进，实现创新。唱片本身虽然免费，但可以制造更多的人气，可以带动巡演、许可、签名和相关商品的发展。同时，音乐人也会不再为"永远也解决不了的"盗版问题纠结了。

8.2.1 网络对定价的影响：需求方的视角

狭义的价格是消费者为购买商品或服务所支付的货币。广义而言，消费者为得到商品和服务所付出的代价才是商品的真实价格。因此，广义的价格包含了诸如消费者为得到商品所付出的搜寻成本、时间和精神成本、交易行为的签约与执行成本等。我们把这些额外的费用统称为交易成本。显而易见，如果商品的交易成本太高，即使商品的价格低，也未必能促进交易的发生。而高昂的交易成本或许是因为消费者的搜寻成本或发现价格的成本高，或许是因为消费者没有足够的时间和精力，或许是消费者觉得交易行为签约与执行成本太高而导致交易不安全。

首先，网络的兴起和相关技术的进步对交易成本的改变是革命性的，从很大程度上改变了消费者原先处于信息弱势和信息不对称状况，大幅降低了商品的交易成本。以搜寻成本为例，消费者很容易在购物网站上得到相关商品的价格信息并作出比较，既能同时比较不同购物网站的价格，也能对线上和线下的价格作出比较。如图 8-1 所示，消费者很容易比较不同渠道同一本书的售价，这大大节省了消费者的搜寻成本。另外，一些电子产品、机票和酒店包括住房等商品，消费者可以自行设置期望价格，网站便会搜索是否有合适价格的卖家。当然，这种交易成本的节省与消费者对网络和相关知识是否熟悉有关。如果网络条件不允许，如网速慢或其他技术问题导致消费者花费比较长的时间和精力，这会导致消费者的挫折感，增加消费者的心理成本。

其次，互联网的发展还通过一站式购物和自助式服务节省了交易时间。传统购物中心所倡导的一站式购物更容易通过网络来实现。对自助式服务而言，一些公共服务产品包括数字产品，如影视音乐，用现有的技术条件已经完全可以实现消费者足不出户享受到相关产品和服务。这对交易成本的节省也是非常显著的。

琅琅比价网 langlang.cc　图书比价　影视比价　百货比价　新手指南　购物车　添加到收藏夹

首页　图书比价　影视比价　百货比价

史蒂夫·乔布斯传(Steve Jobs: A Biography)(乔布斯唯一正式授权传记中文版预售中,2011 年 11 月 21 日全球同步发售)从下面 10 家网店中选购。

商品信息	商　　家	优　　惠	价格(从低到高)	去商家购买
史蒂夫·乔布斯传	BooksChina.com 中国图书网 BooksChina	京高校免运费 全国满 100 免运费	¥46.9 元 (BooksChina 价)	购买 * 查看送货信息 *
史蒂夫·乔布斯传	wl.cn 蔚蓝网 蔚蓝	京高校免运费 市区满 48 元免运费 全国满 88 元免运费	¥47.4 元 (蔚蓝 1 星会员价)	购买 * 查看送货信息 *
史蒂夫·乔布斯传	joyo 卓越 amazon.cn 卓越	全场免运费 卓越图书 满 100 返 20 元	¥51.0 元 (卓越价)	购买 * 查看送货信息 *
史蒂夫·乔布斯传	360buy.com 京东商城 京东	满 39 免运费 京东新年风暴	¥51.0 元 (京东价)	购买 * 查看送货信息 *
史蒂夫·乔布斯传	当当网 dangdang.com 当当	满 29 免运费 当当网 岁末捡便宜	¥51.0 元 (当当价)	购买 * 查看送货信息 *
史蒂夫·乔布斯传	博库书城 博库书城	全场免运费 领 15 元券	¥51.0 元 (博库价)	购买 * 查看送货信息 *
史蒂夫·乔布斯传	苏宁易购 苏宁易购	全场免运费	¥51.0 元 (苏宁易购价)	购买 * 查看送货信息 *
史蒂夫·乔布斯传	新华书店.com 新华书店	满 28 免运费	¥51.0 元 (新华书店价)	购买 * 查看送货信息 *
史蒂夫·乔布斯传	互动出版网 www.china-pub.com 互动	京高校免运费 其他满 48 元免运费 校园特惠价	¥51.0 元 (互动价)	购买 * 查看送货信息 *
史蒂夫·乔布斯传	北发图书网 beifabook.com 北发图书网	配送方式运费 点击查看详情	¥51.0 元 (北发价)	购买 * 查看送货信息 *

图 8-1　琅琅比价网(www.langlang.cc)上《乔布斯传》的价格信息与比较

最后，互联网的发展有助于消费者之间的合作与沟通，并增强了消费者的议价能力和对消费全程的控制，从而有利于实现顾客主导定价。像一般的网络拍卖，由卖方给出底价，买方则根据这个价格往上出价，价最高者得。所以网络拍卖市场的出现使得价格的制定者由卖方移向买方。由顾客主导定价的产品并不意味着比企业主导定价的利润率低。根据 eBay 的统计分析，在网上拍卖定价产品，只有 20%的产品的拍卖价格低于卖者的预期，50%的产品拍卖价格略高于卖者的价格预期，剩余的 30%与卖者的预期价格相吻合，在所有拍卖成交产品中有 95%的产品价格卖主比较满意。另外，在线下购物时代，单个消费者常常觉得势单力孤。而在互联网时代，消费者之间交流更频繁，也更容易形成合作，一些社区网站，如大众点评网(http：//www. dianping. com/citylist)和团购网站的兴起增强了消费者群体的议价能力。

8.2.2 网络对定价的影响：供给方的视角

从公司内部说，产品的生产成本呈下降趋势，而且成本下降趋势越来越快。在网络营销战略中，可以从降低营销及相关业务管理成本费用和降低销售成本费用两个方面来分析网络营销对企业成本的控制和节约，从而最终影响到公司价格的制定。

1. 降低采购成本费用

采购过程中之所以经常出现问题，是由于过多的人为因素和信息闭塞造成的，通过互联网可以减少人为因素和信息不畅通的问题，在很大程度上降低采购成本。

首先，利用互联网可以将采购信息进行整合和处理，统一从供应商订货，以获得最大的批量折扣。其次，通过互联网实现库存、订购管理的自动化和科学化，可最大限度减少人为因素的干预，同时能以较高效率进行采购，可以节省大量人力和避免人为因素造成不必要损失。最后，通过互联网可以与供应商进行信息共享，可以帮助供应商按照企业生产的需要进行供应，同时又不影响生产和不增加库存产品。

2. 降低库存

利用互联网将生产信息、库存信息和采购系统连接在一起，可以实现实时订购，企业可以根据需要订购，最大限度降低库存，实现“零库存”管理。这样的好处是，一方面减少资金占用和减少仓储成本，另一方面可以避免价格波动对产品的影响。正确管理存货能为客户提供更好的服务，并为公司降低经营成本，加快库存核查频率会减少与存货相关的利息支出和存储成本。减少库存量意味着现有的加工能力可更有效地得到发挥，更高效率的生产可以减少或消除企业和设备的额外投资。

3. 生产成本和菜单成本控制

利用互联网可以节省大量生产成本。首先，利用互联网可以实现远程虚拟生产，在全球范围寻求最适宜生产厂家生产产品；其次，利用互联网可以大大节省生产周期，提高生产效率。使用互联网与供货商和客户建立联系使公司能够比从前大大缩短用于收发订单、发票和运输通知单的时间。有些部门通过网络共享产品规格和图纸，以提高产品设计和开发的速度。互联网的发展和应用将进一步减少产品生产时间，其途径是通过扩大企业电子联系的范围，或是通过与不同研究小组和公司进行的项目合作来实现。

另外，互联网的出现大幅度地降低了菜单成本或标价成本及商家改变定价时产生的费用。在传统的市场上，菜单成本主要是对货品重贴标签的材料成本、印刷成本和人工。较高的菜单成本会使得价格比较稳定。因为每一次价格变动所带来的利润至少要超过价格变动产生的费用，所以传统商家也就不愿意做小的价格变动。而互联网的出现大幅度降低了这种成本，从而使得网上商家价格改变的次数要远大于传统商家，最终实现区别于传统固定价格的动态定价(dynamic pricing)。

8.2.3 网络营销中的定价策略

在互联网时代，网络市场并非是一个无摩擦的高效配置资源的市场，网络虽然激化价格竞争，但是网上的价格水平并不低于网下，网上的价格离散度也并不比网下小。交易成本虽然是网络价格制定的基础，却并非是唯一的决定因素，还存在许多其他的因素影响着网络的价格水平和价格离散。我国线上图书价格的离散系数平均达到了 0.15，比线下图书的价格要更加离散。

针对网络市场的特点，企业一方面要考虑如何把传统的定价、策略和技巧运用于网上；另一方面，要针对网络的特点进行定价策略的创新。

网络市场分为两大市场，一是消费者大众市场，另一个是工业组织市场。对于前者的网民市场，属于前面谈到的成长市场，企业面对这个市场时必须采用相对低价的定价策略来占领市场。对于工业组织市场，购买者一般是商业机构和组织机构，购买行为比较理智，企业在这个网络市场上的定价可以采用双赢的定价策略，即通过互联网技术来降低企业、组织之间的供应采购成本，并共同分享成本降低带来的双方价值的增值。

总体上来看，网络定价的策略可以分为两种：一种是传统的固定定价策略(fixed pricing)，此种策略更多是将传统的线下定价策略移植到线上，即针对所有顾客制定统一的价格。当然，这种固定定价策略并不排除折扣定价和价格促销的使用，网络零售商常用的低位定价策略、捆绑销售或者参考价格促销就是典型的固定价格策略；另一种是考虑到线上消费者特征的动态定价策略，此种策略针对不同的顾客制定不同的价格，这其实是微观经济理论中价格歧视战略(price discrimination)在网络营销中的应用。包括定制价格、细分定价(segment pricing)、拍卖和网络议价等。另外，免费策略也是一种巧妙的定价策略。

1. 低位定价策略

借助互联网进行销售，比传统销售渠道的费用低廉。低价定位法就是在制定价格时一定要比同类产品的价格低。采取这种网络营销价格策略一方面是由于通过互联网，企业可以节省大量的成本费用；另一方面，采用这一策略也是为了扩大宣传、提高市场占有率并占领网络市场这一新型的市场。2011 年 8 月发布的国产小米手机的定价就是一种典型的低位定价策略，其采用线上销售模式，由于其 1999 元的定价远低于同类产品，受到了市场热捧。

另外一种低价定价策略是折扣策略，它是在原价基础上进行折扣来定价的。这种定价方式可以让顾客直接了解产品的降价幅度以促进顾客的购买。这类价格策略主要用在一些网上商店，它一般按照市面上的流行价格进行折扣定价。如 Amazon 的图书价格一般都要进行折扣，而且折扣价格达到3～5折。

如果企业是为拓展网上市场，但产品价格又不具有竞争优势时，则可以采用网上促销定价策略。由于网上的消费者面很广而且具有很大的购买能力，许多企业为打开网上销售局面和推广新产品，采用临时促销定价策略。促销定价除了前面提到的折扣策略外，比较常用的是有奖销售和附带赠品销售。

使用网络销售定价低位定价法时，应注意三点。首先，在网上不宜销售那些顾客对价格敏感而企业又难以降价的产品；其次，在网上公布价格时要注意区分消费对象，要针对不同的消费对象提供不同的价格信息发布渠道；最后，因为消费者可以在网上很容易地搜索到价格最低的同类产品，所以网上发布价格要注意比较同类站点公布的价格，否则，价格信息的公布会起到反作用。

2. **参照价格**(contrast pricing)

在网络营销产品线中增添高价产品项目，无形中提高了消费者的参照价格，使得产品线上的其他产品显得便宜。例如，提供额外收费的技术支持作为"黄金版"的方法，只要没有太多的人选择黄金版，增加这种支持的成本就会很小。

【案例8-2】 消费者的心理和非理性[①]

下面是《经济学人》网页的广告：

欢迎光临《经济学人》征订中心，请选择你想订阅或续订的方式：

□电子版：每年59美元

包括《经济学人》网站全年所有在线内容及1997年以来各期《经济学人》的所有在线内容的权限

□印刷版：每年125美元

全年各期印刷版的《经济学人》

□电子版加印刷版套餐：每年125美元

全年各期印刷版的《经济学人》加全年《经济学人》网站所有在线内容及1997年以来的各期《经济学人》的所有在线内容的权限。

在麻省理工学院的斯隆管理分院，100个学生选择的结果是：

A. 单订电子版59美元——16人

B. 单订印刷版125美元——0人

C. 单印刷版加电子版套餐125美元——84人

是的，按照我们的正常思维，谁会选择B呢？所以乍一看，B选项的存在本身就十分的荒唐。所以，我们可以推测，就算把B选项去掉，也不会影响其他选项的选择。而现实情境中真的把B选项去掉后，结果却是这样的：

A. 单订电子版：59美元——68人

C. 印刷版加电子版套餐：125美元——32人

---

① 艾瑞里 著. 怪诞行为学. 赵德亮、夏蓓洁，译. 北京：中信出版社，2008年.

看到这种情况，你是不是也在心里惊叹，一个无用的选项怎么会有如此魔力。然而要说明的是，“单订印刷版 125 美元”这一选项，绝非无用，而是一个“诱饵”，它本身的出现并不是为了被选择，而是增加其他选项（“印刷版加电子版套餐”）被选上的概率。

这便是“诱饵效应”：人们对两个不相上下的选项进行选择时，因为第三个新选项（诱饵）的加入，会使某个旧选项显得更有吸引力。其中，被“诱饵”帮助的选项通常称为“目标”（此处为“印刷版加电子版套餐：125 美元”），而另一选项则被称为“竞争者”（单订电子版 59 美元）。除了“诱饵效应”，还有很多因素也都在影响着我们的消费决策，如从众效应、最后期限、赌徒谬误、安慰剂效应、刻板印象等。这些情况均表明，在进行决策的过程中，由于人类自身认知资源和获取信息量的受限，“理性”判断会被许许多多的因素影响，使得我们做出“非理性”的决定或行为。

3. 捆绑销售策略

捆绑销售的价值在于其“预期价值”。因为消费者对于不同产品有不同的评价，它们之间的差异往往很大，使卖方无法对每个产品精确定价。而根据大数定律，捆绑销售可以有效地减少消费者对于不同产品的评价差异，使其更接近于平均值。这样，卖方更容易准确地预知消费者的价值评价，制定更为有效的价格。更为重要的是，消费者对于捆绑组合的评价往往大于他们对其中单个产品的价值评价之和，因此捆绑销售可以显著地提高卖方的利润。而且捆绑产品的数目越多，卖方的利润就越高。

互联网使捆绑成为更有吸引力的定价策略。首先，大部分受互联网深刻影响的产品都是以比特形式传递的内容，例如音乐、新闻、研究报告、软件以及随着宽带普及的电影和电视节目，这些内容可以方便地进行组合；其次，无论对于消费者还是公司，在线交互往往比离线交互更容易，互联网的这种交互性使得消费者能够更容易地创建自己的捆绑并向公司传达其偏好；最后，在线内容是一种替代产品，而且增加新客户的成本很低，由于创建新产品捆绑相对容易，与出售内容相关的边际成本很低，这激励公司创建许多不同的捆绑以服务于尽可能多的细分市场。

4. 定制生产定价策略

按照顾客需求进行定制生产是网络时代满足顾客个性化需求的基本形式。定制定价策略是在企业能实行定制生产的基础上，利用网络技术和辅助设计软件，帮助消费者选择配置或者自行设计能满足自己需求的个性化产品，同时承担自己愿意付出的价格成本。Dell 公司的用户可以通过其网页了解本型号产品的基本配置和基本功能，根据实际需要并在能承担的价格内，配置出自己最满意的产品，使消费者能够一次性买到自己中意的产品。在上面配置电脑的同时，消费者也相应地选择了自己认为价格合适的产品，因此对产品价格有比较透明的认识，增加企业在消费者面前的信用。现在消费者只能在一定的范围内进行挑选，还不能完全要求企业满足自己所有的个性化需求。联想公司与京东商城合作开设电脑在线定制业务，如图 8-2 所示。

5. 使用定价

所谓使用定价，就是顾客通过互联网注册后可以直接使用某公司产品，顾客只需根据使用次数付费，而不需将产品完全购买。一方面减少了企业为完全出售产品进行大量不

图 8-2　联想公司与京东商城（www.360buy.com）合作的电脑在线定制

必要的生产和包装的浪费；另一方面还可以吸引那些有顾虑的顾客使用产品，扩大市场份额。采用使用定价法，一般要考虑产品是否适合通过互联网传输，是否可以实现远程调用。目前比较适合的产品有软件、音乐、电影等产品。

6. *细分定价*（segment pricing）

细分定价是将整体市场分割为若干不同的子市场，然后采取不同的定价策略。例如，通常依据地理变量和消费者行为变量采取不同的价格策略。在地理细分定价过程中，由于公司能很方便地通过消费者的 IP 地址和顶级域名得知消费者所在的地区，因此能很方便地制定不同价格。还可根据消费者的忠诚度制定不同价格。并不是所有顾客都会为公司带来同样价值，80/20 法则即 80％的业务来自 20％的顾客，同样适用于网络营销，给予更高忠诚度或者能够给公司带来更高价值的顾客一定的价格优惠能增强他们的忠诚度。例如，Amazon 对 VIP 和 SVIP 用户往往有更大的折扣优惠。在细分定价过程中，必须注意三点：一是整体市场的可分割性是细分定价的基础；二是细分定价带来的收益要高于相应的成本；三是细分定价要遵守法规且不能带来消费者的反感。

7. *拍卖定价和网络议价*

网上拍卖是目前发展较快的领域，也是一种最市场化的方式。随着互联网市场的拓展，将有越来越多的产品通过互联网拍卖竞价。网上拍卖由消费者通过互联网轮流公开竞价，在规定时间内价高者赢得。目前国外比较有名的拍卖站点有 eBay，它允许商品公开在网上拍卖，拍卖竞价者只需在网上进行登记即可。拍卖方只需要将拍卖品的相关信息提交给 eBay 公司，经公司审查合格后即可进行网上拍卖。国内一些网站，如淘宝的拍卖会（如图 8-3 所示）也采取类似策略。

在 C2C 领域的价格，其价格策略更多的是一种网络议价。即销售者制定价格，然后

图 8-3　淘宝拍卖会网站拍卖价格(paimai.taobao.com)

购买者在线上与销售者之间讨价还价,最终成交。显而易见,消费者的信息掌握程度和讨价还价水平会直接影响成交价格。

【案例 8-3】 网络议价师:有偿帮人讨价还价[①]

在中国各大购物网站上经常能看到一种专门提供“砍价”服务的群体,这种通过“砍价”帮客户争取到某类商品的最低价格,并收取一定的“口舌费”报酬的人,就是网络议价师。

作为一名网络议价师,一般都具有十分丰富的电子商务经验,或者熟知某行业产品的出厂价或者最低底价,清楚各种产品的性能、特点、利润,能够根据不同客户的预算为其量身打造合适的商品。同时,职业砍价需要具备很好的口才和出色的沟通能力,才能把商家的价格压到最低。

看着网购日益成为人们消费的新主张,网络议价师不仅逐渐引起关注,而且日益受到消费者的青睐。这些网络议价师活跃在淘宝等各大网络购物平台,尤其是团购活动中。他们或利用自己的从业经验,或利用自身总结的购物心得,帮助消费者与商家讨价还价,砍价成功后,以差价的百分比作为服务费。一般网络议价师的月收入达到 3000 元以上基本不成问题,资深网络议价师每个月的收入甚至可达万元。

所以网络议价师所服务的目标客户是双向的,既是网上商品的销售方,也是商品购买方,网络议价师通常会以一个中间人的形象出现。

作为中间人的网络议价师,将会代表客户和网络经销商讨价还价,而他们则从差价中收取一部分作为报酬。作为一名优秀的网络议价师,所提供的服务必须十分到位,同时也要具备一些必要的议价策略。

第一,自己要明确议价能够达到的目标,例如以最低的价格购买一种产品,力争采用分期付款方式等。

---

① 资料来源:http://vip.book.sina.com.cn/book/chapter_179594_130414.html。

第二，收集相关的数据信息，充分了解供应商的详细情况，特别是在价格方面，对所购物资的成本进行分析，并总结成册，随时以备查阅并谨记不断更新相关的资费信息。

第三，找到买卖双方之间的分歧点，这是议价中需要重点考虑的问题。只有弄清了双方的分歧所在，才能够对症下药提出解决方案。

第四，分析双方的优势和劣势并确立作为网络议价师所处的位置，并且根据分析和以前了解到的相关数据，推断供应商在议价分歧中的心理承受价格，在帮助自己的服务客户获得最优价格的同时，赚取自己赢得的报酬。

网络议价师的出现，也受到不少网络店铺的欢迎，议价师所推动的小型团购行为，给不少和议价师有联系的店铺增加了不少订单量，虽然在单价上适当降低了一些，但是因为订单总量提升，说到底还是赚了。

8. 免费策略

免费价格策略是网络营销中常见的价格策略。《怪诞行为学》的作者丹·艾瑞理认为，消费者对大多数交易都能感受到好处和坏处，不过当某件商品或服务免费时，就会立刻忘记它的坏处。免费能让人的情感迅速充电，感受到免费的东西比实际要值钱得多。

具体而言，免费价格策略就是将企业的产品和服务以零价格形式提供给顾客使用。主要有四类形式：第一类是产品或者服务完全免费，即产品从购买、使用和售后所有环节实行免费服务；第二类是对产品和服务实行限制性免费，即产品和服务可以被有限次使用，超过一定期限和次数后，取消这种免费服务；第三类是对产品和服务实行部分免费，如一些著名研究机构的网站往往只公布部分研究成果，如想获得全文必须付款；第四类是对产品和服务实行捆绑式免费，即购买某产品或者服务时赠送其他产品或者服务。

由于有了宽带，互联网上有了海量的资源，对于电子书、音乐、影片而言，复制这些数字化产品的边际成本几乎已经降低到零。当复制数字化产品边际成本为零时，企业的利润寻找点就会转移到相邻的领域。例如，在奇艺网上免费在线观看各种影片，但是你需要离线观看某部影片时，就必须付费成为会员；苹果公司推出的 iOS 5 操作系统和 iCloud 服务，为每位用户免费提供了 5GB 的云存储空间，自由存储邮件、照片、文档等，但当需要额外的空间时就必须付费了。在互联网时代，很多产品对直接用户而言却是免费的，其利润点从产品本身转化为广告收入：即企业产品免费是因为想获得直接客户信息，然后再将这些信息通过广告形式卖给第三方需求企业，从而实现产品向商业模式的转变。如互动百科基于移动互联网推出了各种小百科全书，用户可以在各类手机商店中免费使用。但每一个小百科产品都有相关广告商的冠名。百科属于知识产品，用户“有用”才会下载，例如下载心脏病百科的用户，以医生、心脏病患者或患者家属为主，收费模式则是从提供心脏病治疗的相关企业的广告中完成，从而实现了广告的精准投放。

思考题

1. 从供求双方的视角，谈谈网络对定价策略的影响。
2. 从价格歧视的角度，为什么说网络的出现增强动态定价策略的机会？
3. 请举例说明，某家公司或某家网站是如何实施定价策略的。这种定价策略属于哪一类，其影响如何？

第9章 网络营销传播

学习目标

- 认识网络广告的特点与形式；
- 掌握网络销售促进的类型；
- 理解网络公共关系的工具、网络舆情与危机公关；
- 掌握网络直复营销的三种工具。

9.1 基于互联网的整合营销传播

整合营销传播的开展是20世纪90年代市场营销界最为重要的发展。它以美国西北大学教授唐·舒尔茨及其合作者斯坦利·田纳本(Stanley I. Tannenbaum)、罗伯特·劳特朋(Robert F. Lauterborn)在1992年出版的全球第一部专著《整合营销传播》为标志，成为20世纪90年代营销理论最为重要的发展之一。同时，整合营销传播理论作为一种实战性极强的操作性理论，也得到了企业界的广泛认同。根据美国广告公司协会(American Association of Advertising Agencies，4A)对整合营销传播所下的定义，"整合营销传播是一个营销传播计划概念，要求充分认识制定整体计划时所使用的各种带来附加值的传播手段——如普通广告、直接反应广告、销售促进和公共关系，并将之结合，提供具有良好清晰度、连贯性的信息，使传播影响力最大化"，可知整合营销传播首先是将广告、促销、公关、直销、CI、包装、新闻媒体等一切传播活动都涵盖到营销活动的范围之内；其次，更为重要的在于，整合营销传播将与企业进行市场营销有关的所有传播活动以统一的传播资讯传达给消费者，突出整合营销的核心思想在于营销传播的一元化策略，即"用一个声音说话"。整合营销传播的最终表现就是基于品牌核心价值，通过全方位、多维度的跨媒体营销传播方案与工具，建设清晰的品牌形象，实现与竞争品牌的有效区隔。

网络空间维度与平台站点数量正在以日新月异的速度发生变化。由于网络平台站点的大量膨胀，在目前的营销传播环境下，网络空间的传播信息严重超载，受众的注意力开始大幅削弱；同时，网络受众的在线行为日益呈现出明显的个性化与多样性，任何一种媒体有效涵盖的受众都变得越来越少。根据网络空间的深度衍化与网络受众变化轨迹的发展特点，基于互联网实施整合营销传播并将原有的着力于线下的整合营销传播理论进行线上平移已是大势所趋。在这一背景下，企业的营销传播行为必须与时俱进，树立基于网络的整合营销传播理念，充分利用网络在信息传播深度、速度、广度等方面的优势，全面塑造与传播统一清晰的品牌理念和品牌信息。此外，基于网络的整合营销传播还要注重与离线的整合营销传播相互统一。这也意味着,围绕企业品牌的全面整合营销传播包括:离线的整合营销传播;在线的整合营销传播;离线与在线相互统一的整合营销传播。

营销传播的主要常规工具包括广告、销售促进、公共关系、直复营销和人员推销。本章针对的是网络营销传播,主要涉及网络广告、网络销售促进、网络公共关系与网络直复营销。如果从网络营销传播目标的角度考量上述4种传播工具,则网络广告、网络公关关系更适于建立长期的品牌认知度和品牌美誉度,而网络销售促进、网络直复营销更适于短期的鼓励与刺激商品和服务的交易行为。

9.2 网络广告

1994年10月27日是网络广告史上的里程碑,美国著名的杂志*Hotwired*推出了网络版并首次在网站上推出了网络广告,这立即吸引了AT&T等14家客户在其主页上发布旗帜广告,这标志着网络广告的正式诞生。中国的第一个商业性网络广告出现在1997年3月,传播网站是ChinaByte,广告表现形式为468像素×60像素的动画旗帜广告。Intel和IBM是国内最早在互联网上投放广告的广告主,我国网络广告一直到1999年初才初具规模。历经多年的发展,网络广告行业经过数次洗礼已经慢慢走向成熟。

网络广告即基于网络平台,利用网站上的广告通栏、文字链接、富媒体等方法,由赞助商发起的针对产品与服务的非人员展示和促销。它是在互联网上刊登或发布广告,通过网络传递到互联网用户的一种广告运作方式。

网络广告是实施网络营销的重要环节,互联网作为一个全新的广告媒体平台,已经受到大中小型企业的普遍关注。目前,网络广告市场正在以惊人的速度增长,网络广告发挥的效用显现得越来越重要。就广告而言,网络已经成为与电视、广播、报纸、杂志(传统的四大媒体)平行发展的第五大媒体。

9.2.1 网络广告的优势

与传统的四大传播媒体广告相比,网络广告具有得天独厚的优势,表现在以下6个方面。

1. 广泛的开放性

网络广告可以通过互联网把广告信息全天候、24小时不间断地传播到世界各地,只要具备上网条件,任何人在任何地点、任何时间都可以阅读。另外,报纸、杂志、电视、广播、路牌等传统广告都具有很大的强迫性,而网络广告的过程是开放的、非强迫性的,这一点同传统传媒相比具有本质的不同。

2. 信息的规模性

互联网企业提供的信息容量是不受限制的。在一则网络广告的后面,企业可以把自己的公司以及公司的所有产品和服务包括产品的性能、价格、型号、外观形态等看来有必要向受众说明的一切详尽信息——制作成网页放在自己的网站中。可以说,费用一定的情况下,企业能够不加限制地增加广告信息,这在传统媒体上是无法想象的。传统媒体是二维的，而网络广告则是多维的，它能将文字、图像和声音有机地组合在一起，传递多感官的信息，让顾客如身临其境般感受商品或服务。网络广告的载体基本上是多媒体、超文本格式文件，广告受众可以对其感兴趣的产品信息进行更详细的了解，而消费者能亲身体验产品、服务与品牌。这种图、文、声、像相结合的广告形式将大大增强网络广告的实效。

3. 沟通的交互性

传统的广告信息流是单向的，即企业推出什么内容，消费者就只能被动地接受什么内容。而网络广告突破了这种单向性的局限，实现了供求双方信息流的双向互动。交互性强是网络媒体的最大优势，它不同于传统媒体的信息单向传播，而是信息互动传播。通过网络广告的链接，用户可以从厂商的相关站点中得到更多、更详尽的信息。对于网络广告，只要受众对某样产品感兴趣，轻按鼠标就能进一步了解更多更为详细生动的信息。

4. 实时的可控性

网络媒体具有随时更改信息的功能，企业可以根据需要随时进行广告信息的改动，可以 24 小时调整产品价格、商品信息，可以即时将最新的产品信息传播给消费者。网络广告可以根据客户的需求快速制作并进行投放，而传统广告制作成本较高，投放周期固定。若在传统媒体上做广告，发布后很难更改，即使可以改动往往也需要付出很大的经济代价，而网络广告可以按照客户需要及时变更广告内容。这样，广告主的经营决策变化就能及时实施并推广。

5. 投放的精准性

网络广告可以投放给某些特定的目标人群，甚至可以做到一对一的定向投放。根据不同来访者的特点，网络广告可以灵活地实现时间定向、地域定向、频道定向，从而实现对消费者的清晰归类，这在一定程度上保证了广告的到达率。不同的网站或者是同一网站不同的频道所提供的服务是不同质的且具有很强的分类性，这就为密切迎合广告目标受众的兴趣提供了可能。网络实际是由一个一个的团体组成的，这些组织成员往往具有共同爱好和兴趣，无形中形成了市场细分后的目标顾客群，企业可以将特定的商品广告投放到具有相应消费者的站点。

6. 效果的可评估性

用传统媒体做广告很难准确地知道有多少人接收到广告信息。通常，传统的广告形式只能通过并不精确的收视率、发行量等来统计投放的受众数量。而网络广告能够进行完善的跟踪并统计和衡量广告效果，它可以详细地统计一个网站各网页被浏览的总次数、每个广告被点击的次数，甚至还可以详细、具体地统计出每个访问者的访问时间和 IP 地址。另外，提供网络广告发布的网站一般都能建立用户数据库，包括用户的地域分布、年龄、性别、收入、职业、婚姻状况、爱好等。这些统计资料可帮助广告主统计与分析市场和受众，根据广告目标受众的特点有针对性地投放广告，并根据用户特点作定点投放和跟踪分析，对广告效果做出客观准确的评估。

网络广告通过及时和精确的统计机制，使广告主能够直接对广告的发布进行在线监控。通过监视广告的浏览量、点击率等指标，广告主可以统计出多少人看到了广告，其中有多少人对广告感兴趣进而进一步了解了广告的详细信息。因此，较之其他任何广告，网络广告使广告主能够更好地跟踪广告受众的反应,及时了解用户和潜在用户的情况。

9.2.2 网络广告形式

网络广告形式包括文字链接、通栏、旗帜、按钮、弹出窗口、信息发布、文字推广、专题制作及推广、悬停、全屏、对联、竖状、超级流媒体、流媒体、画中画、翻卷、频道及频道栏目专题冠名等。以下简单概括部分常见网络广告形式。

横幅式广告:又名"旗帜"广告,是最常用的广告方式。通常以 Flash、GIF、JPG 等格式定位在网页中,同时还可使用 Java 等语言使其产生交互性,用 Shockwave 等插件工具增强表现力。

电子邮件式广告:以电子邮件的方式免费发送给用户,一般在拥有免费电子邮件服务的网站上常用。

互动游戏式广告:在一段页面游戏开始、中间、结束的时候,广告都可随时出现,并且可以根据广告主的产品要求为之量身定做一个属于自己产品的互动游戏广告。

擎天柱广告:这是利用网站页面左右两侧的竖式广告位置而设计的广告形式。这种广告形式可以直接将客户的产品和产品特点详细地说明,并可以进行特定的数据调查和有奖活动。

通栏广告:广告置于整个页面的中部,可以在媒体网站的首页和频道页面刊登。宽屏广告因为被放置在网站的黄金版位上,所以其含金量增加,另一方面由于中位的缘故,访客在浏览页面下端信息时必须接触广告,因此提高了其有效曝光率。

按钮广告:按钮广告也称图标广告,以按钮形式定位在网页中,比横幅式广告尺寸偏小,表现手法也较简单。这种广告形式在互联网主页中非常普通,它可能出现在主页的任何位置。这种图标可能是一个企业的标志,也可能是一个一般的形象图标,甚至可以是动画,点击该图标可链接到广告主的站点上。

对联广告:该广告以我国传统的对联形式发布,通常在网站首页的中部位置,很吸引人们的注意。

文本链接广告:文本链接广告是以一排文字作为一个广告,点击可以进入相应的广告页面。这是一种对浏览者干扰最少,但却较为有效果的网络广告形式。有时,最简单的广告形式效果却最好。

插播式广告(弹出式广告):访客在请求登录网页时强制插入一个广告页面或弹出广告窗口。它们类似电视广告,都是打断正常节目的播放,强迫观看。插播式广告有各种尺寸,有全屏的也有小窗口的,而且互动的程度也不同,从静态的到全部动态的都有。浏览者可以通过关闭窗口不看广告(电视广告是无法做到的),但是它们的出现没有任何征兆,而且肯定会被浏览者看到。

9.3 网络销售促进

销售促进是用礼品或货币的短期刺激促进由生产者向最终使用者的产品转换,它通常包括红包、返现、样品、竞赛、抽奖与奖励等方式。基于互联网的网络销售促进依然是重要的网络营销传播工具之一，具体包括以下 7 种方式。

1. 打折

打折是目前网上最常用的促销方式，在线商家通过商品打折以吸引网络消费者购买其商品，幅度较大的折扣可以促使消费者做出购买决定。

2. 样品或赠品

提供样品或赠品目前在网上的应用不算太多。一般情况下，在推出新商品、更新商品、对抗竞争品牌、开辟新市场等情况下，利用赠品促销可以达到比较好的促销效果。例如，多美滋在新浪网推出过 1000 日抵抗力计划免费大礼包。

3. 网络抽奖

网络抽奖是网上应用较广泛的促销形式之一，是大部分网站乐意采用的促销方式。它是以一人或数人获得超出参加活动成本的奖品为手段进行商品或服务的促销，主要附加于调查、商品销售、扩大用户群、庆典、推广某项活动等。消费者或访问者通过填写问卷、注册、购买商品或参加网上活动等方式获得抽奖机会。图 9-1 是某次网络抽奖的界面。

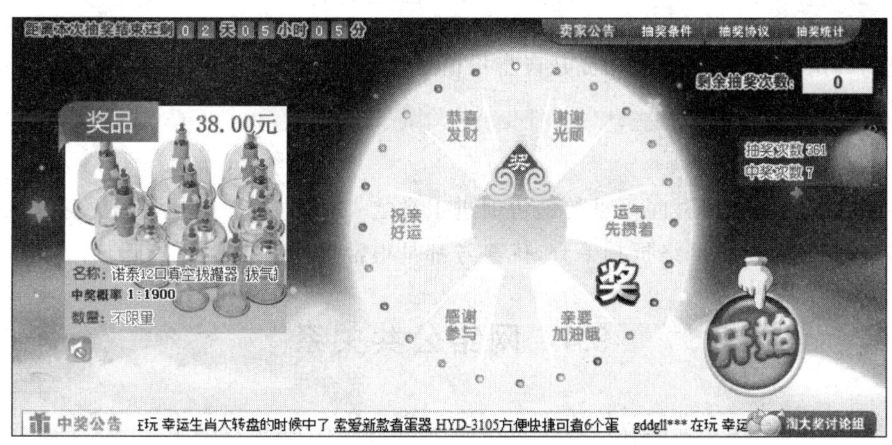

图 9-1　网络抽奖

4. 会员与积分

网上会员积分活动很容易通过编程和数据库来实现，并且结果可信度很高，操作起来相对较为简便。积分促销一般设置价值较高的奖品，消费者通过多次购买或多次参加某项活动来增加积分以获得奖品。此类促销方法可以增加上网者访问网站和参加某项活动的次数，增加上网者对网站的忠诚度，同时提高活动的知名度。

5. 在线游戏

部分网站通过游戏或比赛来拉动流量与交易。竞赛要求参与者具备一定的水平、技能，以赢得礼物或奖品。图 9-2 是苏宁在线游戏。

6. 网上联合促销

由不同商家在网上联合进行的促销活动称为网上联合促销。联合促销的商品或服务

图 9-2 苏宁在线游戏

可以起到一定的优势互补、互相提升自身价值等效应。假如应用得当，联合促销可起到很好的促销效果。

7. 优惠券

优惠券是网络中最喜闻可见的销售促进工具之一。例如，无论是在肯德基官网、麦当劳官网，还是在第三方网络折扣平台，优惠券都是很常见的。

9.4 网络公共关系

网络公共关系是企业通过网络平台开展公共关系活动，即将网络作为平台支持，开展关于品牌传播的信息发布、信息监控、舆论疏导、评估分析等工作，强化品牌的市场公关执行力量。

在网络整合营销传播体系中，网络公关既是信息的深度发布者，又是舆论的监控引导者。例如内容营销公关，它通过专业门户网站等发布与企业营销传播目标相匹配的新闻稿、公关软文等。网络公共关系伴随着网络媒体的发展而受到企业的重视，网络媒体信息的海量性、互动性都使得网络公共关系的双刃性日益明显。一方面，互联网可以为企业构建正面的公共关系形象提供无限的网络平台空间；另一方面，互联网也使得当企业出现公关危机时，针对企业的负面影响迅速地扩大与升级。基于此，网络公共关系成为企业在网络时代开展品牌建设工作的主要组成部分。

9.4.1 网络公共关系的工具

企业构建网络公共关系的工具通常有以下两种。

1. **网站**

每一个组织、公司或者品牌的网站都是一个网络公共关系工具，如同电子手册一样，包括了公司产品、服务、文化等各方面信息。图 9-3 是宝洁(中国)有限公司的官方网站，图 9-4 是佳洁士品牌的官方网页。

图 9-3 宝洁(中国)有限公司的官方网站

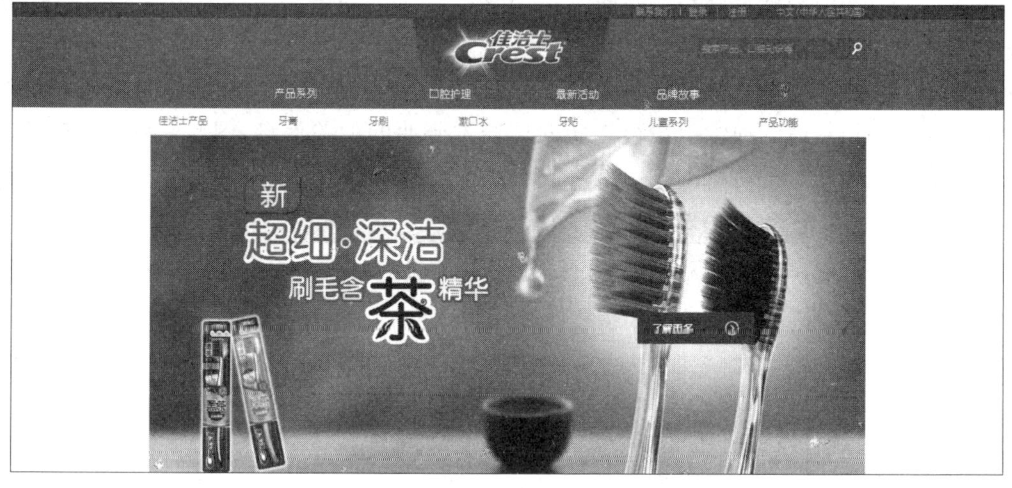

图 9-4 佳洁士品牌的官方网页

美国直复营销协会的研究表明，当营销人员对投资回报率建立更好的理解时，相对于网站推广，他们对于在线网站发展会分配更多的资源。

2. **在线事件**

与线下公关活动相比，网络公关活动主要是指企业在网络上开展或组织的企业公关活动。网络活动的实施平台常见于重要媒体网站、门户网站等。重要媒体或门户网站由于担当着重要的网络信息传播途径的角色，人气比较集中；相对而言，在其平台上组织的各种活动比较容易引起网友的参与和互动。其中，特别是伴随着社会化媒体的兴起，人们也越来越喜欢通过这种社区化的交流分享专业信息与经验，或者组织团购等。而且这些社区的信息由于出自意见领袖，往往对网民的影响比较大，因此企业应该关注利用网上社区的形象公关以及有关社区的信息或活动对企业的影响，并采取相应的对策。

企业有重大事件发布时，可联系相关网络媒体或站点进行合作，同期举办网上新闻发布会或设立新闻专题，向更广泛的受众全面传达企业信息。网络信息容量大，不受篇幅限制，同时兼有音频和视频等效果，并可即时与网民受众互动。因此，网上的新闻发布会可达到更佳的公关效果。例如，2017 维秘大秀。

9.4.2 网络公关舆情监测

由于互联网的内容可以在任何时间、任何平台上产生，其中的部分内容可能对公司及品牌产生负面影响，所以，企业有必要跟踪并监测与企业或品牌相关的网络信息。企业开展网络公关舆情监测时，可以选择专业咨询公司（网站）的新闻监测或者独立开展。如果企业选择独立开展，由于互联网平台碎片化，不可能去访问所有站点，所以选择适宜的监测工具或平台可以取得事半功倍的效果。对于工具而言，这里以谷歌快讯（Google Alerts）为例。谷歌快讯是一项免费工具，参考站点是 http://www.google.com/alerts。谷歌快讯能够提供在 Google 的各种渠道上发现的最新结果，包括新闻、评论、视频、讨论等，如图 9-5 所示。谷歌快讯是根据企业网络公关监测目的进行查询，以电子邮件形式提供最新相关谷歌搜索结果（网页、新闻等）的更新。企业只要输入需要关注的搜索查询，系统就会显示您将收到的搜索结果类型的预览，如图 9-5 所示。对于站点而言，这里以社会化媒体“新浪微博”为例。微博是一个网络社会化渠道，是听取人们对品牌与企业评价的理想场所。利用微博的搜索引擎可以实时监测本企业的相关信息，图 9-6 所示是在新浪微博搜索框中输入“淘宝”后的显示结果。

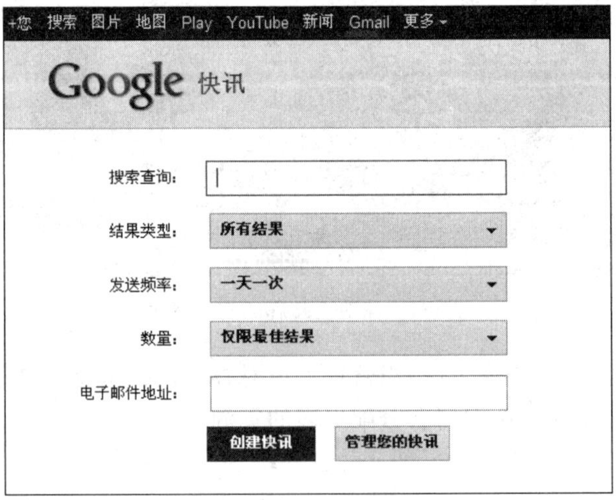

图 9-5　谷歌快讯

图 9-6 利用微博实时监测本企业的相关信息

此外，企业开展网络舆情监测不仅需要监测来自竞争对手或自身产品及运营的问题，而且需要监测来自企业内部的员工。其中舆情监测包括：对外监测，及时监测媒体、供应商、消费者及其他产品受众对企业品牌和产品的反馈情况；对内监测，管理员工、企业高管、重要领袖人物的微博言论，准确把握敏感内容，注意用词准确恰当。

9.4.3 网络危机公关

在 Web 2.0 时代，网络已经成为企业危机的触发器与放大器。在网络的作用力下，精英媒体时代转向草根媒体时代，来自网络的企业危机一触即发，例如强生婴儿卫浴用品涉毒、康师傅水源门与万科捐款门等。网络危机公关是指利用互联网对企业品牌形象进行公关活动，尽可能地避免在搜索企业的相关人物、产品和服务时出现负面信息。企业实施网络危机公关时，需要着重围绕以下三个层次展开。

第一，厘清问题的症结和相关的利益群体。当网络中出现引起关注的负面报道时，企业应该立即启动网络危机应对方案，及时找出危机源头与症结。例如，王石捐款门是因为公众对其捐款数额的不满及言论的愤慨。网络事件传播的一个特点在于，容易扭曲事实真相并以过激言语刺激各个相关群体的不同反应，冲突双方的关联人往往只会看到对自身有利的一面并予以反击。这个时候，对于反对意见不能一味地阻止，而应该尊重个人意见，允许不同意见者发声。

第二，企业应该勇于承担责任，公正还原事件真相。当企业危机出现后，应该勇于承担，因为在危机公关中，"态度决定结果"。公关传播考虑的是如何影响人的心理。现代人都有很强的自我意识和消费者至上理念，如果危机公关采用一种强势的宣传姿态去表达，会很容易激发人们的反感；反而放下架子，真诚沟通，会使人们对企业或品牌产生好感。

要知道，网络不像传统媒体，网络中的个体也有信息传播权和舆论批评权，网络的长尾效应使个体左右舆论的能力可以与传统媒体匹敌。

第三，品牌形象的修复。2008 年 5 月 12 日 14 时 28 分，在四川汶川县发生了里氏 8.0 级地震，波及中国多个地区，造成严重的人员和财产损失。家乐福当天在第一时间采取紧急救援措施，决定向受灾地区捐赠人民币 200 万元，作为第一批救灾资金。而在此之前，刚刚发生过由于奥运圣火在巴黎的遭遇所引发的在中国线上与线下的“抵制家乐福活动”，家乐福在中国区的业务受到了相当的影响。而此时，家乐福通过向受灾地区的捐赠活动必然可以对品牌形象进行修复。

9.5 网络直复营销

根据美国直复营销协会的定义，直复营销(direct marketing)指与消费者或企业用户的直接沟通，目的在于从对方获得订单，使对方索取更多的信息(潜在客户生成)，或者逛商店或到其他交易地点来购买具体的产品或服务(产生流量)。网络直复营销包括电子邮件、短信息与即时通讯三种方式。

1. 电子邮件

电子邮件一直是企业向客户发送促销信息的最佳方式之一。根据 Forrester 市场调研公司的报告显示，94%的企业仍然投资于电子邮件活动；此外，在 B2B 市场中，电子邮件是最常使用的营销工具，84%的受访企业都会使用。相对于邮政邮件，电子邮件的优势表现在：第一，没有印刷与邮寄成本。普通邮件的印刷与邮寄成本加起来为几元左右，而电子邮件的成本几乎为零。第二，电子邮件的即时性与便利性使得其可以快速地将企业的促销信息、客户服务信息等方便快捷地传递给企业客户。第三，精准的个性化定制。随着知识管理与客户关系管理在营销领域的深入研究与实践，企业可以通过对客户数据的分析与挖掘，利用电子邮件个性化地满足客户需求。例如，当艺龙旅行网的一位客户在网上检索某一旅游目的地的宾馆信息时，通常稍后就会收到艺龙旅行网的与目的地宾馆相关的电子邮件。

2. 短信

短信 (Short Message Service，SMS)指用户通过手机或其他电信终端直接发送或接收的文字或数字信息，用户每次能接收和发送短信的字符数是 160 个英文或数字字符或者 70 个中文字符。短信可以由个人移动通信终端(手机)始发，也可由移动网络运营商的短信平台服务器始发。短信的优势表现在：第一，成本低廉。短信的发送成本极低，特别是当短信的发布规模足够庞大时，短信的成本优势更为明显。第二，发送通道畅通。无论是个人终端还是短信平台，都可以做到点到点的短信投入，发送到达率高。同时，统一的发送也确保了告知信息的精确度。第三，内容设计简便。可以根据发送方的需求自主撰写相关的文字内容，设计灵活，修改方便。

3. 即时通讯

即时通讯(Instant Messaging，IM)指可以在线实时交流的软件，即通常所说的在线聊天工具。即时通讯是一个集图像、声音、视频与文本等功能为一体的在线聊天工具。在线聊天工具可以有效提高网民的黏度与使用频度，在企业的官网及第三方平台网站上使用即时通讯工具进行在线交流会引导对产品或服务感兴趣的潜在客户主动和在线商家进行深度沟通，提高交易的可能性。即时通讯工具主要分为三类：第一是通用性即时聊天工具，以 QQ、MSN、Skype 为代表，应用范围广，用户多。第二是专用型即时通讯工具，主要应用于某一垂直网络领域，以阿里旺旺为代表。第三是嵌入式即时通讯工具，应用于企业网站在线咨询，是传统的呼叫中心与网络的结合。美国 BaseX 的研究发现，如果采用在线服务手段（如即时信息等），则购物车被放弃的比例可以降低 20%。

思考题

1. 以新浪网为例，分析新浪网的各种网络广告形式。
2. 选择淘宝商城的若干店铺，分析店铺的网络销售促进类型。
3. 基于一家淘宝店铺，设计其网络直复营销计划。

第四篇

社会化媒体营销

第10章 社会化媒体营销基础

学习目标

- 认识社会化媒体的概念、特点与类型；
- 掌握社会化媒体营销的内容与策略。

如果你读过博客，访问过人人网，观看过优酷视频，浏览过网易相册或点击过新浪微博，就会明白上述站点为我们所说的社会化媒体。社会化媒体正在走进我们的日常生活。如今，我们的离线生活与在线生活已经完全融合在一起，成为电子商务时代的一种全新体验；人们的在线行为已经不再局限于一些门户媒体网站，而是越来越多地向微博、SNS等社会化媒体站点转移。

【案例10-1】 博主带给戴尔的烦恼[①]

戴尔电脑以其高质量的设备、直接分销模式和优质的客户服务一直深受美国用户的认可。然而，在2005年6月戴尔却表示出其谦卑的姿态。事情是这样的，有位戴尔的客户名叫Jeff Jarfvis，是位颇具影响力的博主，当他的笔记本电脑发生故障后，他通过博客对戴尔的"令人震惊的"客户服务表示了不满。在发表了几篇帖子后，戴尔对他的多项帮助请求仍然置之不理，Jarfvis感到很失望。最后，他在博客上给戴尔公司CEO写了一封公开信。这篇帖子在很短时间内就被浏览100 000多次，并且很快有超过700条的评论，很多评论都是来自那些从戴尔公司得到较差客户支持服务的人。在媒体披露此事后，戴尔终于联系了Jeff并为这台有问题的机器退了款。然而，更重要的是戴尔接下来的反应，它最终表示了对博主和社会化媒体参与者的支持，而不是忽略他们。在Jarfvis事件之后，戴尔决定开设一个Direct2Dell博客，用于听取用户的声音。2007年2月，戴尔建立了IdeaStorm. com站点，用于收集戴尔计算机用户的建议和反馈，戴尔根据用户意见来确定客户希望从戴尔得到什么。

10.1 社会化媒体

社会化媒体是近年来出现的概念，大致上指的是"能互动的"媒体，博客、论坛、社交网络、内容社区都是具体的实例。

---

① 选自《正在爆发的营销革命：社会化网络营销指南》，第29～30页。

10.1.1 社会化媒体

社会化媒体(social media)能够以多种不同的形式来呈现个人观点，是一种给予用户极大参与空间的新型在线媒体，是一个能让人们彼此之间分享意见、见解、经验和观点的工具和平台。社会化媒体把以往媒体一对多的传播方式改变为多对多的“对话”。

社会化媒体具有以下特征。

1. 参与

社会化媒体可以激发感兴趣的人主动地贡献和反馈，它模糊了媒体和受众之间的界限。

2. 公开

大部分的社会化媒体都可以让人们免费参与其中，鼓励人们评论、反馈和分享信息。参与和利用社会化媒体中的内容几乎没有任何的障碍。

3. 对话

与户外、平面、广播、电视等传统媒体相比，传统媒体以“播出”的形式将内容单向传递给受众，而社会化媒体则具有双向对话的特质。在这个传播网络中，每个人既充当了传播的节点，同时自身也是被传播的内容。任何人都可以创造内容，任何人看到任何一个信息都可以轻松地转发、分享、添加评论。

4. 社区化

在社会化媒体中，人们可以很快地形成一个社区，并以摄影、政治或者电视剧等共同感兴趣的内容为话题进行充分的交流。

5. 连通性

大部分社会化媒体都具有强大的连通性，通过链接将多种媒体融合到一起。

6. 内容创造

在社会化媒体出现以前，创造内容并传播给受众的权利掌握在那些拥有内容制作设备和工具的人或者组织手中；换句话说，传统媒体掌握着这一切。随着网络和信息技术的出现，人们创造自己的图片、文字、视频和音频等内容变得越来越容易。社会化媒体最大的特点是赋予了每个人创造并传播内容的能力。

10.1.2 社会化媒体类型

目前的社会化媒体主要包括博客、社区、社交网站、论坛、视频网站等，如图 10-1 所示。

1. 博客

博客，又称为网络日志，是社会化媒体广为人知的一种形式。博客是一种通常由个人管理、不定期张贴新文章的网站。博客上的文章通常根据张贴时间，以倒序方式由新到旧排列。许多博客专注在特定的课题上提供评论或新闻，其他则被作为个人的日记。一个典型的博客结合了文字、图像、其他博客或网站的链接，大部分的博客内容以文字为主，仍

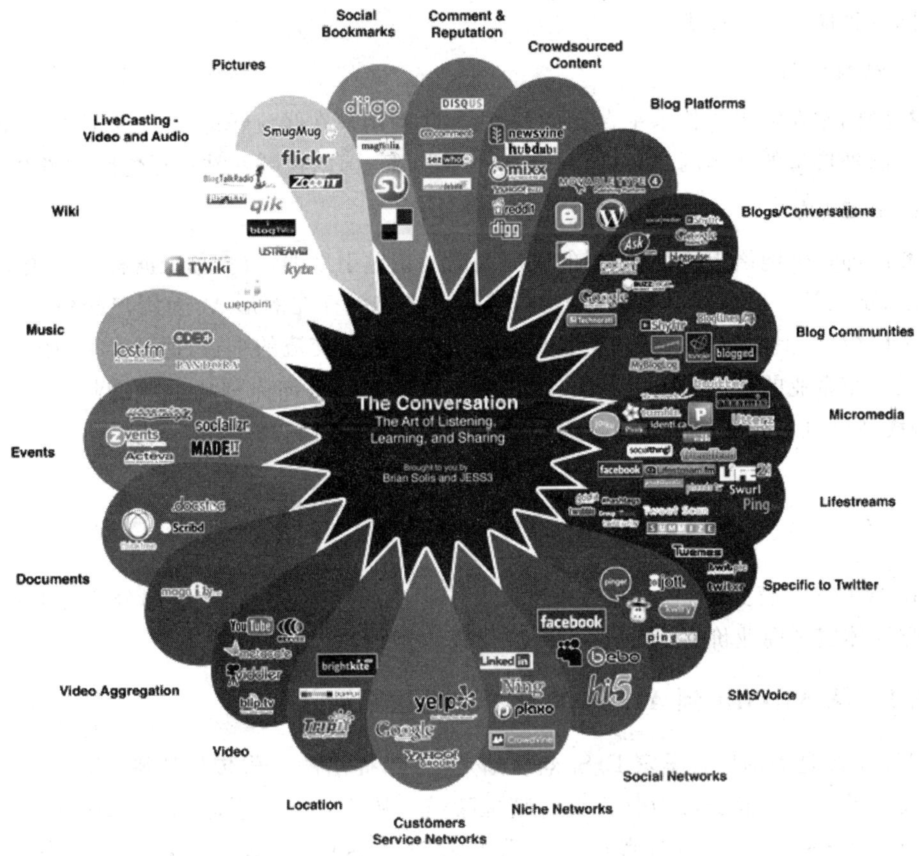

图 10-1　社会化媒体主要类型

有一些博客专注艺术、摄影、视频、音乐、播客等各种主题。

2. 微博

微博是一个基于用户关系的信息分享、传播以及获取平台，用户可以通过 Web、WAP 以及各种客户端组建个人社区，以 140 字左右的文字更新信息并实现即时分享。最早也是最著名的微博是美国的 Twitter。根据相关公开数据，截至 2017 年第三季度，Twitter 该季度的月活跃用户数为 3.3 亿。2009 年 8 月，中国最大的门户网站新浪网推出新浪微博内测版，成为门户网站中第一家提供微博服务的网站，微博正式进入中文上网主流人群视野。

3. 社交网站

社交网站(social network site)就是依据六度理论建立的网站。人们可以在这类站点上建立个人的主页，在朋友之间分享内容并进行交流。著名的社交网站有国外的 Facebook、Myspace 和国内的开心网、人人网等。

4. 百科站点

百科站点就像一个公共数据库，人们可以在上面添加内容或对现有的内容进行修订和增补。最著名的百科站点是维基百科，维基百科作为一本在线的百科全书，仅英文资料就超过 150 万篇文章(国内维基百科做得比较好的有百度百科、互动百科等，百度知道、新浪爱问等也应该归为此类)。

5. 视频网站

视频网站在完善的技术平台支持下,让互联网用户在线流畅地发布、浏览和分享视频作品。国外典型的视频网站包括 Youtube、Hulu 等,国内视频网站包括优酷和爱奇艺等。

6. 社区(论坛)

社区即一个网络板块,指不同的人围绕同一主题引发的讨论,如天涯社区。类似的还有论坛、贴吧等。论坛又称 BBS,是互联网诞生之初就存在的形式,为用户提供一个公共的电子白板,在上面发布信息。企业利用论坛这种网络交流的平台,通过文字、图片、视频等方式发布企业的产品和服务的信息,从而让目标客户更加深刻地了解企业的产品和服务,最终达到宣传企业的品牌和加深市场认知度的目的。

10.2 社会化媒体营销概述

在 Web 2.0 背景下,社会化媒体的发展日新月异。在此基础上,部分企业开始利用社会化媒体实现商业价值,从而引发社会化媒体营销。

10.2.1 从 AIDMA 到 AISAS 的营销传播法则演化

AIDMA 是美国广告学家 E. S. 刘易斯 1898 年提出的广告传播法则,百年来为亿万广告人提供了一个消费行为分析的清晰框架——从广告信息引起注意(Attention)到产生兴趣(Interest),再到消费者产生需求与欲望(Desire)并潜在地在头脑中保留记忆(Memory),最后产生购买行动(Action)。这个曾经在传统媒体时代被奉为经典的理论如今在 Web 2.0 时代被重新解构。在 Web 2.0 时代,有效的营销法则演化为 AISAS,即企业塑造创意吸引受众注意(Attention),激发受众参与的兴趣(Interest),然后受众开始搜索相关信息(Search)。随着信息的积累、信心的提高,受众开始参与行动或者采取购买行动(Action),最后产生购买分享(Share)。在全新的营销法则中,两个具备 Web 2.0 特质的 S——Search(搜索)和 Share(分享)的出现充分体现了互联网对于人们生活方式和消费行为的影响与改变,如图 10-2 所示。

图 10-2 AIDMA 法则与 AISAS 法则的比较

以下基于传统媒体环境下的 AIDMA 营销传播法则与 Web 2.0 时代的 AISAS 法则，对营销传播理论的演化进行对比分析。

1. 用户需求经过激活、存储、释放三个环节

在以电视、报纸为主导的传统媒体时代，广告传播以单向传播为主，即使用户的需求被一次广告接触所激发，但用户一般无法立刻了解更新信息，更无法直接采取行动(电视购物除外)。被广告所激发出来的需求首先是被存储起来，直到这种需求积累到一定程度或是受到强烈的外部刺激才会释放出来。

在 Web 时代，搜索引擎是一个至关重要的环节。用户的需求一旦在网络上被激发，其第一反应会是通过搜索引擎查找相关的信息和评论。在了解足够的信息后，诸多的电子商务平台又为用户创造了更便捷的直接行动的机会。从理论上看，在 Web 时代，用户从接受广告刺激到采取行动的速度会更快。

然而，还有一个关键点就是，传统媒体对用户的注意力具有独占性的优势，信息被动接受；在新媒体环境下，网民有太多的选择机会，众多的网站分流了网民有限的注意力，而且整个网络浏览过程都是自发自主的过程。

2. 重复传播，记忆导向

在 AIDMA 模式中，用户购买行为之前的重要一环是记忆，包括产品、品牌的记忆和用户需求的记忆两个方面。一个重要广告的诉求点就是用户记忆，要创造出一些能够引起用户回忆的场景和关键词。在广告策略上就是重复，重复，再重复。一般会通过同一个广告的重复播放增强用户的记忆力，激发需求，刺激购买。回想一下，“今年过节不收礼，收礼只收脑白金”、“恒源祥，羊羊羊”等就是采取这样的策略。

在传统媒体环境下还有“7 次印象理论”，即一个广告看过 7 次以后才会被记住，那么在这 7 次中可能是第 1 次引起关注，第 2、3、4 次诱发兴趣，第 5、6 次产生渴望，第 7 次记住了这个品牌；重复刺激往往是传统广告的必然选择。在 Web 时代，人们的信息获取状态不再是简单的送达，而是需要在海量的信息中主动去寻找。因此人们每天会面对海量的信息，要引起人们的注意很困难，要让人们产生记忆也是很困难。

在 Web 环境下，用户的感官需求更加多样和敏感。对于品牌广告而言，在广告投放期，如果广告形式没有一些变化和创新，则很难打动消费者去关注和点击。用户不会也不愿意记住太多的广告信息，最多会对某个关键词有些印象，用到时搜索一下即可。因而，在网络广告的投放过程中，变化的形式中还需要保留一个恒定的记忆点。

3. 单向传播，购买导向

在 AIDMA 模式下，用户完成购买后，整个传播过程就算完成。达成订单是广告传播的最终目标；并且在 AIDMA 模式下，反馈渠道的缺失也无法对用户的每次信息接触行为进行跟踪监测。但在 Web 2.0 的环境下，传播的过程被再次扩展。AISAS 中分享购物体验和心得成为又一个重要环节。一方面有越来越多的渠道让网民分享自己的购物体验，不仅仅是网络商城中的用户点评，而且还有专门的网络社区，类似于点评网；另一方面用户的评价已经成为网民选购产品的重要标准，以往购物往往只能听到厂商或是销售人员的一面之词，如今更多的评论建议共同构成了一个逐劣择优的良性机制。

综上所述，相对 AIDMA 模式，Web 2.0 的营销多出了一个搜索和分享的环节，因此需要解决几个问题：网民主要是从何处搜索、网站是否为用户提供了足够便利的分享渠道以及有多少用户在站内分享。

10.2.2 社会化媒体营销的概念

社会化媒体营销是利用社会化网络、在线社区、博客、百科或者其他互联网协作平台和媒体来进行营销、销售、公共关系处理以及客户服务、维护和开拓的一种方式。一般的社会化媒体营销工具包括论坛、微博、博客、SNS 社区、图片和视频分享等。

平台、内容与互动是社会化媒体营销的三大关键问题，具体表现在三个方面。第一，如何做到让消费者触手可及。为此，企业需要建立多种渠道让企业和企业粉丝可以通过多种方式进行互动，例如国外的 Twitter、Myspace、Facebook 和国内的微博、人人网、百度空间等。第二，给消费者想要的信息或好处。为此，要创建大量有价值的新闻事件、视频、微博和博客等来吸引关注，并能够自然地演变成"病毒性"内容。因为病毒性传播不需要购买广告位，而是用户自发传播。第三，让消费者与品牌或产品产生联系。为此，企业与用户展开对话，社会化媒体营销不是由企业进行控制，它允许用户参与和对话，并且要求全员参与，同时尊重用户。

1. 博客营销

简单来说，博客营销就是利用博客这种网络应用形式开展网络营销。博客营销是一种基于个人知识资源(包括思想、体验等)的网络信息传递形式。开展博客营销的基础是对某个领域知识的掌握、学习和有效利用，并通过对知识的传播达到营销信息的传递。企业可以创建自己的企业博客，或者可以在专门的博客网站上开设自己的营销博客等。博客不仅可以让自己将一些零星的想法及时记录起来，同时也让一些还仅仅处于构思阶段的观点和想法提前释放出来。一些作者利用博客发布和自己企业有关的信息，表现出良好的营销意识，也体现了博客平台的潜在网络营销价值。

2. 社交网站营销

社交网站发展很迅速，如国内的人人网、开心网一鸣惊人。SNS 营销也随之迅速发展，由于其传播速度快、效率高，所以成为网络营销的新贵。以朋友、同学等关系为基础的社交圈可以形成巨大的口碑营销场所，消息传播的速度快，营销效果很容易达到；SNS 网站的用户群相对比较固定，而且可以掌握详细的用户资料，无论是广告投放还是推广都可以最大限度地达到目标。

以人人网、开心网为例，SNS 营销的主要方式有两种：第一种，自从人人网开发出公共主页之后，有众多的名人、媒体和企业加入其中，用户可以成为其粉丝和好友，关注其动态。这就是在培养深度的用户群体，一方面扩大自身的影响力，另一方面可以通过用户之间的口碑传播，吸引更多的用户，加深用户黏度；第二种，目前有多家公司将他们的产品和广告植入 APP 游戏中，如伊利牛奶成功地把营养舒化奶植入"人人餐厅"小游戏里；王老吉更是开发出"王老吉庄园"；"纯果乐"则是植入"阳光牧场"。让用户在玩游戏的过程中一步步地了解其产品，这种营销推广比传统营销更加精准有效。

3. 论坛营销

论坛营销已经成为网络营销中的一个重要部分，这来源于企业界对论坛营销这种模式的认可。企业除了利用其他网站的论坛开展营销之外，如果有自己的网站，那么也可以建立自己的在线论坛，为网络营销提供直接渠道和手段。

论坛营销的主要作用有如下 6 点。

第一，可以与访问者直接沟通，容易得到访问者的信任。如果你的网站是商业性的，你可以了解客户对产品或服务的意见，访问者很可能通过和你的交流而成为真正的客户，因为人们更愿意从了解的商店或公司购买产品；如果是学术性的站点，则可以方便地了解同行的观点，收集有用的信息并有可能给自己带来启发。

第二，为参加讨论或聊天，人们愿意重复访问你的网站，因为那里是和志趣相投者聚会的场所，除了相互介绍各自的观点之外，一些有争议的问题也可以在此进行讨论。

第三，作为一种顾客服务的工具，利用 BBS 或聊天室等形式在线回答顾客的问题。作为实时顾客服务工具，聊天室的作用已经得到用户认可。

第四，可以与那些没有建立自己社区的网站合作，允许使用自己的论坛和聊天室。当然，那些网站必须为进入你的社区建立链接和介绍，这种免费宣传机会很有价值。

第五，建立了论坛或聊天室之后，可以在相关的分类目录或搜索引擎中登记，有利于更多人发现你的网站，也可以与同类的社区建立互惠链接。

第六，方便进行在线调查。无论是市场调研，还是对某些热点问题进行调查，在线调查都是一种高效廉价的手段。在主页或相关网页设置一个在线调查表是通常的做法，然而对多数访问者来说，由于占用额外的时间，大都不愿参与调查，即使提供某种奖励措施，参与的人数可能仍然不多。如果充分利用论坛和聊天室的功能，主动、热情地邀请访问者或会员参与调查，参与者的比例一定会大幅增加，同时通过收集 BBS 上顾客的留言也可以了解到一些关于产品和服务的反馈意见。

4. 视频网站营销

在国内视频网站（优酷、爱奇艺等）的推动下，随着电信运营商的带宽不断扩充，视频逐渐成为人们互联网应用的基础应用。一些制作精良的视频广告很受观看者的喜爱，以至他们主动地将这种快乐传播给身边的朋友。因此，这种具备传播效应的视频对广告主来说可谓效果极好。同时，由于人们 80% 的信息来源于视觉，而视频的播放在短时间内让人们聚焦在上面，因此传播效果体现得相当理想。我们知道，当用户对一件产品有需求的时候，商家可以通过视频帮助消费者发现需求，让其产生购买欲望，而获取消费者的重要手段就是发掘消费者的潜在需求。

5. 百科词条营销

随着百科词条的影响力越来越大，利用百科词条来做网络营销或许会蔚然成风，这样也使网络营销多了一条通道。百科词条可以由无数人添加、完善内容，使词条更丰富、合理、专业，更有实用性。百科词条是一个公开的百科全书，阅读者众多，更重要的是，阅读者是有意识、有目的地搜索阅读；也就是说，是有需要才去阅读的，这使词条的曝光概率更大。创建与产品相关的词条，或者寻找相关的词条实施编辑，在其参考资料处列出自己网站相关产品的链接，从而增加网站具有针对性的流量，最终实现产品销售的目的。

此外，利用词条营销还需要注意以下几点。

第一，词条创建者会对他熟悉或擅长的领域的关键词（词条）进行创建，并且不止创建一个词条，通常会创建相关联的一组词条。这使得阅读者感觉编撰这些词条的人就是这一领域的专家，可增进阅读者（客户）的可信度。

第二，每个词条都会有创建者的名字（真名或笔名），而根据这个名字可以找到词条创建（编撰）者的有关资料和联系方式。

第三，通常情况下，词条编撰者都会有意识或是无意识地把自己原创的对该词条的理解编辑上去，甚至在参考资料里链接自己原文的地址，这样就等于把自己的信息通路进一步扩大。当然，为了有效营销，最好是有意把自己的信息链接或者把自己的关键词嵌进去。

第四，编辑词条是一个互动的过程，通过编辑某个（某系列）词条，可以使所有编辑者形成一个某专门领域的互动圈。另外，还可以和在该词条下留言的客户（准客户）互动，以增加商业合作的机会。

10.2.3　社会化媒体营销的目标

社会化媒体营销目标包括以下 9 个方面。

1. 社会化媒体推动企业信息透明化

社会化媒体比以往任何一次技术革新都更能够促进企业的协作精神，从而使得所有的公司和组织都能够处于公众的监督之下。企业对社会化媒体的积极性越高，其透明度也就越高。例如，惠普的员工博客计划使得外界能够更好地洞察惠普的内部状况。沃尔玛等公司甚至还邀请客户来撰写博客。在未融入社会化媒体之前，大型企业很难与用户进行互动，也就无法获取反馈。而现在，用户可以直达企业高层。除此之外，所有的企业面对环境问题、产品标准以及消费者和员工权益等时，也不得不更加慎重。

2. 社会化媒体能提升产品质量

社会化媒体使得所有消费者都可以针对产品发表评论并提出批评，因此厂商的产品必须有过硬的质量。产品质量不过关的厂商将会被曝光并最终失败。社会化媒体的存在使得优秀的产品能够获得自己用户和粉丝的追捧。星巴克、戴尔和宝洁都采取了这种模式，听取用户的意见和反馈，并借此创造更好的产品。大型企业对此越积极，就越能促进这种模式的发展。

3. 社会化媒体可以提供优秀的客服渠道

美国维珍航空公司（Virgin America）利用 Twitter 提升与强化客户服务。如果客户对航班存在任何问题，只需要在 Twitter 上向维珍的客服人员求助即可。这种前瞻性与创新性的客户服务可以有效提升企业与客户的双向关系。

4. 消费者可自主控制社交关系

消费者可以主动自由地选择是否需要加入企业的社会化媒体站点，甚至关注企业员工的社会化媒体站点;是否加入完全由企业的消费者自主控制。这与传统媒体产生了鲜明的对比,在传统媒体中,客户完全无法控制自己与大型公司之间的关系。

5. **大型企业可借助社会化媒体提供有趣的资讯**

如果某些品牌希望通过社交平台来发布视频且做法得当,那么消费者就可以从中获得资讯。例如,可口可乐公司在其博客上发布公司发展史,耐克公司在 YouTube 上发布足球视频。

6. **增加网络站点的流量**

每一种社会化媒体站点都有自己相应的偏好受众人群。企业建立社会化媒体站点后,每个站点能够直接增加各自流量,乃至间接增加相关官网、平台站点的相应流量。

7. **提高品牌知名度**

知名品牌在社会化媒体领域通常具有较高的参与度与知名度,而且多数社会化媒体平台都支持与鼓励这种参与。例如,新浪微博的企业版本就是引导企业实施微博营销的平台导向。企业通过网络空间构建社会化媒体站点,能够持续地进行内容投放与更新,并直接提升企业的品牌知名度。

8. **提高产品或服务的销售**

社会化媒体通过运作与更新可以有效提高产品或服务的销售。随着社会化媒体的衍化深入,越来越多的人在购买产品或服务决策时会利用社会化媒体平台查找收集针对产品或服务的相关信息,如评论、打分等。

9. **提高搜索引擎排名**

成功的社会化媒体营销通过发布精准、持续的主题内容以及可能产生的成千上万的链接,能够有效提升企业社会化媒体站点的排名。此外,如果网络中有关企业的负面评论在搜索引擎中的排名很高,那么可能会对企业的品牌知名度与美誉度产生负面影响。客户在考察你的产品后,可能会选择购买竞争对手的产品。所以,通过社会化媒体营销可以有效压低负面结果的排名,提升正面的以社会化媒体为代表的搜索引擎排名。

10.2.4 社会化媒体营销的策略

在互联网时代,无论是传统企业还是新经济企业,只要是致力于电子商务的企业,都可以充分利用社会化媒体实施社会化媒体营销。《正在爆发的营销革命:社会化网络营销指南》一书的作者 Tamar Weinberg 这样定义社会化媒体营销:"本质上,社会化媒体营销就是听取消费者在社区中的意见并认真地做出回应;同时,它还意味着评审内容,或者找到特别有用的内容,并在整个网络社区中推广这些内容。社会化媒体营销的首要原则是正确地对待社会化媒体,认识到我们的用户为什么来到这里并且学会如何认识这些平台、参与这些平台、使用这些平台作为营销手段。"

社会化媒体营销策略包括以下 10 个方面。

1. **秉承开放、透明、自然、真诚的营销理念**

社会化媒体倡导透明与开放。但是,对于社会化媒体,企业通常都存在疑虑。企业担心开放并引入社会化媒体平台之后，客户说企业的坏话该怎么办，如何应对提出负面或反对意见的客户，传统理念下，企业对用户口碑和意见反馈的处理原则一直是：最好没人给我提意见，即使提意见最好给企业写信，而不是到互联网上到处评论、发帖。在 Web 2.0 的背景下，可以说这仅仅是企业的一厢情愿，因为企业的社会化媒体迟早要面向网民，遮盖和躲避都是暂时的、无效的。企业经营者确实需要一种胸怀和战略，打造开放、透明、创新的商业模式。如同开源代码一样，Linux 通过网民的共同协助和内容分享，促进了其快速升级，如果仅仅依赖一个公司，那么 Linux 就不会这么可靠、流行。社会化媒体的本质在于真实与自然，因此企业的社会化媒体营销的策略之一在于传播真实与自然的信息。如果企业在整个营销活动期间没有以诚相见，那么往往最终会被客户发现并加以抨击。如果企业运营过程中出现了问题或纰漏，企业能积极主动、开诚布公地认错致歉将充分体现社会化媒体营销的核心优势。

【案例 10-2】 缺乏透明度：爱德曼公司策划的沃尔玛宣传

2006 年，沃尔玛设计了一个名为 Wal-Marting Across American（沃尔玛美国之行）的博客。这个博客的幕后故事是记述两位美国工薪阶层的人环游美国的旅程，他们每天在沃尔玛的停车场过夜。

那么问题在哪儿？此博客并不是沃尔玛的作品。实际上，它是一个伪博客，是由沃尔玛请的公关公司——爱德曼公司策划的。

当 Wal-Marting Across America 博主的身份被发现后，双方都惨遭公共关系的失败。到处都有博主和新闻帖子表示对参与者的怀疑，并引述与口碑营销伦理有关的问题。最初在沃尔玛的这次促销策略中被雇用的两位博主遭到指责，而且他们的参与活动遭到密集的调查，但最后这些指责转移到沃尔玛和爱德曼公司身上。

现在，Wal-Marting Across America 博客已经不复存在。

2. 分析目标受众

企业需要审视产品及服务的目标受众。谁可能购买我的产品或服务，是女性顾客还是男性顾客，是老年人还是年轻人，企业需要研究这些人群，并查明如何通过社会化媒体营销活动获得最大回报。诸如，目标顾客偏好什么样的社会化媒体平台与工具，目标顾客喜欢阅读什么类型的内容。以阅读内容为例，律师可能习惯于读一些详细的研究论文，相反年轻人更喜欢带有大量图片并且标题吸引人的内容。准妈妈可能需要图文并茂的内容来了解胎儿在子宫里的发育。通过分析目标受众，企业就可以建立起基本的认识，即选择哪些社会化媒体站点、应该为目标用户群提供什么风格和类型的内容。

3. 沟通对话

在传统媒体中，对话是单向的，企业是演讲家，客户是听众。现在环境发生了变化，企业面对一个由数百万人组成的社会化媒体，他们既能促进营销，也能抑制营销。因此，社会化媒体营销本质上具有社会性，它是一种双向对话。品牌、公司和消费者都可以站在平等的地位进行表达与沟通。品牌与客户之间的力量存在一个平衡。此外，企业需要积极地与客户沟通对话，特别是通过与抱怨者对话，可以使得对方感到受到特殊的待遇，甚至可以转化为忠诚客户。在 Web 2.0 背景下，企业和用户的交流更加便利，可以说只要企业有诚意，就可以充分利用多个社会化媒体站点与客户对话。个别情况下，部分社会化媒体营销者只有在需要制止反对者发表言论的关键时刻才会出现，这样就等于放弃了社会化媒体的沟通特性。

此外，利用社会化媒体沟通对话的优点是更加亲民化，企业和用户有情感层面的交流，用户更容易找到反馈的渠道。基于情感的纽带，加上朋友圈的口碑传播，可能形成"病毒"传播，塑造积极、良好的虚拟品牌形象。同时，从微观层面来看，企业还是需要耗费大量的人力资本和时间成本。这是一个无法避免的营销传播矛盾。企业需要平衡商业利益和投入成本，一方面照顾到用户的体验，另一方面也会给企业增加太多的时间和人力的投入。

4. 持续并有节奏地更新

社会化媒体营销最为常见的问题之一是企业初期兴建了大量的社会化媒体站点。随着时间的推移，由于人力、精力、资金等原因企业初期兴建的大量或部分社会化媒体站点逐渐陷入无人维护的境地。社会化媒体需要长期持续地建设与维护才能产生相应的效果。因此，企业在建设社会化媒体过程中，关键并不在于一段时间内的高强度投放，而在于注意保持有节奏的更新。

5. 联系意见领袖

在 Web 2.0 背景下，意见领袖在线上领域实现商品或服务推广的过程中具有举足轻重的作用。例如，2005 年 Sumo Iounge(一家"豆袋椅"公司)的 Andrew Milligan 遇到一个营销难题。苦于没钱做广告推销产品，他联系了很多博客，问他们是否愿意在站点上评论他的产品。在三年时间里，他将产品寄给了大量的博主，这些博主利用他们的个人 Web 空间讨论此产品。最终公司从濒于破产发展成拥有数百万资产，这直接归功于博主及他们对产品的评论。

6. 创意导向

创意也可以提升产品的知名度。例如，Bllendtec 曾是一个名不见经传的搅拌机品牌。它通过挖掘创意，将一只 iPhone 手机投放到其搅拌机中并录制整个搅拌过程，最后投放到网站。该视频获得了大量的点击，Bllendtec 一跃成为美国知名的搅拌机品牌。

7. 树立与整合品牌

基于社会化媒体平台，企业从品牌的角度树立并整合品牌。首先，企业需要在微博、博客、视频、论坛等众多社会化媒体平台建立企业站点或空间，并从用户名、账户、头像、域名等方面突出品牌形象。同时，鉴于企业在多个社会化媒体平台中的广泛分布，还有必要塑造统一标准的品牌形象，以实现品牌整合。例如，运用整合营销传播的理念对色彩、广告语、标识、内容等进行规范化与标准化的界定。

8. 共同创造

Web 2.0 时代是一个用户生成内容(UGC)的时代，成功的社会化媒体营销应该把内容交给用户。用户生成内容可以从维基百科、百度百科、百度贴吧等众多平台中得到印证。

Web 2.0 的环境注重调动用户生成内容的积极性与创造性，让用户更多地参与到企业经营中来，这样的用户生成内容(UGC)模式可以为企业提供许多有益的思路和顾客反馈。

9. 利他主义

以利己主义为导向的社会化媒体是没有出路的，站点一味地推销自己的站点与内容只会适得其反。社会化媒体应以利他主义为导向，围绕其他人感兴趣或有益的主题与内容来更新推进。随着时间的推移，这样的社会化媒体站点或成为公认的权威，或成为难以割舍的品牌站点。

思考题

基于某个商业或非商业组织构建一社会化媒体平台站点，并尝试实施社会化媒体营销。

第11章 微博营销

学习目标

- 理解微博的含义、特点与功能；
- 掌握企业微博的创立、建设与运营；
- 掌握企业微博营销策略。

11.1 微　　博

微博提供了这样一个平台，你既可以作为观众，在微博上浏览你感兴趣的信息，也可以作为发布者，在微博上发布内容供别人浏览。发布的内容一般较短，例如140字的限制，微博由此得名。

11.1.1 微博的概念

微博的概念在10.1.2节已经介绍。中国的本土化微博于2007年出现，代表者为饭否、叽歪等。2009年8月以中国最大的门户网站新浪网推出“新浪微博”内测版，成为门户网站中第一家提供微博服务的网站为标志，微博正式进入中文上网主流人群视野。此后，腾讯、网易、搜狐相继推出自己的微博产品。

微博已发展成为一个重要的社会化媒体。这主要体现在：其一，微博成为网民获取新闻资讯、人际交往、自我表达、信息分享及社会参与的重要媒介；其二，微博成为公共舆论、媒体传播、企业品牌和产品推广的重要平台。众多知名人士、企业和公益性组织已经尝试在微博上开展形式多样的营销与推广活动。

11.1.2 微博的特点

微博是目前流行最广的一种Web 2.0背景下的社会化媒体平台，它以信息数字化技术为基础，采用文字、图片、音频和视频等多种表现形式，将数字技术、互联网技术和移动通信技术紧密地融合。因此，在内容的原创性、用户交流的互动性、传播的实时性等方面，微博显现出博采众长的独特优势。通过与论坛、博客、社交网络等社会化媒体平台的比较，可以较为清晰地挖掘出微博在传播方式、内容形式、发布渠道、关系模式、即时互动方面所具有的传播快、门槛低、操作易、互动强等特点。

1. 即时性

微博提供的关注功能使用户更新的信息同时出现在用户本身的主页和关注者的主页

上。此外，微博的发布形式多样，允许用户通过短信、电子邮件甚至是社交网络（例如Myspace）等多种形式直接更新信息；同时微博又与手机、IM、iPad等诸多即时通讯工具实现无障碍对接，这都大大提高了微博的即时性，相应地也使得微博营销呈现出即时性的特点。企业可以通过微博即时发布有关品牌、产品、企业的信息，与微博用户实现实时在线沟通。微博上真实的声音能帮助企业迅速接触消费者心理，了解消费者对产品与品牌的偏好动态，即时搜索并掌握这些信息，形成自有数据库。此外企业还可以及时获取并处理用户的问题及反馈，一旦出现舆情还可以迅速做出相应的公关反应。

2. 低门槛

简单就是最好，直接就是有效。由于人们的时间越来越紧张，因此以微博的简洁形式突出重要内容开始成为一种日益普遍的选择。微博的字数限制使广大草根用户和以前擅长写长篇的博客专家用户站在了同一水平线上。输入的低门槛使得企业在进行营销时，相比博客营销要节约更多的时间和精力。微博的低门槛还表现在它是免费开放给所有公众的，企业只要提供完整资料都可以注册微博。但是低门槛不等于低成本，企业进行微博营销时的投入不仅有活动成本，还有人力成本。人力成本是一个很难被量化的指标，因此很多企业往往会忽略这一点。

3. 精准性

长久以来，活动参与度低一直是网络营销的瓶颈，究其原因在于参与活动需要改变用户的网络行为，而企业活动的参与方式一般比较复杂。微博的出现由于符合现代网民"快餐化"的阅读习惯，加上微博的关注功能允许用户主动关注自己感兴趣的某个企业、品牌或企业领袖的微博，使得企业不必费心寻找就有很多粉丝自动找上门来。对某品牌有正面体验评价的用户会成为企业信息传播的免费媒体，帮助企业把希望传播的信息迅速地传播给众多与其拥有相同品牌偏好的群体，这也使得企业微博的受众定位表现出精确的特点。

例如，中关村理想国际大厦周边的大小饭馆也在微博上开设了账号，一到午饭时间，新浪的员工就会@一下他们，完成订餐。饭馆会经常更新店里的菜式和价格信息，简单的操作就能换来精准的到达率和极高的转化率。他们的粉丝、评论、留言虽然不多，被@的次数也有限，但其粉丝的精准性极高，每被@一次就有可能完成一笔订单。

4. 互动性

互动性是微博营销的最大特点。微博是一个随时随地交流的平台，企业可以借助情感化的语言与关怀，与客户建立长久的良性关系，同时将品牌的价值和理念"润物细无声"地植入客户的潜意识中。微博具有@、评论、话题、私信等功能，增加了企业与客户之间的互动，更有利于与客户沟通。在每条微博中可以加入@、话题、链接等信息，以简短精练的微博内容吸引客户的眼球，使客户能通过评论或私信参与其中，增加企业与客户之间的互动，促进企业与客户的沟通。

5. 亲和性

微博是一种社区网络平台，企业在这样的平台上可以通过发布微博、发起活动等方式与潜在客户进行互动联络，由此可能引来一些较为珍贵的客户粉丝（如粉丝中的意见领袖)，其重要性有时甚至超过主流媒体。微博使企业不再显得高高在上、触不可及，与客户的直接交流使客户更了解和亲近企业。由 Twitter 的起源可知，T 的本意即唧唧喳喳，你一言我一语。这是一个纯口语的网络平台，出现时远不如官方的博客来得正式，甚至在大多数人中，使用 T 完全是在浪费时间，毫无实用价值。但是，它贴近生活，与生俱来的亲近感是它的特征之一，这一特征用于商业领域就可以拉近企业与用户的距离。网站是外衣，博客是毛衣，微博就是内衣。你在微博上写我吃顿饭是正常的，但你在博客上这样写则是不正常的。

6. **公开性**

企业通过微博第一时间发布公司的内部活动等信息，使客户产生信任。以前客户了解企业大多通过一些媒体通道，往往真实性有待商榷。微博的平台为企业打造了说真话的渠道，企业通过微博第一时间发布企业动态，让客户拥有能及时知晓企业信息而产生信赖的感觉。这种公开的方式不仅可以杜绝媒体肆意炒作的情况，而且可以在遇到不良传言时通过微博第一时间予以澄清，更有利于企业树立诚信的形象。

7. **扩散性**

基于微博的即时性特点，企业一旦发布能引起粉丝感兴趣的话题就能在较短的时间内迅速蔓延网络社区，有利于病毒式营销。但同时也因为即时性的特点，往往一次宣传存在的时间不长，需要长期反复宣传促进。

11.1.3 微博的功能

国内微博发展到现在，从单纯地模仿 Twitter 到根据国内用户需求创新，其功能正日益完善。不同类型微博的功能略有不同，这里仅以新浪微博为例进行介绍。

1. **发布功能**

发布功能即用户可以用表情、图片、视频、话题、音乐等形式发布信息。

2. **转发功能**

转发功能即将喜欢或关注的内容一键转发到自己的微博，转发功能是发布功能的延伸。

3. **关注功能**

关注功能即选择喜欢或感兴趣的用户进行关注，随即成为其粉丝，之后所关注用户的微博信息可随时随地被粉丝所接收。

4. **评论功能**

允许对其他用户发布的微博进行评论，这点与 YAhoo!、Meme 等国外微博不同，是根据国内用户习惯而设计的。

5. **收藏功能**

收藏功能即用户可以收藏自己认为有价值或需要暂存的任意信息。

6. **搜索功能**

搜索功能即用两个 # 号，中间加上某一关键字，如输入 # 情人节 #。发出微博后，点击＃情人节＃，即可搜索到微博平台中关于情人节的所有微博信息。

7. 私信功能

私信功能即用户可以向关注自己的粉丝发私信。私信没有字数限制，还可以保护收信人和发信人的隐私。

8. 微博@功能

微博@功能即用户可以在@后面加上其他用户的名字，该用户所发布的信息就会告知给被@的用户。在微博菜单中点击“@我的”，也能查看到提到自己的话题。

11.2 企业微博建设

根据新浪微博与CIC联合发布的《2011新浪微博白皮书》，截至2011年2月底，新浪微博上的企业微博账号粉丝数超过7亿（未排重），排重粉丝数近1.7亿，平均每个企业微博拥有的粉丝数超过5000个，56％的新浪微博用户至少关注1个企业微博。同时，根据《财富》杂志发布的2011年500强榜单，共143家世界500强企业开通新浪微博，占总数的29％；国内方面，共207家中国500强企业开通新浪微博，占比达到41％。可见，在Web 2.0时代，企业微博已经得到越来越多的企业的关注。

11.2.1 企业微博的创建

企业微博更适宜企业开展微博的运营与营销，以新浪微博（新浪微博已于2014年3月28日正式更名为微博，weibo.com）为例，新浪微博为企业提供视频、图片、投票、公告、标签等附加功能。

1. 申请企业微博账号

微博作为一个社会化媒体平台，也和博客、人人网等一样，能够在一定程度上进行个性化创建。在个性化创建过程中，主要遵循的步骤是：第一，选择一个匹配企业名称或品牌的微博名，力求选择一个简洁、易记、富有含义的名字；第二，上传微博头像。微博头像代表着企业的形象，因此设计差异化、创新性的微博头像会给客户耳目一新的感觉；第三，设置微博域名。微博域名如同企业官网在微博平台的再现，和微博名一样，域名同样需要简洁、易记与富有含义；第四，申报微博企业平台，填写企业资料；第五，上传企业营业执照与彩色扫描件。

2. 申请企业微博，获得企业主页

企业拥有新浪微博账号后，接下来的工作是申请企业微博，获得企业主页。

（1）登录新浪微博账号后进入认证页面（http://weibo.com/verify），选择企业官方认证，如图11-1所示。

（2）根据页面提示填写企业相关信息，在线上传企业认证资料，确认提交申请。

11.2.2 企业微博的主页设计

企业微博主页是基于微博平台针对企业用户需求而设计的综合展示页面。企业主页

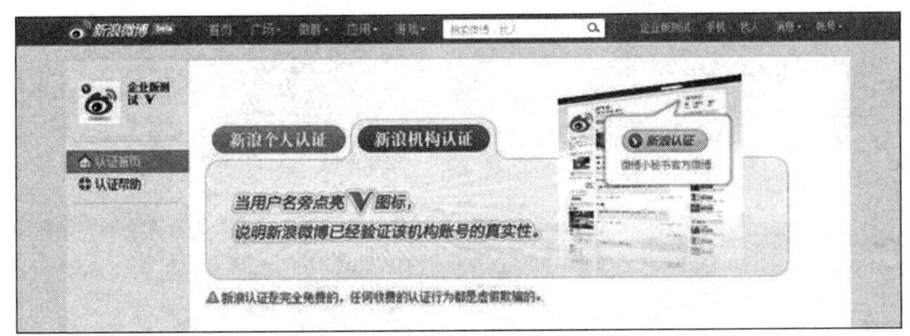

图 11-1　认证页面

上包含昵称、头像、关注数、粉丝数、微博数等固定模块，以及公告栏、友情链接、领导人/员工列表/子品牌等个性化信息模块和地图、留言板等应用，如图 11-2 所示。

图 11-2　企业微博主页

1. 企业导航

企业导航是为方便企业和用户在不同模块之间的选择和切换以及拓展更多企业主页信息而提供的模块。导航栏中的内容包括企业微博官方应用，如地图、留言板、相册等及其他第三方应用，如图 11-3 所示。

2. 公告栏

公告栏是提供给企业展示告知性内容的文字模块，位于企业主页左侧边栏的固定位置，可让内容更容易被用户注意。企业可以利用公告栏模块放置告示性文字，如通知、活动信息等，如图 11-4 所示。

3. 友情链接

友情链接是提供给企业添加网页或网站相关链接的模块，位于企业主页左侧边栏。

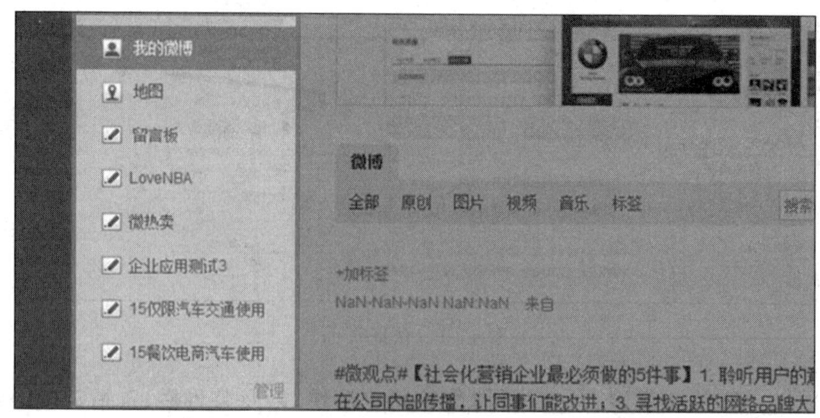

图 11-3 企业导航

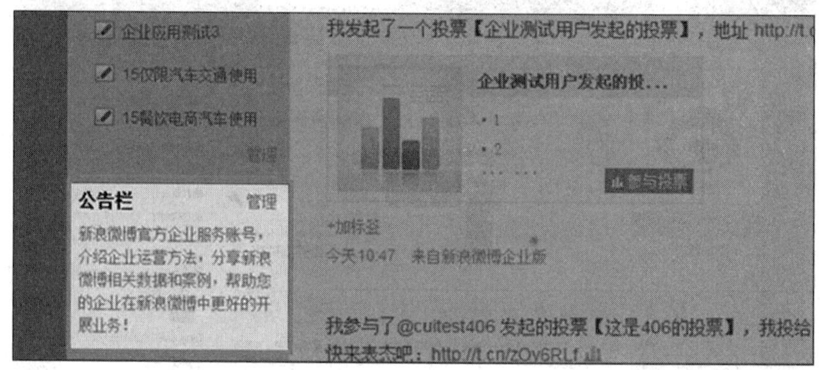

图 11-4 公告栏

企业可在友情链接模块中添加企业官网地址及其他信息的相应链接，如图 11-5 所示。

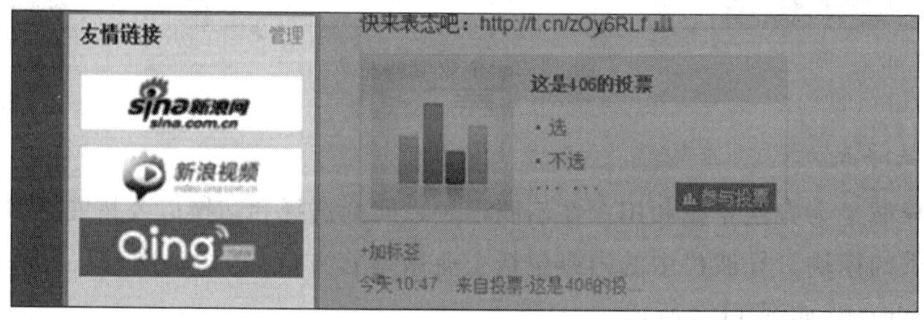

图 11-5 友情链接

4. 焦点区

焦点区是提供给企业放置焦点图片或焦点视频的模块。它位于主页上方的最中心位置，属于页面的焦点区域，信息更容易在浏览时被用户看见，图片及视频的形式也更容易吸引用户关注，如图 11-6 所示。

图 11-6　焦点区

5. 微客服

微客服是提供给企业更精细地管理客服类别及工作时间的模块，位于企业主页右侧边栏。企业可以在模块中设定客服的相应类型及相应的服务时间，以便用户更好地与企业联系及进行客服信息的管理，如图 11-7 所示。

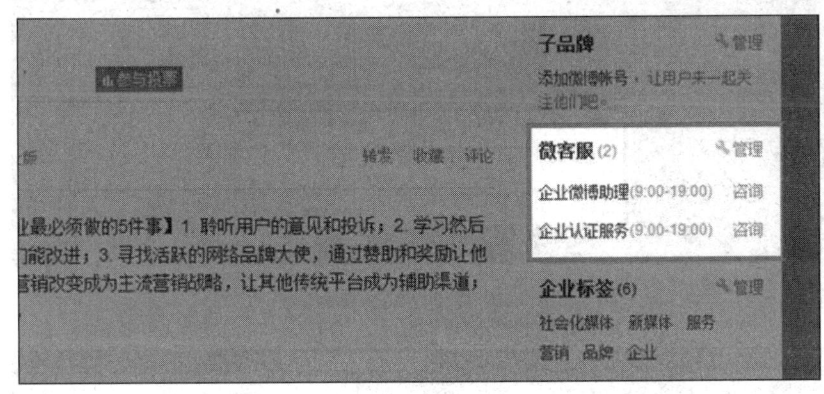

图 11-7　微客服

6. 领导人/员工列表/子品牌

领导人/员工列表/子品牌是企业微博提供给企业推荐领导人、员工、子品牌微博的模块，位于企业主页右侧边栏。企业可利用模块推荐领导人、员工或相关品牌的微博账号，如图 11-8 所示。

7. 留言板

留言板具有供用户给企业留言的功能，用户可以在企业主页中以文字、表情和图片等方式发布留言，如图 11-9 所示。

8. 地图模块

地图是用于展示企业位置的模块。企业可以使用地图模块在地图上以坐标的形式显示企业的地理位置信息，如图 11-10 所示。

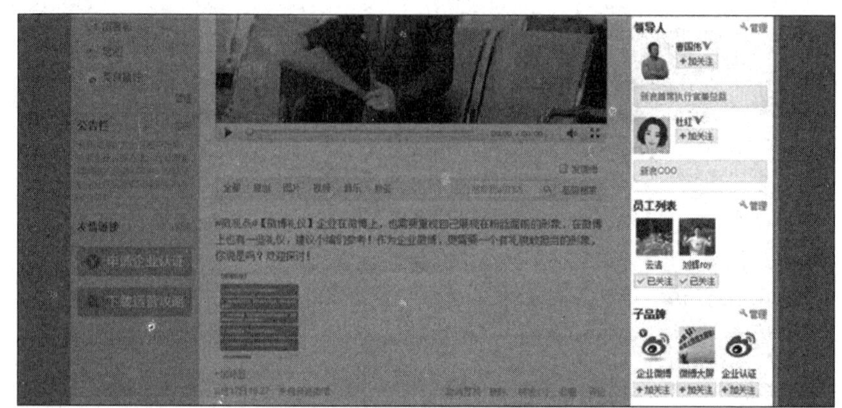

图 11-8　领导人/员工列表/子品牌

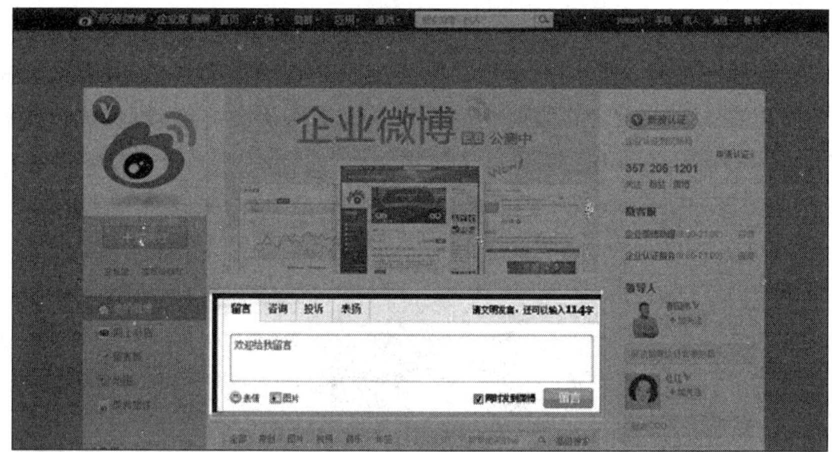

图 11-9　留言板

图 11-10　地图模块

11.2.3 企业微博的运营

企业微博的运营可以根据若干途径展开。以下基于新浪微博平台，对企业微博平台运营的部分频道与内容进行分析。

1. *广场*

广场包括名人堂、微博达人、风云榜、微话题、微直播与大屏幕等，如图 11-11 所示。其中，微直播是依托于微博平台，通过汇集微博上来自各方面的实时信息，全方位展现大型活动进程的直播平台。在微直播中，普通网友也能通过参与现场播报，投身活动之中。大屏幕又称微博墙，是在展会、音乐会、婚礼现场等场所展示特定主题微博的大屏幕。大屏幕上可以同步显示现场参与者发送的短信和网友发送的微博，使场内外观众能够第一时间传递和获取现场信息。

2. *微群*

微群是微博群的简称，是微博推出的社交类群组产品。微群能够聚合有相同爱好或者相同标签的网民，将所有与之相应的话题聚拢在微群里面，让志趣相投的朋友们以微博的形式更加方便地进行参与和交流，如图 11-12 所示。

图 11-11 广场

图 11-12 微群

3. *应用*

应用包括相册、微音乐、微活动、投票、微数据等。其中，微活动是企业微博在新浪微博上免费发布的活动，如图 11-13 所示。微活动包括同城活动（有具体时间地点、有组织、可多人参加的线下活动）、线上活动（网上盖楼发帖、传照片、小游戏、测试等）和有奖活动（有一定中奖概率，可为获奖者提供物质奖励的活动，包括大转盘、砸金蛋、有奖转发和其他有奖活动）三种。通过合适的微活动，可以迅速提高企业微博的人气，如增加粉丝和转发量，让更多人参与并关注企业微博。

微数据主要涵盖企业账户的“粉丝”“关注”“帖子”和“影响力”等数据分析，能够全面地解析账号的粉丝性质、关注人数性质以及原创帖子热门程度，综合反映出该账户的影响力情况，如图 11-14所示。以影响力为例，影响力包含传播力、覆盖度和活跃度三个技术指标。在影响力的三个技术指标中，每篇博文平均被转发、评论的次数和人数越多，证明企业的传播力越强；当天登录的粉丝数和与企业互动的粉丝越多，覆盖度越高；更为积极主动地发博、转发、评论或者私信好友聊天则表明活跃度更高。

图 11-13　应用

图 11-14　微数据

11.3　企业微博营销

企业实施微博营销可以获得意想不到的价值回报。下面介绍企业微博营销的理念、特点、用途以及实施等。

11.3.1　微博营销的概念

微博营销指个人与组织运用微博这种网络应用工具，借助于各类微博平台并结合微博的传播特性进行市场营销、品牌推广或公共关系维护等活动的一种营销手段。伴随着微博的快速发展所带来的无限潜力和巨大商机，国内外众多的品牌企业（如星巴克、戴尔、凡客诚品等企业）先后实施微博营销，并取得不俗的营销效果。而对于相当数量的中小企业，微博营销同样是企业快速提升竞争力的营销手段。

【案例 11-1】　美国新奥尔良比萨店 Naked Pizza

美国新奥尔良比萨店 Naked Pizza 在 Twitter 上开通时，将一块广告牌树立在店面前。新树立的广告牌并非仅在下方喷绘其 Twitter 页面链接如此简单，而是将 Twitter 作为该广告牌的主题：一边是形象生动的小鸟元素，一边是偌大的 Twitter 字样，并链接企业网站 twitter.com/nakedpizza。Naked Pizza 通过 Twitter 向客户们播送打折信息和新品种信息，报告 Pizza 是否已经送出。大家混熟了以后，时不时会聊上两句，相互关心一下。以前 Naked Pizza 每年会花费 6 万美金在直投广告上，2.5 万美金在电子邮件广告上。

现在，他们打算每个月都投入一定的预算来做 Twitter 广告。Naked Pizza 打算在 Twitter 上吸引住在新奥尔良的关注者，对于这些关注者，Naked Pizza 不再需要付出诸如直投邮件这样的费用去与他们保持联系，因为他们都在 Twitter 上。

Naked Pizza 先是用三天的时间找到当地的 Twitter 用户列表，并查看用户信息。方法是在 Twitter 上输入自己的地理位置，即所在的市区和街道地址。同时，他们也了解用户的地理区域，或者是直接搜索相关用户列表。一旦找到用户，就跟着用户，并开始真正的对话。同时，他们也沿用老办法，把自己的 Twitter 账号告诉客户和邻居，在上面进行交流。在他们的平台上，他们与客户开玩笑，发布客户在店内的照片。

到后来，他们干脆拆除了店铺前面标有订餐电话的广告牌，取而代之的是一块以 Twitter 为主题的新广告牌。在他们看来，Twitter 已经成为他们和目标消费者沟通的媒介以及获得相互认同的"暗号"。不是 Naked Pizza 在为 Twitter 免费做广告，而是 Twitter 具备了让 Naked Pizza 心甘情愿将其作为广告"主角"的商业价值。Naked Pizza 的 Twitter 个人主页如图 11-15 所示。

图 11-15　美国餐厅连锁店 Naked Pizza 的 Twitter 个人主页

11.3.2　企业微博营销目标

企业运营微博的主要目标在于品牌建设、公关关系维护、客户关系管理和销售实现等。

1. 品牌建设

企业运营微博可以有效提升企业品牌的知名度与美誉度。微博以其 140 字的文字限制及评论转发的互动方式，使得企业微博的品牌传播比传统工具更为直接，让客户更容易接近企业品牌。有效发布微博可以增加粉丝数量、转发或评论，从而越来越多的人将开始意识到企业微博的存在。如果企业微博持续表现积极，随着内容的充实与粉丝的增加，品牌知名度与美誉度将日益提升。相反，依靠频繁的商业广告发布与内容"灌水"，单纯告知性的粗放宣传反而会损伤企业的品牌知名度与美誉度。

2. 公共关系维护

在社会化媒体平台(特别是微博平台)当中，不管企业是否参与其中，关于企业及其产品的话题都将层出不穷。为此，企业有必要将微博作为在线公共关系的网络平台，建设自己的企业微博主页，分别从在线监测、正面引导与负面应对三个方面开展公共关系。例如，假如你在戴尔公司工作，那么在微博平台上搜索会出现成百上千的直接或间接结果，从而可以获取消费者的实时反馈并了解他们对公司的服务及产品的看法；也可以回复负面的评论。此外，企业也可以通过微博平台展示企业文化与商业运营。例如，企业参与的慈善活动、大型离线活动等通过微博第一时间发布，公司的员工一起参与其中，让粉丝看到一个活跃真实的企业形象，让客户产生信赖感，提高客户忠诚度。

3. 客户关系管理

基于微博平台可以开展客户关系管理。借鉴传统的客户关系管理的 IDIC 模型，公司可以依托微博进行客户服务，充分利用微博的评论、转发、@等功能，深入扩展客户关系服务。企业可以发微博和让客户自由讨论，客户也可以@企业来发表自己的看法。企业可以鼓励客户在购买产品或服务后把他们的使用心得与感悟通过微博的形式展示出来，官方微博会及时转发客户的微博并给予意见或建议。此外，微博还可以有效用于客户的获取。仍以刚才的戴尔案例为例，企业可以监视那些提到竞争对手的词和行业术语的消息，然后找准时机加入这些对话讨论中。在对话过程中，不要显露出销售的意图，这些会使潜在客户产生反感；而要态度真诚地给予客户帮助，提供消费者解决方案，并最终间接从中获利。

4. 实现销售收入

在企业微博平台上，企业可以通过发表微博文字并配以合适的图片，对自身的产品或服务进行推广，直接或间接地实现销售收入。例如，早在 2007 年和 2008 年，戴尔在美国的微博站点就直接贡献超过 300 万美元的营业收入。

11.3.3 企业微博营销策略

企业实施微博营销可以包括(但不限于)以下策略。

1. 立足于微博营销的认识与理解

企业实施微博营销必须基于企业高层的认识与支持，否则单纯由个人或部门随机性建立，微博的持续时间与运营效果就会大打折扣。企业实施微博营销的常见形式是以企业的名义开通官方微博。此外，企业领袖也可以以身作则，开通个人微博；也可以引导鼓励企业的员工广泛开通微博。上述三种方式都有利于企业从广度和深度上开展与品牌及产品相关的宣传和沟通。最后，企业加强微博营销的认识和理解还可以有效解决微博营销的协同问题。企业微博营销是一个涉及多个部门的活动，如果在策划与实施过程中不能站在组织整体角度出发，缺少相关部门的沟通与协作，将会导致微博运营过程困难重重，收效甚微。

2. 科学配置发布时间

以微博为代表的社会化媒体的一个重要性质是企业投入的人、财、物通常不能带来直接的商业利益。为此，微博就会陷入究竟投入多少时间才适宜的问题。科学配置发布时间需要注意微博发布的节奏与时间。第一，保持稳定的发布节奏。企业发布微博总体需要保持一个规律性时间，呈现稳定的发布状态。例如，每天发布若干条信息或每周发布若干条信息。常见的是，微博刚刚开通时，发布信息比较频繁，内容多为原创，甚至还策划系列活动，取得较好的互动效果。但是，随着时间的推移，微博发布信息的周期越来越长，有时甚至几天或几周没有发布信息。第二，注重微博的发布时间。根据《2011 新浪微博白皮书》的公布数据，从 24 小时分布情况看，每天的 9～10 点是企业发博的最高峰，月累计有超过 50 万条微博出炉。但企业微博的互动高峰值却达 11 个小时，从 10 点一直延续到 22 点，月累计每小时达 438 万。23～0 点也是一个小高峰，月累计每小时互动数 280 万。从24 小时态势的分析来看，企业微博互动高峰周期远高于企业微博主动发博高峰周期，企业微博可以在长达 11 小时的互动高峰值阶段增加主动行为，以达到更好的互动效果。

3. 与粉丝的互动，包括评论、转发、私信等

企业实施微博营销的价值一方面在于拥有的粉丝数量，另一方面在于与客户的有效沟通互动，如图 11-16 所示。总体来看，企业微博互动粉丝比可提升的空间还很大，企业微博可通过提高主动活跃行为来提高用户互动积极性；部分企业微博的内容质量较高，尽管微博初期粉丝较少，但积累的都是较为忠实的粉丝，粉丝黏性很强，这样的粉丝更愿意和企业微博进行互动。部分企业认为粉丝的数量决定企业微博的价值，急于求成的企业不惜花费资金投入批量购买“粉丝”、购买“转发”等，短时间内可以积聚成千上万的粉丝。

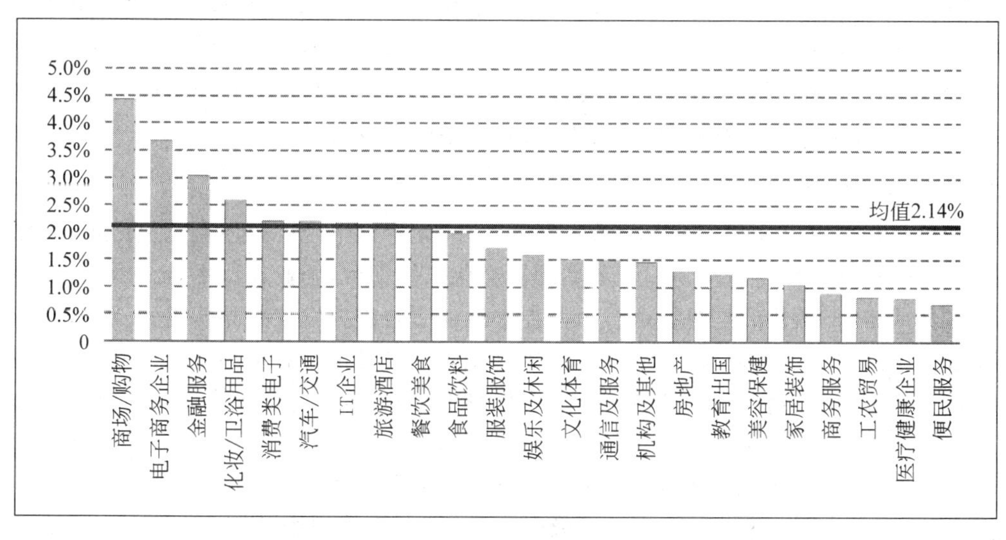

图 11-16　企业微博互动粉丝比行业分布

但是，其中的极大部分的粉丝都不是活跃用户，与企业没有有效互动，形似“僵尸粉”。

4. 实施清晰的微博定位

企业微博经常出现的错误是没有清晰统一的定位。官方微博通常会被企业当作新闻发布栏。例如，大量发布企业如何致力公益事业、企业老板的讲话、企业获得什么样的奖励等信息；或者纯粹频繁地发布产品与服务信息。而上述片面、单一的信息发布由于缺乏生动性、互动性与统一性，在碎片化的网络时代并不能唤起粉丝们的兴趣与共鸣，原本关注企业微博站点的客户最终也会厌倦微博平台的高调官腔与枯燥乏味的信息而选择离开。因此，企业微博必须建立清晰的微博定位，并在这一定位的引领下，持续地更新发布相关信息；随着时间的推移，最终可以塑造出日益清晰的微博定位。例如，一个化妆品企业的官方微博可以定位为美容养颜的站点，其内容包括以美容养颜为核心的美容知识、化妆品推荐、健康生活和买家心得等各个方面。

5. 组建微博营销团队

大多数企业会认为微博是一个低门槛、低成本的营销方式，只要注册账号，弄个头像，每天发点微博就算完事了，事实上真的能为企业带来营销价值的微博营销成本并不低。有专业人士曾计算过，一个最基本的微博团队每月人力成本约在 5 万，还不算日常的营销活动。微博营销可以说是网络营销的集大成者，是最有难度的营销方式，需要运用到广告学、市场营销、社会学、危机公关等诸多知识。细节执行中还会利用到搜索引擎优化、软文、电子邮件营销、客户关系管理等方面的知识。微博昵称的命名以及标签关键字的选择、更新都会运用到 SEO 理论。140 字内容的凝练难度比写一篇软文还要大，一则创意的文案图片堪比一次病毒式营销。面对用户的建议、投诉，如何有效处理好粉丝的评论和私信还需要考验运营人员(团队)的应变公关能力。因此要进行微博营销并不是企业随便找几个人发发文字图片就够的，它需要一个专业的微博营销团队；需要由熟悉微博使用特点及企业品牌的营销团队专门负责。很多企业的微博是外包给公关公司等服务机构运作的，但负责企业微博运作的外包公司在对企业文化、产品特性和目标受众的了解程度上是远远不及企业自己的团队的。如果不是由企业自己运作，恐怕在信息疏导方面会有不足。企业微博存在“冰山现象”，真正决定成败的在“海面之下”，即企业的社会化媒体战略。简单来说，企业需要调整内部流程，吸引人才，建立团队，熟练运用新技术。

6. 开展销售促进活动

营销宣传一直以来都是企业的重大开销之一，无论是电视广告还是路边广告等，都要花费巨额的资金。而微博作为一个新型的社会化媒体平台，企业在该平台开展网络销售，具备了低成本、扩散快的重要特点。销售促进活动通常需要发放奖品所需的资金，但是这些资金由于直接用在客户身上，所以有时比电视等广告营销具有更为直接的效果。而且，这样的营销方式更迎合中小企业资金少、宣传难的特点，可以为中小企业实施营销活动提供有效的支撑。例如，Namechape 是一家域名注册商，2008 年年底和 2009 年年初，它在 Twitter 社区上发起了两次有奖竞答。这家公司的营销专家 Michelle Greer 是 Twitter 的活跃用户，她发现 Twitter 能够成为吸引流量、扩大销售的驱动因素，而且并不需要公司投入大量的资金。于是，该公司发布了一个小型推广活动，在连续的几周之内，每个小时都会问一个问题，回答正确的前三名参与者将会在其 Namecheap 账号中获得 9.69 美元的奖励，这正是购买一个域名的费用。而竞答活动结束后，正确答案最多的参与者将会赢得 iPod 产品。他们的竞答活动非常成功，成千上万的人竞相参与，赢取奖品。Twitter 因此受益，然而最大的受益者却是 Namecheap 公司。在 2008 年 11 月发起的竞答活动中，Namecheap 的 Twitter 跟随者数量增加了 20 倍，新域名注册数提高了 20%。

7. 争做微博意见领袖

企业可以考虑基于微博平台成为某一领域的意见领袖，从而针对这一领域的产品或服务具有发言权和引导权。例如，在国外有一家名叫 52teas 的茶叶公司，他们用 Twitter 这种特殊非常有趣的方式提供茶，在微博上他们每周给茶消费者各种建议，谈论茶经、茶道。在注册 Twitter 一周之后，它卖出的手工茶叶翻了一番。

无论是大型企业还是中小型企业，甚至是微型企业，在微博平台之上都可以充分运用微博的各种功能。通过持久的执行力和正确的营销策略，获取并发展客户，实现营销目标，达到利润和投资回报的最大化。

思考题

1. 创立、建设或运营企业微博。
2. 尝试基于某商业化组织微博实施营销。

第12章 微信营销

学习目标

- 了解微信的概念、特点和功能；
- 掌握微信公众号的创建与管理；
- 熟悉微信营销的概念和目标，掌握微信营销的策略。

12.1 微　　信

2016年11月16日，在浙江乌镇举行的第三届世界互联网大会上，首次举办了世界互联网大会领先科技成果发布活动，腾讯微信凭借其在技术生态、产业生态、社会生态上的创新获得奖项。英国《金融时报》网站2017年8月30日报道，根据母公司腾讯本月公布的季度业绩报告中的数据，截至2017年6月底，微信有9.63亿月活跃用户，同比增长19.5%，环比增长2.7%。在移动互联网时代，微信作为一种新的传播媒介，与我们的生活息息相关。

12.1.1 微信的概念

腾讯公司于2011年1月21日推出了一款提供即时通讯服务的免费应用程序，即微信(WeChat)，它由张小龙所带领的腾讯广州研发中心产品团队打造，腾讯公司总裁马化腾在产品策划的邮件中确定了这款产品的名称为"微信"。在微信中，人们可以通过网络快速发送免费语音短信、视频、图片和文字等。同时，微信也支持使用"摇一摇""附近的人""漂流瓶""朋友圈""零钱通""微信支付"等服务。用户通过上述方式和功能添加好友和关注公众平台，将看到的精彩内容分享给单个朋友或朋友圈，因此微信提供了强大的公众平台、朋友圈和消息推送等功能。微信软件本身完全免费，使用任何功能都不会收取费用，适合大部分智能手机，支持多种语言，以及Wi-Fi、2G、3G和4G数据网络。

不论是在娱乐生活还是文化教育上，微信都变得越来越重要，它成为很多人解决问题的行动指南。由于人们逐渐改变以往使用电脑上网的习惯，而选择使用智能手机上网获取信息与娱乐，集语音、视频、游戏、朋友圈、公众平台于一体的微信凭借着自身优势迅速抢占用户市场，并且已经成为很多人生活中不可缺少的一部分。

12.1.2 微信的特点

随着网络技术的不断发展，越来越多的社交软件出现在大众的视野。与其他社交软件相比，微信的形式更加灵活，操作更加简便，费用更加低廉；其独有的“朋友圈”和新颖的功能（“摇一摇”“漂流瓶”“扫一扫”等）深深地吸引了众多用户，并拥有自己忠诚的“微信粉丝”群体。

1. 功能新颖

微信在自己的产品设计中引入了“朋友圈”“漂流瓶”“摇一摇”“附近的人”以及“搜一搜”等新颖的功能，这些是用户所没有体验过的。微信可以生成自己的赞赏码，接受朋友的打赏；可以通过二维码给身边的人发红包；其自主研发的语音识别技术可以支持语音输入；收藏笔记可以添加项目编号并置顶；微信运动可以查看步数图表等。这些新颖的功能都吸引了很多用户。现如今用户越来越追求新颖独特的体验，这就使得微信的新颖功能受到青睐，使得人与人的交流距离不再是问题，用户可以随时随地找到一个交流的对象。

（1）“附近的人”

微信不存在距离限制，用户可以通过“附近的人”搜索到周围的微信用户，从而扩大自己的人脉，一些商家用户也可以借此推广自己的产品信息。

（2）“扫一扫”

微信用户通过“扫一扫”功能可以直接获取企业相关信息。例如，消费者可以通过扫描二维码实现自助点餐，带来全新的体验和便利的服务；另外，商家通过“扫一扫”赠送小礼品的方式，获取消费者关注，增强企业知名度。

（3）“漂流瓶”

“漂流瓶”也可以作为微信公众号“吸粉”的方式之一。例如，某美容护肤公众平台通过投放“漂流瓶”的方式，使得用户可以免费领取品牌小样，从而获得用户关注。

（4）“朋友圈”

微信朋友圈保护用户隐私，只对互为好友的用户开放可见权限。商家可以利用朋友圈对企业的产品或服务进行宣传，同时消费者也可以利用微信公众平台主动搜索促销和优惠信息。

（5）“零钱通”

零钱通是微信支付的新方式。用户把微信零钱转入零钱通后，不仅能赚取收益，还可以随时消费支付，这类似于余额宝，可以转账、发红包、还信用卡、扫码支付等。

2. 强化社交

微信的使用极大地增强了人们的社交体验。每一个微信用户都拥有一个属于自己的“朋友圈”，用户可以及时地了解自己朋友的动态，并进行点赞与评论。当某一条消息不断地出现，就会形成一个以某个用户为节点，朋友圈之间相互传播的网络。若要结交同行业、同领域、同爱好的人群，可以在线查询相关的微信文章从中了解新动态，或是分享自己的信息给大众。此外，微信的群聊天功能可以实现群内好友一起视频聊天，增强感情。

3. 互动性强

与微博等社交网络不同，在微信朋友圈中，大多都是熟人社交；朋友圈中的大部分人是现实中的家人、朋友、同学、同事关系。圈子的构成方式是建立在双方相互认证的基础之上，联系双方通过朋友圈发布或分享内容，使得圈内的人际互动机会和频率更高。此外，通过游戏中心，朋友之间还可以一起玩游戏，加强彼此互动。目前，作为有效的网络社交平台，越来越多的企业依靠微信与“粉丝”开展个性化和多元化的在线互动，提供更为优质、深度的在线体验。

4. 实用性强

微信已不再是简单的通信应用程序。除了发短信、视频和照片等基本功能，微信还有一些附加功能，如购物、付款、乘车服务和订餐。例如，用户可以随时拍摄或收藏视频分享至朋友圈；使用共享位置，用户可以随时跟踪彼此位置；使用支付功能，可以向好友发送红包或现金转账。

12.2 企业微信公众号建设

微信公众平台越来越受到企业的青睐。企业通过微信公众平台可以向用户推送新闻资讯、产品信息、最新活动、用户咨询和客服服务等，消费者通过微信公众平台可以订阅所需的产品以及服务信息。《微信影响力报告(2018)》显示，截至 2017 年 9 月，微信公众号的注册总量超过 2000 万个，活跃的公众号数量为 350 万个；企业微信的用户数量达到 3000 万，注册企业达 150 万；多数运营者认为微信公众号能够较好地对企业客户进行服务和管理，其中 34%的运营者表示微信公众号帮助他们减少了至少 1/3 的成本。

微信公众号正在逐步成为用户与企业信息交互的有效桥梁。企业通过微信公众号的品牌影响力吸引订阅者，从而提高品牌知名度。以下将对企业微信公众账号的创建、设计与管理进行具体介绍。

12.2.1 企业微信公众号的创建

企业微信与个人微信不同，个人微信只需要实名认证及手机短信息验证即可成功注册，而企业微信则需要相对复杂的流程。

1. 申请材料

材料包括企业微信公众号的名称、4～120 字符的功能介绍、可执行公众号激活的邮箱、申请人微信(公众号运营者微信均可)、银行卡和企业营业执照原件及复印件等。

2. 公众号注册

用电脑浏览器搜索“微信公众平台”(如图 12-1 所示)，点击进入微信公众平台官网(https://mp.weixin.qq.com)，点击“立即注册”按钮(如图 12-2 所示)。

点击“立即注册”按钮后，会弹出需要选择注册账号类型的页面。注册账号的类型包括服务号、订阅号、企业微信(原企业号)和小程序四种(如图 12-3 所示)。

订阅号或服务号的注册需要经历 4 个步骤：填写基本信息→选择账号类型→信息登记→填写公众号信息。

步骤一：填写基本信息。

点击账号类型中的任何一项，会弹出需要填写邮箱地址和申请的公众号的登录密码的页面。填写邮箱地址，点击“激活邮箱”，作为登录账号的邮箱会接收到邮箱验证码，输

图 12-1　搜索“微信公众平台”

图 12-2　点击“立即注册”按钮

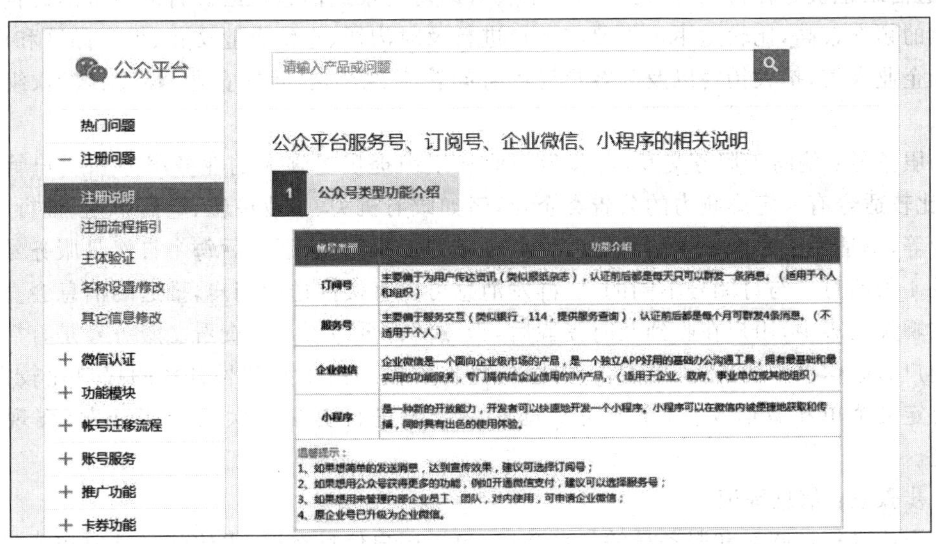

图 12-3　公众平台服务号、订阅号、企业微信、小程序的相关说明

入验证码和设置密码后即可进入账号类型选择页面。

步骤二：选择账号类型，如图 12-4 所示。

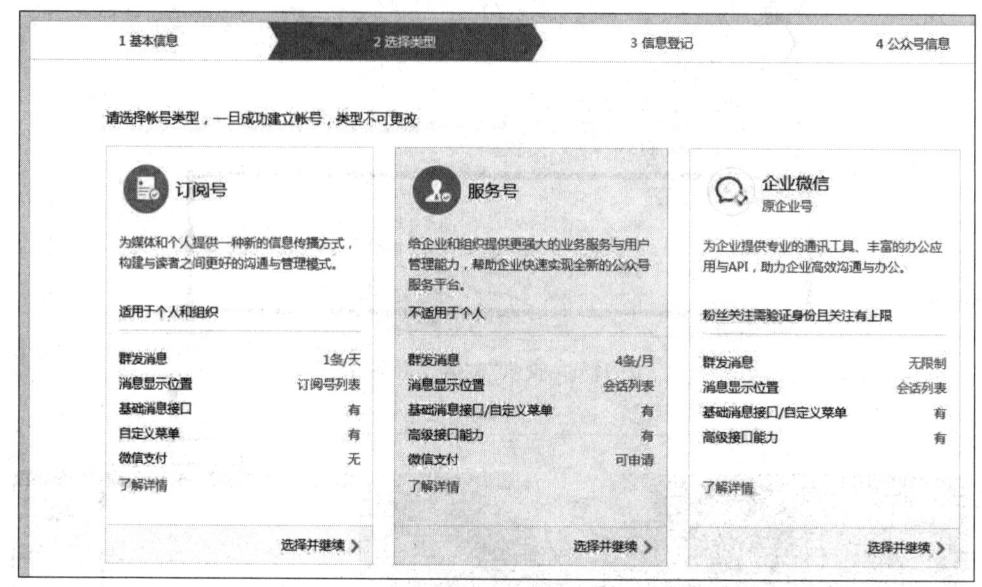

图 12-4　选择账号类型

订阅号：为媒体和个人提供一种新的信息传播模式，构建与用户之间的沟通与管理模式。订阅号主要偏向于为用户传达资讯，认证前后都是拥有每天一次的发送信息权限，不支持微信支付。由于微信对订阅号没有过多的限制，自由度较高，所以设置订阅号的企业可以为用户提供较为及时的信息和资讯。在用户界面，订阅消息会接收至订阅号文件夹，通信录也被分在订阅号一栏，用户不会有即时的推送消息提醒。订阅号推送的信息和资讯的频率较高，比较适用于需要与客户进行及时沟通、宣传企业文化、推广品牌和产品、增加企业人气，扩大销售以及为客户提供奇闻轶事、新鲜要闻的企业、媒体、政府、组织和个人。

服务号：偏向于服务交互，能够为企业和组织提供更强大的业务服务和用户管理能力，比较适合有一定影响力的公告类企业，诸如政府机关、事业单位、电商企业、银行、航空企业等，不适用于个人。微信对服务号有一定群发限制，认证前后每个自然月服务号只能群发 4 条消息。与订阅号不同的是，群发消息可以直接推送给用户，推送的消息会直接显示在聊天列表中，用户在收到及时提醒后，于微信首页即可点击查看。服务号是直接显示在用户的通信录中的，不需要点击文件夹，操作方便。由于服务号开放的接口比较多，支持自定义菜单和微信支付，企业可根据实际情况进行更深层次的定制开发，实现所需功能。

步骤三：信息登记。

企业进行订阅号和服务号的信息登记，包括用户信息登记、主体信息登记和管理员信息登记三个部分。个人、个体工商户可注册 5 个服务号，企业、政府、媒体和其他组织可注册 50 个服务号。主体信息需要填写企业名称或组织名称、企业营业执照注册号(统一社会信用代码)或组织代码。管理员信息登记包括管理员姓名、身份证号码、手机号码和验证码等。

步骤四：填写公众号信息，如图12-5所示。

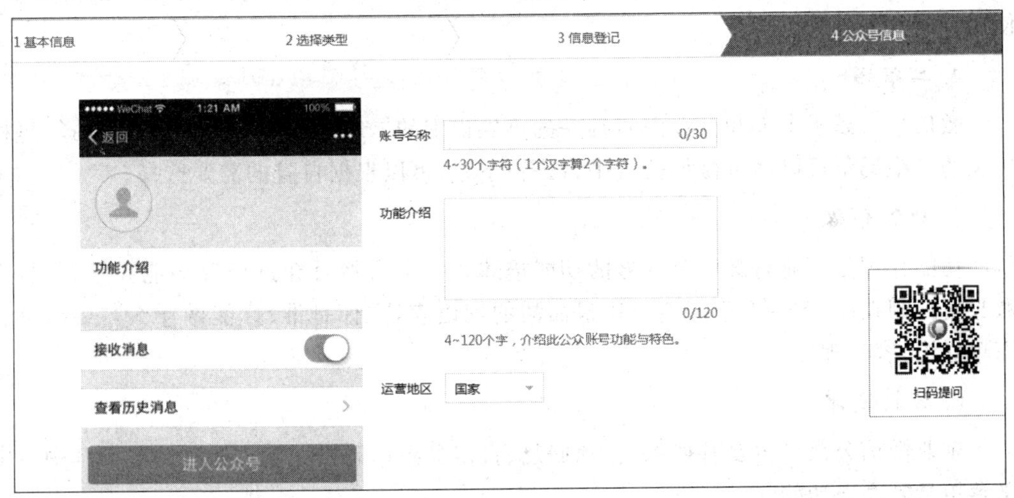

图12-5　填写公众号信息

登记完主体信息后，需要填写公众账号的基本信息，包括账号名称、功能介绍以及选择运营地区。账号名称为4～30个字符(2～15个字)，名称设置后不允许变更，经认证的账号名称可以被搜索到；用户说明及账号的功能介绍为4～120个字，介绍公众账号的功能与特色，经设置后会展现给订阅用户。由于账户名称一经设置不允许变更，所以广大企业在设置前应仔细考虑两点：一是如果企业自身拥有较高的知名度，即可使用企业的产品或品牌作为公众号名称；二是选择该行业具有曝光度的关键词作为名称的主体部分。至此，完成公众账号的注册。

12.2.2　企业微信公众号的设计

企业微信公众号的设计主要包括头像、名称、微信号、二维码、功能介绍和功能管理6个部分。

1. 头像

微信公众号的头像是企业品牌识别和整体形象的延伸。头像的设计要尽量体现企业的个性化。对于已经拥有品牌知名度的企业，可以使用品牌标识作为头像；而对于目前缺乏品牌知名度的企业，在设计头像时，要尽量使得用户在第一印象中获取有效信息。目前，企业微信公众号的头像的类型主要有Logo型、文字型、卡通图像型和角色形象型，企业可以根据自身经营的特点选择合适的类型。

2. 名称

微信公众号的名称是企业品牌的第一标签和第一印象。微信公众账号名称在命名时，要尽量做到利用专业化、个性化、关联化的词汇锁定目标用户，促进推广。

3. 微信号

企业微信公众号需要由 6～20 个字母、数字、下画线、减号组成，并且以字母开头。企业微信号与头像、名称相关，要尽量与企业文化、品牌具有统一性，简短易记，避免和减少使用特殊符号。

4. 二维码

微信平台赋予个人和企业账号唯一的可供识别的二维码，有多种尺寸可供选择，每种边长的二维码都可以通过微信公众平台进行下载，可以根据自身的需要选择。

5. 功能介绍

功能介绍是企业对微信公众号的功能描述。每个自然月允许修改功能介绍 5 次，字数长度控制在 4～120 个字。企业用最简洁的词语表达“你是谁、你能做什么”，要尽可能简单好记，容易理解。

6. 功能设计

企业微信公众号主要有群发、自动回复、自定义菜单和投票管理四种功能。其中自定义菜单是其主要功能。

(1) 群发。它是企业向客户推送产品和服务的重要窗口，群发功能目前支持文字、图片、语音、视频等信息的发送。

(2) 自动回复。企业通过简单易懂的语言、图文、语音等作为自动回复信息，达到用户认知、双向互动和宣传引流的目的。按关键字自动回复是当下的主要类型，该类型自动回复的上限为 200 条规则，每条规则最多 10 个关键字、5 条回复。利用自定义回复，可以带来更好的用户体验。例如，企业可以为自己的公众账号设置感谢关注和订阅的自动回复“非常感谢您的关注和支持……”，随后可以向用户展示关键词导航“回复 1 话费充值，回复 2 套餐办理……”。

(3) 自定义菜单。每个微信公众号最多创建 3 个一级菜单，每个一级菜单最多可以创建 5 个二级菜单。菜单名称支持中英文，一级菜单名称不多于 8 个字符，二级菜单名称不多于 16 个字符。公众号的功能需要清晰地表现在菜单栏上，分类精确且不冗杂。通过菜单设计，帮助用户实现收取信息、跳转网页等功能。例如，南方航空微信平台的主页分为航班服务、自助服务、粉丝专享三个部分。第一部分包括机票预订、旅游度假、航班动态、订单查询等；第二部分包括人工客服、会员制度等；第三部分包括抽奖促销、服务保障等。如图 12-6 所示。

(4) 投票管理。企业通过微信公众平台新建投票模板进行粉丝推送，收集关于比赛、宣传、选举、反馈等意见，目前仅支持在手机微信端进行投票，不支持 PC 端和手机浏览器。

12.2.3 企业微信公众号的管理

1. 消息管理

用户与企业之间可以通过公众号进行信息互动。企业可以在 48 小时内对用户的信

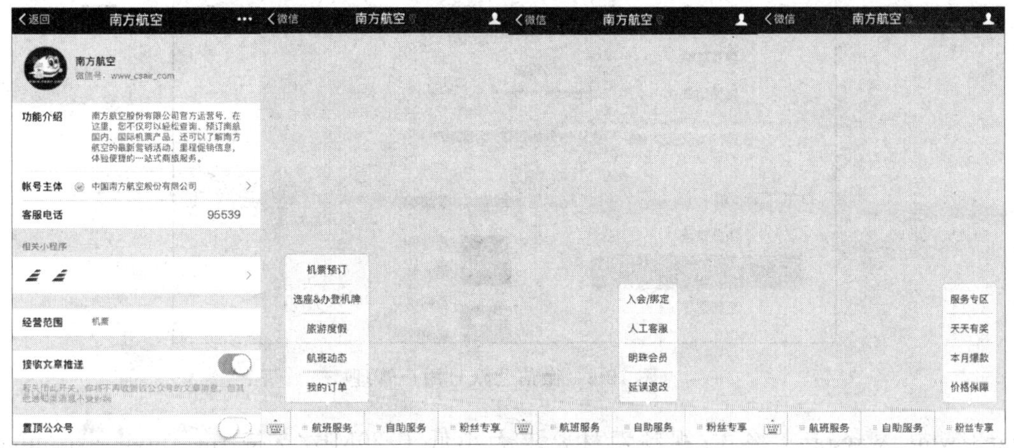

图 12-6　南方航空微信平台主页

息进行回复，超时则需要等到用户重新发起对话。系统一般会保留最近 5 天的文本信息和最近 3 天的图片及语音信息，星标信息则可以永久保留(如图 12-7 所示)。

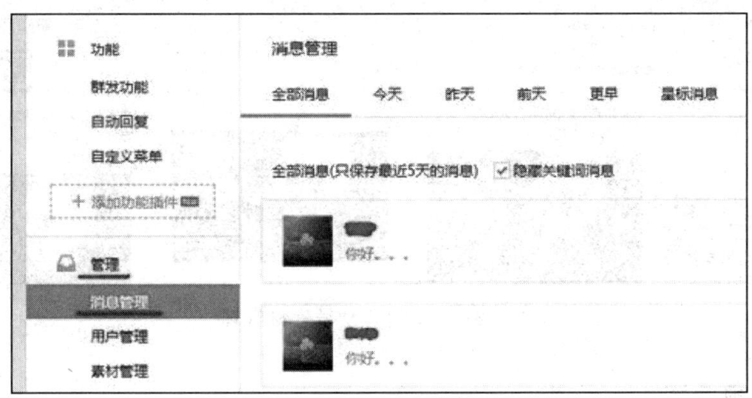

图 12-7　微信公众号消息管理

2. 用户管理

微信公众账号的用户管理支持企业对用户的搜索、备注和分组，如图 12-8 所示。企业可以通过昵称和微信号快速搜索到关注公众号的“粉丝”。企业也可以对“粉丝”进行名称或相关信息备注，备注要求在 60 个字符以内，支持特殊符号，并且没有修改次数限制。用户分组的名称要求 1～6 个字符以内，分组最多不超过 100 个。被移入黑名单分组的用户则无法发送消息和接收群发信息，只支持查看 10 条历史信息。

3. 素材管理

微信公众号的素材主要有图文消息、图片、语音、视频四种格式，如图 12-9 所示。每种素材的上传都有具体要求。其中，使用最多、操作相对复杂的是图文消息。图文消息包括标题、作者和正文等部分。通过编辑和排版，向用户推送企业产品和服务等资讯。图片素材要求大小低于 2MB，支持 jpg、jpeg、bmp、gif 格式；语音素材要求大小低于 5MB，支持

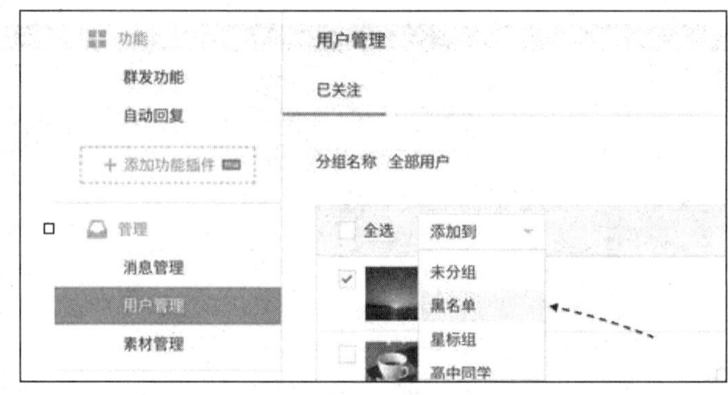

图 12-8 微信公众号用户管理

mp3、wma、wav、amr 格式；视频素材要求大小低于 20MB，支持 rm、rmvb、avi、mpg、mpeg、mp4、wmv 格式。

图 12-9 微信公众号素材管理

4. 移动端管理

微信公众号的基本操作大多都在 PC 端完成。为了便利，企业运营者可以通过"公众号安全助手"在移动设备端登录公众号进行信息查收、评论、赞赏、群发和查看历史消息等操作。

12.3 企业微信营销

在碎片化的移动互联网时代，微信通过各种连接方式使得用户形成全新的习惯，围绕用户本身并以场景为单位催生了新的商业入口和营销模式。

12.3.1 微信营销的概念

微信营销是网络经济时代企业对营销模式的创新，是伴随微信这种社交媒体平台诞生的一种互联网营销方式。作为新媒体营销的一部分，企业通过公众账号、消息推送、朋友圈广告等方式，为用户提供形式多样的信息和资讯，进行点对点的精准营销，达到品牌宣传、引流导流、刺激销售的目的，获得更高效的客户管理，得到优质的目标客户群，实现资产增值。

12.3.2 企业微信营销的目标

企业进行微信营销主要为了实现广告宣传、客户服务、促进销售等目标。

1. 广告宣传

微信除了是一个通信交流工具外，更是一个商业传播的工具。伴随着微信公众号的推出和应用，微信的传播作用也逐渐扩大。2015 年 1 月 12 日，微信的第一条广告面世，自此微信广告的功能被广泛应用。企业或组织可以通过微信朋友圈和公众号的方式推送广告，实现品牌活动推广、公众号推广、移动应用推广以及微信卡券推广等多元化的投放目标。

微信朋友圈广告是基于微信公众号的生态体系，以类似朋友的原创内容形式在朋友圈中展示的原生广告。用户可以通过点赞、评论的方式进行互动，并依托社会关系链的传播，为品牌推广带来加成效应。作为契合微信朋友圈浏览体验的广告形态，具体有本地推广广告、原生推广广告、小视频广告和图文广告等形式(如图 12-10～图 12-13 所示)。

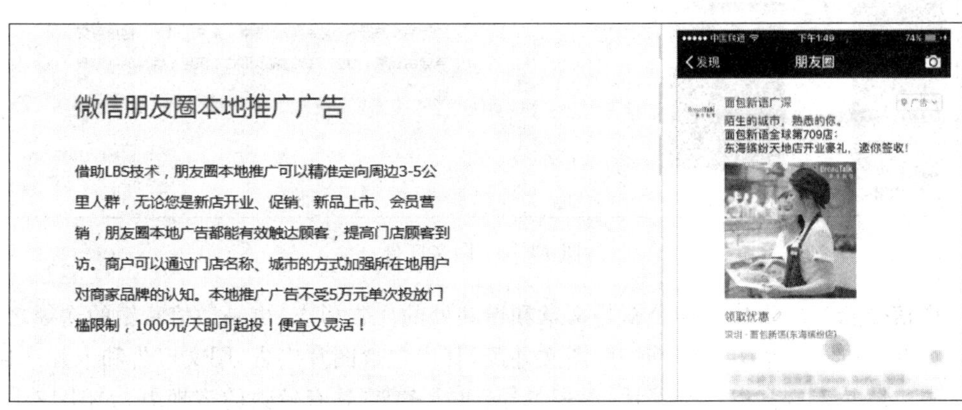

图 12-10 本地推广广告

图 12-11 原生推广广告

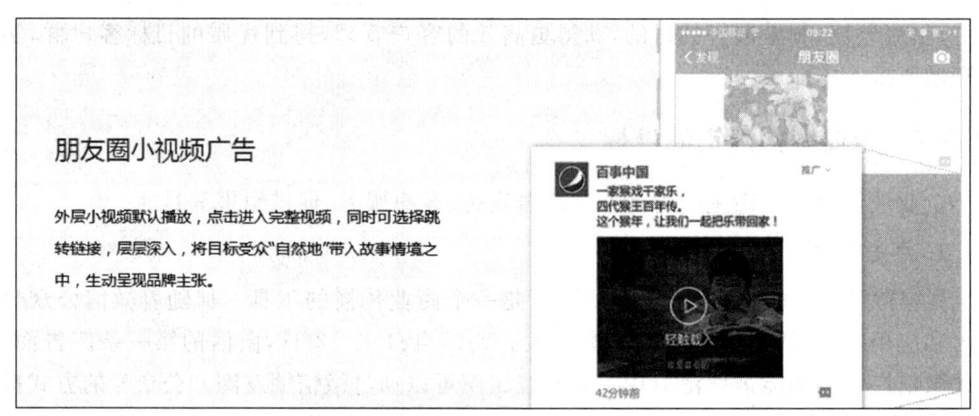

图 12-12　小视频广告

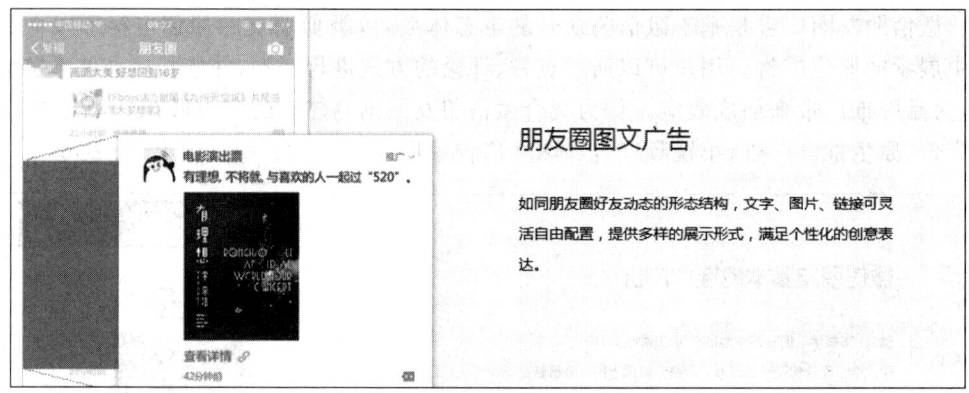

图 12-13　图文广告

微信公众号广告作为与公众号文章和谐共处的广告形态，也是微信营销的途径之一。微信公众号推送的信息和咨询一般图文并茂，其中包含图片广告、图文广告和卡片广告三种形式。图片广告多以横幅展示，形式各异，灵活多变，具有较强的表现力，如图 12-14 中

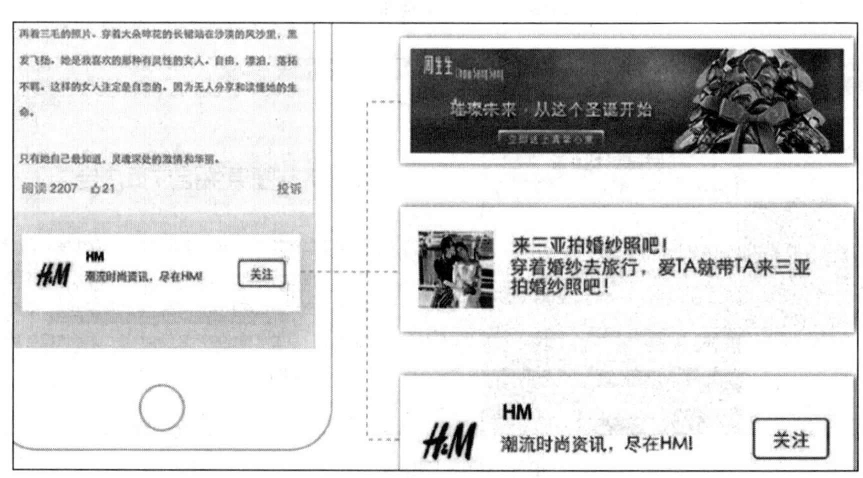

图 12-14　微信公众号广告

周生生以浪漫高贵的紫色为主色调，突出“璀璨未来”要从“这个圣诞”开始。图文广告则制作简单，比较契合推文的阅读场景。例如，“来三亚拍婚纱照吧！穿着婚纱去旅行”，用词简单明了，主题清晰。卡片广告外形小巧，承载较为丰富的信息，能够引导用户关注公众号、下载移动应用以及领取相关卡券。例如，点击关注 HM，即可获得“潮流时尚资讯”。

2. 客户服务

企业或组织可以通过微信公众号与粉丝用户进行很好的交流，公众号逐渐成为企业服务客户的一个重要窗口。用户可以在微信公众号进行业务咨询、投诉及售后咨询等，同时企业也可以通过接收用户消息和向用户回复消息接口实现与用户的交互。由于服务接口的出现，企业可以 24 小时内回复用户的信息，并且实现用户的多触发机制，让用户通过公众号中的自定义菜单、消息等各种方式随时地发起微信请求，企业也可以轻松地做出响应和答复。

企业客户关系管理的核心就是通过自动分析来实现市场营销、销售管理和客户服务，维持老顾客、吸引潜在顾客。微信公众号的诞生极大地方便了用户与企业进行对话和沟通。企业可以将原有的 CRM 系统与微信公众号相结合，实现多人人工接入，提高客户服务满意度，在实现自动回复的基础上节约人工客服的人力成本。在提供优质服务的基础上，获取用户的信赖，通过与用户建立朋友一样的关系，最终达到“提出问题—解决问题”的良性循环，由服务带动盈利，延伸商业价值和品牌传播。

3. 促进销售

在电子商务时代，消费者喜欢随时随地进行消费，微信公众号的出现正好为消费者的这一倾向做出了良好的引导。企业和商家做好具有引导性的图文并与微店对接后，通过微信公众号将产品和服务以图文并茂的信息形式推送到用户手中，用户通过自动化引导消费的模式形成自动化营销。若在碎片化的时间内用户产生对某种产品的购买欲望，就可以在阅读推文时直接点击图文实现跳转，进行下单和支付，完成交易。交易后可以在企业微信公众号中直接跟踪实时物流信息和进行售后咨询。公众号与微店的对接帮助消费者实现了线上线下的预约预定模式，这样的消费模式不仅方便了用户，迎合了部分消费者的购物需求，同时也促进了企业的销售。

12.3.3 企业微信营销的策略

企业实施微信营销可以包括(但不限于)以下策略。

1. 开展营销推广，拓宽用户基础

微信营销需要积累用户基础，用户越多越能够获得好的营销效果。企业通过微信公众号发现并挖掘自己的客户，与客户之间建立连接。企业一般可通过二维码、粉丝转发、QQ 推广、推文外链等方式向用户推广自己的公众账号。在移动互联网时代，利益诱导是刺激消费的重要商业模式之一。企业利用“免费”的噱头吸引用户关注并分享。通过“抢红包”“转发有奖”“认证大号转发”等形式，戳中用户痒点，积累用户，增加曝光次数，提高转化。企业在拥有一定的用户基础后，会通过多种渠道将刚建立的弱用户关系强化，不断摸清客户需求，让客户多触点地对企业的品牌和服务理念进行感知，逐步产生好感和信任，促使建立更深层次的关系，实现深度营销。

在微信平台上，企业可通过多种表现形式传递本企业及产品的信息，吸引消费者购买，从而达到扩大销售量的目的。具体包括活动化点面结合的营销策略和促销策略两种。活动化点面结合的营销策略要求企业通过话题参与等方式在特殊节假日开展具体的活动，向用户传达信息，引导用户参与购买和消费，达到点带面的微信营销目标。与传统的促销手段不同，微信促销通常要与内容挂钩，创新内容和方式，将促销信息简洁明了地告知用户。具体归纳为广告策略和价格策略两种。广告策略要求企业通过微信公众号推送和传播产品与服务的图文广告、小程序；价格策略则是指企业根据是否关注微信公众号、是否限时购买、是否忠诚客户来进行客户细分，实行差别定价。

【案例 12-1】 南方航空微信公众号促销

如图 12-15 所示，南方航空微信公众号 2017 年 11 月的促销推送达 14 条，占该月所有推送的 50%以上。每期推送头条都是产品促销信息，阅读量均超过 10 万。南方航空以简洁明了的促销方式，让用户最快了解最新的优惠资讯。推文标题包含“免费”“抢”“限时”“会员”等表达优惠主旨的关键词，同时还会标注低价的具体数字，刺激用户点击浏览。文末一般附会员福利和会员注册的流程，推文正文及标题也反复强调会员日的概念，利用价格策略进行差别定价。南方航空的促销基本是建立在会员制度上，在销售产品的同时，也构建了良好的客户关系。

图 12-15 南方航空微信公众号

2. 确保推送内容质量，做好内容营销

在产品和技术日趋同质化的互联网时代，信息过载使得用户面临众多选择。单纯的复制、粘贴以及枯燥的文字难以吸引用户目光，含金量高的信息才能得到用户青睐。微信公众号推送内容的设计和策划十分重要，它是用户接触企业价值最为直观、具体的方式。用户通过推送内容对公众号初步认识并形成主观认知。企业需要设计优质内容，为用户提供高质量的服务，满足用户分享的满足感。

内容营销是微信营销的重点，企业通过创造和分享有趣的内容吸引用户，从而达到营销目的。内容营销首先要求企业做到公众号定位，明确内容推送是为了实现什么。其次，需要仔细筛选内容，为目标用户提供关联性、多元性、独特性、互动性的内容。除满足用户休闲、娱乐的精神需求之外，还要充分满足其生活上、学习上和工作中解决实际问题的实用需求。充分运用图文、视频、影音等新颖的形式为用户提供原创的、实用的、有价值的信息和资讯。只有拥有一定的阅读价值，才能吸引用户的关注和喜爱。此外，企业需要建立系统化的内容管理机制，提高内容推送效率。最后，秉持“微信不是为企业服务，而是为用户服务”的原则，把握好内容推送的时间和频次，培养用户固定的阅读习惯，以多种形式丰富内容，满足用户刚需。

【案例 12-2】 出色的内容营销——罗辑思维

微信公众号“罗辑思维”(如图 13-16 所示)是自媒体视频脱口秀《罗辑思维》主讲人罗振宇创建的一个微信服务号，这个公众号凭借独特的契合，良好的互动和服务，在开通后的短短一年，便拥有了 110 万多的关注量。“罗辑思维”将“浓缩就是精华”发挥得淋漓尽致，每天早上准时六点半为订阅者推送一段时长为 60 秒的语音脱口秀和一篇新角度看世界的文章，语音中告知听众如何利用关键词来搜索到这篇文章。每天都为“粉丝”带来独家好书和精选好物，用知识唤醒新的一天，聊天文地理、古今中外。

“罗辑思维”的成功简单总结就是利用内容吸引受众，增强用户黏性，再用良好的互动提高用户体验。每天早上定时 60 秒语音，以及通过回复关键词来找到文章进行原文阅读，这种听觉和视觉的结合非常具有特色。而这种形式的互动服务又提升了用户的好评率和忠诚度。

图 12-16 “罗辑思维”微信公众号

3. 以用户为中心，加强双向互动

企业可以通过公众平台的定制开发，设置自动回复功能，快速响应用户的问题，实现用户与公众号之间的自助式互动。另外，企业也可以建立人工客户服务团队，在线与用户实施互动，积极地进行活动交流。利用“一对一”在线客户服务形式满足用户需求，保持和

维护双方良好的互利互惠关系。企业也可利用客户反馈的信息，依据年龄、性别、地域、经济能力等变量对客户进行细分，为不同分组的用户提供有价值的服务和内容，进行有效推送。整个营销过程时时关注用户需求，以客户的价值为目的，满足用户现实的或潜在的需要，积极开发顾客最需要的产品和服务，培育忠诚用户。

4. 口碑营销，刺激用户分享

即时性、互动强、影响大、传播广的特质使得微信成为信息时代用户寻求社会认同的渠道之一。微信因其特有的用户规模和分享功能使得用户在扮演信息接收者的同时，也扮演传播者的角色。用户会积极主动地关心国家大事以及社会热点事件，并通过社交媒体平台进行转发、评论和分享。另外，企业也会在收集用户数据和分析用户动机的基础上，利用"有趣好玩""社会认同""权威专家""专业人士"等有效的关键词刺激现有用户分享和推荐。企业在为消费者提供他们需要的产品和服务的同时，让消费者自动传播企业产品和服务的良好评价，从而让人们通过口碑了解产品，树立品牌形象，加强市场认知度，最终达到销售产品和提供服务的目的。一定的用户基础是企业拥有的天然信息传播渠道，这种利用老客户开发新客户的模式不仅高效而且成本低。

企业通过微信营销的有效介质可以更好地实现口碑营销，具体包括谈论者(Talkers)，也就是关注企业微信公众号的"粉丝"，他们最初接受企业产品和服务的信息，并且会有选择性、自发地进行分享和传播；话题(Topics)，即为企业推送的内容，可以是企业打造的话题，也可以是由于某个社会热点事件引发的话题；工具(Tools)，主要是微信平台中的朋友圈、微信群、公众号以及微信的其他功能；参与(Taking-part)，企业借用热点事件包装产品或服务，以达到增加讨论热度、吸引流量的目的；跟踪(Tracking)，事后监测的环节，企业通过微信平台获取公众号的后台数据，包括阅读量、转发量、留言、点赞等，有支付、赞赏功能的还包括成交量、转化率。

5. 整合渠道资源，开展全域营销

微信作为精准的品牌营销工具，为企业的个性化营销搭建了较好的平台。企业在进行微信营销之前需要进行精确的目标客户群定位，做好用户画像，并且明确自身营销的目的，依此进行营销策划。根据目标客户群体的地域、性别、收入、年龄、受教育程度、行业特征、使用场景等特点，通过连接以微博、知乎为代表的社交媒体、论坛，以淘宝、天猫、京东为代表的网络零售平台进行联合营销，实现营销方式多元化。同时，企业也可以结合同类或他类企业或品牌，进行微信信息互推，利用小程序、外链等服务功能，实现客户界面的实时跳转，扩大消费群体，提高双方的品牌知名度。

思考题

1. 简述服务号与订阅号的区别。
2. 基于微信公众号，探讨实施微信营销的若干方法。

第13章 SNS社区营销

学习目标

- 了解SNS社区营销发展的背景；
- 理解SNS社区营销的含义和特征；
- 能够结合SNS社区营销的实施过程模型分析SNS社区营销案例。

13.1 SNS社区营销基础知识

SNS的全称是Social Networking Services，社会性网络服务，专指旨在帮助人们建立社会性网络的互联网应用服务。SNS营销就是基于社会性网络，利用其分享、共享等功能，在“六维理论”的基础上实现的一种营销。

13.1.1 SNS社区营销兴起的背景

SNS社区营销兴起的背后是“网络社会化”浪潮汹涌澎湃，博客、SNS、微博等社会化网络快速普及，一浪高过一浪。其中集中体现为SNS社区快速发展，单个网站在短时间内吸引上亿规模的用户。

2017年，Facebook月活跃用户达到20.7亿，环比增长3%，同比增长16%；日活跃用户达到13.7亿，环比增长3.2%。2017年前三个季度收入增长47%，达103亿美元。Facebook基本上依靠广告，广告收入达到101亿美元，其中移动端广告收入占比88%。截至2017年第三季度，Twitter平均每月拥有3.3亿活跃用户。截至2016年9月，微博月活跃人数达到2.97亿，较2015年同期增长34%；日活跃用户达到1.32亿，较去年同期增长32%。

随着社会化网络日益广泛而深入地融入生活、学习和工作中，有一个新兴的群体——“社会化消费者”——正在崛起。他们具有这样的特征：从信息渠道来看，SNS社区等社会网络成为他们重要甚至首要的信息渠道，从而取代传统的信息渠道，如电视、报纸、广播等；从信息内容来看，他们获得的信息越来越丰富、越来越多元化，包括产品、服务、品牌、价格等几乎所有与消费密切相关的方面；从与企业的关系来看，消费者正从被动转向主动，从单向接受信息转向双向交流信息，他们希望与企业平等对话。

在美国，81%的网购消费者上网参考其他用户的建议和反馈，60%经常在社会化媒体上和企业品牌进行互动。SNS社区等社会化网络正超越报纸、杂志、电视等，成为人们获取信息、交流信息的主渠道，反过来SNS社区等社会化网络正渐渐影响人们的交流模式和消费决策。在中国，社会化消费者与网民主流群体构成相近，年轻且学历高，年龄集中在20～30岁，拥有本科及以上学历，或者本科在读，最典型的是大学学生和白领。他们习惯于频繁访问SNS社区，获得信息并与朋友互动，同时他们是活跃的网购消费者，经常通过电子商务网站购买衣服、食品、图书等日常消费品，有的还包括家电、家具等大件用品，甚至还包括像钻石这样的贵重物品。

社会化消费者频繁地通过SNS社区与朋友、同学、同事等互动交流，他们因为爱好相近，所以常常关注和交流共同感兴趣的产品或服务。当他们产生足够的购买兴趣时，常常会了解进一步的信息。数据显示，88%的网购消费者经常搜索其他消费者的口碑，80%经常搜索产品信息。这些信息已经成为他们进行消费决策的极其重要的基础。当他们购买了产品或服务后，这并不意味消费行为的结束，而通常还有一个常见的环节，即通过社会化网络分享自己的消费体验，这也是社会化消费者的独特之处。数据显示，84%的网购消费者经常跟朋友分享购物信息。这些信息又成为后来的消费者搜索的重要内容。如此反复，形成一个又一个社会化消费循环。

伴随着社会化消费者的崛起，SNS社区营销等社会化营销应运而生。

13.1.2 什么是SNS社区营销

SNS社区营销是利用SNS社区的信息平台和人际网络，通过社区用户参与和传播展开的网络营销活动。SNS社区是新兴的网络社区，其最基本的特征是"以人为中心"，每个用户都拥有自己的主页展示个人的信息，包括文字、图片、视频等。用户与用户之间建立各种联系形成一个个人际网络。每个用户发布、转发的信息都可以通过人际网络传递给与他建立联系的其他用户，依次类推形成链式传播，信息被扩散开来。

SNS社区营销是一种全新的营销模式，其核心是消费者深度参与到营销活动之中，他们成为信息产生和传播的主体，而不像以往那样仅仅只是被动、单向地接受信息。在SNS社区中，消费者可以自主地与其他成员建立朋友关系和互动交流。随着社交关系数量的增加和范围的扩展，消费者与社区成员之间形成基于SNS社区的社会网络。消费者的信息行为嵌入这个社会网络之中，消费者的信息交流行为容易产生"网络效应"。

同时，碎片化的信息随着消费者之间的对话互动地展开，通过社会网络快速传播开来。在SNS社区中，消费者每次发布的信息内容长度受到一定限制，这在客观上决定了信息内容(即信息行为客体)具有碎片化特征。由于信息内容简短，所以消费者通常能够在较短的时间内完成浏览、检索、选择等行为。

13.1.3 SNS社区营销的特点

SNS社区营销等社会化营销与以往的营销模式相比，具有独特之处。

首先，成本更低。它依托于互联网，通过人际网络传递信息，而不必像基于电视、报纸等媒体的营销那样需要投入巨大的成本。

其次，传播更精准。电视、报纸等属于大众传播，主要依靠媒体广泛的覆盖面传递信息，并不能确保所传递的内容是受众感兴趣的内容，传播效果因而大打折扣。社会化营销主要是通过社会网络传递信息，信息通过人际关系进行过滤和分流，并且在传递过程中不断融入人际之间的信任,传播效果明显提升。

最后,更容易形成口碑,这是信息基于社会网络传播的衍生结果。值得关注的是,口碑已经成为影响消费决策的关键因素。麦肯锡调研发现,64%的中国消费者认为口碑影响其消费决策。

SNS社区营销等社会化营销的特点也意味着,企业对传播渠道、传播内容和传播效果的控制程度弱于其他形式的营销,在很大程度上还取决于消费者的行为。这要求企业在进行社会化营销时转变传统的营销观念,采用符合社会化消费者需求和社会化媒体特征的全新方式。

因为SNS社区营销具有的诸多优越性,所以其价值正获得越来越多企业的关注。数据显示,56%的500强企业开通了Facebook账户。他们通过多样的社会网络与自己的客户互动交流。

13.1.4 常见的SNS社区营销方式

最常见的SNS社区营销方式有以下三种。

1. 植入广告以应用形式进行的活动营销

做法是在SNS社区中植入品牌或产品,通过互送礼物、答题、猜谜等方式,吸引用户关注并传播植入的内容,从而引发病毒式传播。

以中国农业银行在开心网的传播为例。开心网曾在热门组件“开心餐厅”中将农行的特色业务与游戏环节巧妙结合,用户在“开心餐厅”随机领取建造“农行金e顺体验馆”的任务,完成任务后可以获得促销奖励;访问自己或好友建成的“农行金e顺体验馆”,通过答题也可以赢取奖励。同时,将农行特色业务以故事情节的形式植入餐厅的好友帮助环节。

这种植入方式将品牌信息以最自然的方式充分、有效地传达给用户。活动期间,用户累计“建造”农行体验馆349万个,进入体验馆并参加答题的人次达到1842万次,是体验馆建造数量的5.3倍。

2. 互动营销活动

企业通过SNS社区,可以围绕新品发布、节日庆典、重要事件等组织互动营销活动。因为SNS社区跨越地域、文化等,能吸引众多社区用户,所以如果策划和执行得当,其效果将远远超过线下在商场、广场等地点进行互动营销。

以大众新甲壳虫汽车的产品发布为例,甲壳虫曾在开心网上展开了一场主题为“秀你颜色,异彩传城”的城市色彩选拔赛。用户只要向甲壳虫账户上传“你认为可以代表城市色彩的照片”或“你和城市的合影”,就有机会用行动决定你所爱城市的色彩。成功上传照片并制作成“城·色”甲壳虫汽车赠送给开心网的好友,就有机会赢取“开心币”,更有机会获得大众汽车提供的新甲壳虫的三个月免费使用权;用户的作品有可能被制作成真实车贴,与大众汽车新甲壳虫“城市印象”主题车贴共同在全国巡展。

活动结束后,用户成功制作甲壳虫个数超过10万,赠送甲壳虫礼物超过70万件,参加抽奖总次数超过60万,活动页浏览总次数超过95万。以上衡量营销效果的各个关键指标均达到十万级别,显示互动促销取得了良好的效果。

3. 品牌社群小组

品牌社群是指围绕某一特定品牌的消费者自发形成的群体，他们对这个品牌有着独特的情感和高度的认可。另一个流行的说法是“品牌粉丝”，在 SNS 社区可以建立以品牌为主题的群组，吸引品牌的粉丝聚在一块交流、分享。

以人人网的苹果学院群组为例，这个群组的用户超过 30 万人。在这里，用户可通过与苹果的产品结为好友等行为获得积分，有了积分他们可以购买苹果的虚拟物品，还有机会参与抽奖，积分最高者可获得苹果的产品；用户通过与苹果实体零售店或苹果产品结为好友，可随时获得苹果产品和苹果实体店的最新信息，如哪个实体店有优惠信息、苹果产品的最新升级信息等。这就充分利用了 SNS 网络的优势，让用户与企业产品之间形成一个沟通的渠道，而当用户登录 SNS 网站的时候，可方便地看到苹果产品或者零售店的最新消息，对于企业营销产品而言，这个比接收邮件更方便更有效。从零售店的访问页面和用户浏览看，光北京某一地区一个零售店的好友就近 2000 人，从留言效果看，很多用户也表示愿意去实体店看看。这样不仅仅是品牌的推广，也从实际上推动了销售。

以上是最常见的三种 SNS 社区营销方式，随着 SNS 社区营销不断推陈出新，新的营销方式层出不穷。及时关注和分析这些新的营销方式和典型案例是学习 SNS 社区营销最好的方式之一。

13.1.5 常见的 SNS 社区

常见的 SNS 社区有人人网、开心网、Facebook 和 VK 等。

1. 人人网

人人网成立于 2005 年 12 月，创立之初仅面向在校大学生，当时名为“校内网”。截至 2012 年 3 月，人人网注册用户超过 2 亿，用户以在校学生为主。人人网提供的产品和服务包括日志、相册、音乐、群组、校友录、网络游戏等。

2. 开心网

开心网成立于 2008 年 3 月。截至 2012 年 2 月，开心网拥有 1.3 亿注册用户，6000 万月活跃用户，用户以白领、学生为主。开心网提供的产品和服务包括照片、日记、书评、影评等信息分享平台，短消息、留言、评论等沟通手段，以及朋友买卖、争车位、买房子送花园、钓鱼、开心餐厅等互动组件。

3. Facebook

Facebook 成立于 2004 年 2 月，创立之初主要面向哈佛大学学生，很快扩展到斯坦福大学、哥伦比亚大学、耶鲁大学，然后快速扩展至全美乃至全球。截至 2012 年 4 月，Facebook 注册用户超过 9 亿。最初 Facebook 用户以在校学生为主，随着网站不断开放，用户构成多元化，已经包括数十个国家和各种身份的用户。Facebook 提供的产品和服务包括日志、相册、群组、短消息、网络游戏等。

4. VK

VK(原 VKontakte)为俄罗斯知名在线社交网络服务网站，为“接触”之意，拥有 70 多种语言，用户主要来自俄语系国家，其中在俄罗斯、乌克兰、阿塞拜疆、哈萨克斯坦、摩尔多瓦、白俄罗斯、以色列等国的用户较为活跃。VK是欧洲最大的社交网站，Alexa的全球排名第20位，是俄罗斯仅次于搜索引擎Yandex的第二大网站。VK拥有近200万个账户，平均近50万日常用户。

VK与Facebook较为相似，作为VK的会员，可以向好友的手机发送加入邀请，一旦好友接受邀请，不需要注册就可以加入VK。VK允许用户公开或私下留言，创建社团、公共页面和活动，也可以分享和标记图像、音乐和视频、基于浏览器的游戏等。

13.2 SNS社区营销实施过程

随着SNS社区营销的应用研究，其实施过程被概括为TIIAS；即将SNS社区营销分为5个阶段：T(Touch)，接触消费者→I(Interest)，消费者产生兴趣→I(Interactive)，消费者与品牌互动→A(Action)，促成行动→S(Share)，分享与口碑传播。

1. 接触消费者

在满足用户情感交流、SNS社区互动、垂直社区、同好人群等需求方面提供多种服务和产品，这些产品为广告主接触用户创造了大量的机会。通过精准定向广告直接定位目标消费者。

2. 消费者产生兴趣

精准定向的网站条幅广告创意与用户群的契合会带来用户更高的关注度，同时来自好友关系链的动态信息、与品牌结合娱乐化的应用等更容易引起用户的兴趣，这些兴趣可能是用户的潜在消费欲望，也有可能是受广告创意的吸引。

3. 消费者与品牌互动

通过参与活动得到互动的愉悦与满足感。也可以通过植入品牌信息与消费者进行互动，植入广告在不影响用户操作体验的情况下传递品牌信息。

4. 促成行动

通过消费者与品牌的互动，在娱乐过程中消费者潜移默化地受到品牌信息的暗示和影响，提升了消费者对品牌的认知度、偏好度及忠诚度，从而对用户的线上及线下的购买行为和选择产生影响。

5. 分享与口碑传播

用户与品牌互动及购买行为可以通过自己的主页进行分享，而这些基于好友间信任关系链的传播又会带来更高的关注度，从而使品牌在用户口碑传播中产生更大的影响。

【案例13-1】 德芙和立顿在开心网上的互动营销

“心声”巧克力是德芙新上市的高端产品，每颗“心声”巧克力的包装锡纸上都印有一句触动心灵的话语，是想对自己说的话，也可以是温情的自我陶醉。打开每一颗巧克力的过程都意在打开“心声”，让消费者享受身心触动的愉悦。通过在开心网上建立品牌账户，德芙将“心声”巧克力的内在深意准确地传递给目标受众,引发情感共鸣,强化品牌印记和诉求:“心声”,不仅仅是一块巧克力,也是通过“心声”唤起真正的自我。在浮躁的都市生活中,德芙的“心声”传递吸引了很多都市白领的关注:35天,870余万人次参与,用户发表了14万句心声,品牌形象深入人心。更重要的是,活动期间有30多万开心用户成为德芙巧克力的亲密好友,主动与德芙分享自己的生活点滴。一个简单的活动收获了30多万个粉丝,同时他们又会继续成为传播者;而这30多万的真实用户更是客户关系管理的新起点。

立顿与开心网合作开展了“送茶”互动营销活动。用户可以在立顿的品牌账户内选择“达人形象”,将立顿的魔法礼物(虚拟下午茶)赠送给自己的好友;好友收茶后,更有机会获得立顿送出的真实下午茶,同时他还可以继续邀请自己的好友送茶。送茶给好友体现了朋友间情感的传递和关怀;对送茶和收茶最多的用户设置奖励更激发了用户的参与热情。朋友间的祝福与情谊即由一杯小小的立顿红茶传递着。这次送茶热的蝴蝶效应表现为短短的40天内,全国有55万开心用户参与了送茶活动,总计送出566万余份虚拟下午茶,实际超过34万白领通过此次活动收到真实下午茶。

【案例13-2】 优衣库在人人网上的互动营销

“这几天我的人人网页面上全是排队的刷屏。”自从浙江理工大学大四学生陶圣叶在优衣库的Lucky Line活动中得到一部iPhone后,她认识的人几乎都跑去排队了。

优衣库和人人网合作推出的这个活动从2011年12月10日10时在线上启动,参与者用自己的人人网账号登录活动页面,选择一个卡通形象,就可以用这个小人和其他人一起在优衣库的虚拟店面前排起一串长长的队伍。

除了每天随机赠送的一部iPhone或者iPad,如果你在队伍里恰好排到第10万或者第50万这样的幸运数字,还可以得到4999元旅游券或者20件衣服的大礼包。而得到九折优惠券的机会几乎人人有份,这些都为排队者提供了源源不断的动力。

短短一周时间,这次网上排队活动已经有超过93万人次参与(截至12月17日19时)。参与者在排队的同时,还会在其人人网主页上生成一条“新鲜事”消息,分享给其好友;排队的人多了,就出现了陶圣叶说的刷屏。从12月3日登录人人网,不到两周时间,优衣库的粉丝人数已经接近11万人。

也许不是人人都爱凑热闹,但排队似乎正在成“潮”。苹果发售新品时的排队盛况已经不再是新鲜事,而优衣库每逢周年庆、新店开张、节日优惠等促销活动的时候,也常常是大量涌来的粉丝排起长队。2011年5月优衣库上海南京西路全球旗舰店开幕的时候,排队的人潮到晚上9点仍不见减少。

Lucky Line的创意最初来自日本店里长长的队伍。“总部希望那些受地域、时间限制不能排队的顾客也有机会享受促销优惠。”松山真哉表示。他是优衣库中国子公司迅销(中国)商贸有限公司的电子商务部部长。

这个创意最早在日本执行过两次,让这个活动在中国火起来的是2011年9月的Lucky Line Taiwan。这次活动在优衣库台湾一号店开业前推出,参与人数完全超乎预期,在价值4万元新台币的日本游大奖激励下,借助Facebook和Twitter平台,超过60

万人次通过网络在优衣库门前排起长队，优衣库在Facebook上的粉丝数从零激增到8万。

DDB互动的创意副总监曹允一直利用业余时间更新一个互动营销资讯网站。2011年9月，他在网站上分享了这次Lucky Line Taiwan活动。

“怎样让消费者参与活动一直是网络活动策划中很令人头疼的问题。”在曹允看来，Lucky Line的本质还是注册参与抽奖，但是用了排队这个元素包装后，受众的参与热情和获得的趣味都大大增加。更何况只是在网上排队，既无风吹雨淋之苦，也没有费时无聊之闷。

Lucky Line Taiwan取得成功后，把这个创意移植到中国几乎成为水到渠成的事情。由于创意概念和互动模型已经基本定型，优衣库中国团队这次的主要任务就是让Lucky Line更适合中国用户。

松山真哉和他的团队为这次活动设置了4类奖项。大奖延续了日本和中国台湾活动时的设置，每天随机抽取；如果参与者希望增加中奖概率，在活动结束前可以无限次地重复排队。与以往不同的是，在这次与人人网的合作中增设了幸运数字纪念奖。幸运数字会提前公布，这会吸引大量排队位置接近的参与者在短时间内重复排队。如果实在运气不够，优衣库还为“踊跃战斗在排队第一线”的疯狂粉丝设立了参与大奖。

这三类奖项的目的都是尽量使参与者保持持续的热情，而中奖率颇高的九折优惠券既能让参与者不会空手而回，对优衣库自己来说，还能有效地在圣诞季期间促进实体店的销售业绩。

除了奖项设置本土化，优衣库还在游戏里加入了更多的中国元素。之前负责日本和中国台湾Lucky Line设计的比利时公司eBoy也承担了这次活动的具体设计，他们为这个活动设计了15个场景区块和大约50种排队的人物角色。在北京烤鸭、大红灯笼、石狮子和小笼包围绕的中国街道上，大熊猫、孙悟空、打太极或者骑自行车的人们排起长长的队伍。

“其实我们还有很多场景创意，但考虑到中国用户网络带宽环境等因素，最后都舍弃了。”松山真哉说。日本的排队活动中以地理环境为主线作为背景，有10套不同风格的场景贯穿不同的城市和地区，例如从北海道开始排队，在北海道是冰天雪地的，到东部地区会有些绿意，再往南部走就已经春意盎然。但中国的这次活动因为考虑到网络带宽的限制，只采用了一套雪地的背景。

为了给这次活动预热，优衣库于2011年12月2日登录人人网建立公共主页，而选择人人网合作的原因是“他们对开放合作的策略更加灵活”。12月3日，优衣库开始在视频网站上放出活动广告，所有线下实体店也从12月6日开始用宣传册和展板海报进行预告。

陶圣叶原来就是优衣库的忠实顾客，她的衣柜里有10多件优衣库的T恤。在逛优衣库网店时看到Lucky Line的预告之后，陶圣叶一共排了19次队。在幸运女神驾到之前，她的愿望就是“中一件纪念版T恤”，或者就是为了“选自己喜欢的卡通人物去排队”。即使在拿到大奖之后，陶圣叶每天也会去排几次，“我就是想起来去排一下，或者看看有没有认识的人中奖”。

这些中奖者的名单公告在排队游戏的界面底部一条条不停地滚动播出，大奖得主的照片也公布在优衣库人人网公共主页的相册里。除了每天的随机大奖和幸运数字纪念奖，踊跃参与大奖得主也诞生了，来自沈阳的杨威因为第一个完成排队500次的“壮举”而获得了一个包含20件摇粒绒衣服的大礼包。

这样的幸运儿无疑只是少数，大多数人更可能拿到的奖品是九折优惠券。

活动开始时，Lucky Line的九折优惠券设定的有效期限为不超过两天，目的是希望网友每天都来排队看看。这个过短的时间限制受到不少网友质疑，再加上活动人数很快超出预期，希望获得优惠券促进实体店销售的期望已经超过了增加游戏趣味性的需求，优衣库决定将九折券的有效期延长至12月23日活动结束。

尽管如此，仍然有很多网友对优惠券只能在实体店中使用感到沮丧。优衣库中国自2008年开始做电子商务，以跟淘宝合作的方式建立了网络店铺，但类似客服和网络维护等工作都外包出去，一些细节协调的工作使得这次活动的优惠券并不能在它的网店中使用。

对于这次活动为实体店圣诞促销带来的作用，松山真哉说，“店内销售要受到很多因素的影响，不能单纯评估这次活动带来的效果，但在客流导入方面肯定是有效的。”

“台湾那次活动很有名，把它复制一遍到人人网上对我们来说没什么新鲜的了，但这仍然是我看到的近期在人人网上最成功的营销合作。”曹允说。他认为如果跟QQ等用户基数更大的平台合作，也许参与人数还能增加一个零。

思考题

1. 你经常访问的SNS社区有哪些？什么因素吸引你经常访问？
2. 在博客、SNS、微博等社会化网络快速普及的背景下，消费者有哪些新的变化？这些变化对于营销的影响有哪些？
3. SNS社区营销的独特之处有哪些？企业可通过什么方式利用这些独特之处？

第14章 视频营销

学习目标

- 认识网络视频营销的发展与优势；
- 学习视频营销的制作流程；
- 掌握视频营销的推广策略。

14.1 网络视频营销概述

中国互联网络信息中心(CNNIC)发布的《第40次中国互联网络发展状况统计报告》显示，截至2017年6月，中国网络视频用户规模达5.65亿，较2016年底增加2026万人，增长率为3.7%；网络视频用户使用率为75.2%，较2016年底提升0.7个百分点。其中，手机视频用户规模为5.25亿，与2016年底相比增长2536万人，增长率为5.1%；手机网络视频使用率72.6%，相比2016年底增长0.7个百分点。如图14-1所示。

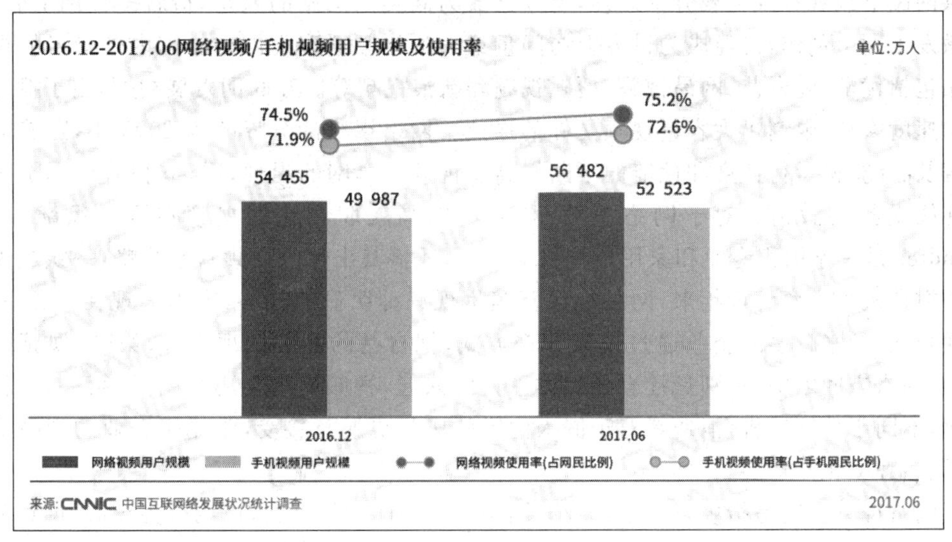

图14-1 网络视频/手机视频用户规模和使用率

【案例14-1】 苏珊大妈

苏珊大妈(如图14-2所示)是位歌手，在英国ITV电视台的《英国达人秀》第三季第一轮比赛中亮相，这位年龄有点大、长相有点糙、打扮有点老土的选手一亮开歌喉演唱伊莲·佩姬的《我曾有梦》(*I Dreamed a Dream*)，所有人的眼睛都瞪大了。她震撼全场，红透英伦，真正诠释了何为“人不可貌相”，外表平凡却满怀梦想、才华洋溢的她用歌声扭转人生。

图 14-2 苏珊大妈

网络视频是指视频网站利用流媒体格式的视频文件和可以在线直播或点播的声像文件提供的在线视频播放服务。在众多的流媒体格式中，flv 格式由于文件小，占用客户端资源少等优点成为网络视频所依靠的主要文件格式。YouTube 是全球著名的视频网站，可供网民下载观看及上载分享短片，至今已成为同类型网站的翘楚，造就多位网上名人，并激发了网上创作，已经成为世界上访问量最大的视频播客类网站。国内外知名的视频网站包括优酷、爱奇艺、网易视频、搜狐视频和新浪视频等。互联网发展初期，由于拨号上网的速度太慢，限制了大容量视频文件的播放。网络视频的分界岭为 2005 年，随着宽带的普及、计算机运行速度和性能的不断提高及视频共享网的出现，Flash 格式引爆了用户对在线视频的激情。对于网络视频而言，奥巴马就职典礼的视频在网上风靡一时；Blendtec 是一家销售专业和家用搅拌机的公司，凭借其出色的视频营销策略，一跃成为最强的搅拌机生产商。近年来，网络视频营销呈现三种明显的趋势，突出表现在：第一，品牌视频化，越来越多的企业通过视频营销方式，把自己的品牌展现出来；第二，视频网络化，在网络空间之中，特别是社会化媒体平台的兴起，视频网络化更为明显；第三，广告内容化，不同于传统广告，消费者对于嵌入内容的广告更愿意接受，常见于企业的产品功能展示、品牌文化诠释等。

网络视频营销是指主要基于以视频网站为核心的网络平台，以内容为核心、创意为导向，利用精细策划的视频内容实现产品营销与品牌传播的目的。网络视频营销的形式类似于电视视频短片，平台却是互联网。网络视频营销是“视频”与“互联网”的结合，这种创新营销形式具备了二者的优点：它具有电视短片的种种特征，例如感染力强、形式内容多样、创意新颖等；又具有互联网营销的优势，例如互动性强、传播速度快、成本低廉等。网络视频营销的实施平台包括专业的网络视频站点、企业依托的第三方平台站点、企业的官方站点以及社会化媒体站点。其中，网络视频站点是企业开展网络视频营销的基础或核心，通过网民的关键词搜索可以更为准确地发挥网络视频营销的特性；而平台站点、官方网站与社会化媒体可以通过投放企业的制作视频，为企业开展视频营销提供不同网络空间站点的支撑。网络视频营销的应用主体主要体现在两个维度。一是以大型企业为主的大制作。所谓大制作，又称“微电影”，即由专业团队制作、画面精美、耐人寻味的短视频，例如《四夜奇谭》《益达酸甜苦辣系列》《桔子水晶酒店系列》《一触即发》《11 度青春》《嘻哈四重奏》等一大批短小精悍又能够让营销信息巧妙植入其中的网剧广告片。二是以中小型企业为主所开展的独立制作或小型外包甚至众包。

14.2 视频营销优势

网络视频营销通过将视频与网络充分结合，使得其不仅具有视频广告的感染力强、创意形式多样等特点，而且具有互联网营销的优势，例如受众广泛、传播迅速、互动深入、成本低廉。可以说，网络视频营销是视频广告与互联网营销充分结合的有效营销模式，视频营销已经逐渐受到广大企业用户的关注。公司往往将视频上传到视频网站以及自己的网站。网络视频营销的主要优势体现在以下 8 个方面。

1. 搜索流量高

视频搜索量高不仅包括通用搜索引擎，而且包括视频站内搜索。企业不仅可以利用通用搜索引擎来体现企业的视频页面，而且更为重要的是通过视频网站的站内搜索，利用视频网站获取高流量。

2. 客户精准

利用通用搜索引擎或视频网站的站内搜索进行关键词搜索的网民对于围绕关键词的产品或服务相当敏感，都是企业产品或服务的目标客户。因此，在视频网站搜索关键词的客户都可谓是企业的精准客户。

3. 收录速度快

视频网站被搜索引擎收录的权重很高，制作完成的视频只要是被视频网站审核通过后，就能很快被搜索引擎收录。这种收录仅仅略逊于百科，如百度知道。

4. 收录排名高

同样是由于视频网站收录权重高的原因，将视频上传到各大视频网站之后，拥有同样关键词的视频都会排在其他网页的前面，视频会在搜索引擎中排列更佳的位置。

5. 转化率高

搜索视频的用户都是具有强烈需求的目标客户，当客户观看并认可视频后，会进而产生对企业产品或服务的实际交易行为。因而，上述精准的流量可以有效提高转化率。

6. 生动直观

在文字、图片、视频这三种展现形式中，视频对人的视觉和大脑冲击力是最大的，更容易培养营销人员与受众之间的情感。因此一个内容价值高、观赏性强的视频往往能锁住潜在的顾客，真正提高产品转化率。视频可以直观、生动、全面地展示产品，客户通过视频可以全方位地了解你，进而适应你。

7. 互动传播性强

当企业视频在视频网站发布后，网民可以针对视频进行评论。在评论的同时，还可能进行更多的转发与分享。这样，企业视频通过不断的评论、转发与分享，在不耗费企业任何推广费用和精力的背景下，得以较为广泛地传播。

8. 营销支持改进

公司开始围绕“以视频为基础”的理念来创建网站，可以创造更多地参与与交互体验。这样，企业在自己的官网、第三方平台乃至社会化媒体上开展视频营销，企业创建的网络站点不仅仅是在推销产品，而且会使受众更多地融入企业文化中。

14.3 视频制作

视频在互联网时代的地位越来越重要，但是从事视频、播客艺术的专业人士数量有限，从事专业的视频设计与制作的门槛较高。长期以来，对于大多数人而言，视频制作是一项可望而不可即的专业技术。近些年来，随着硬件设备的更新与软件技术的进步，网络视频为业余摄像师、视频爱好者提供了广阔的用武之地，他们可以利用自己的思维、创意和简易设备制造出独具特色的视频，并基于视频站点和相关官方站点提供的展示机会与平台进行展示推广，宣传企业的品牌与产品，从而发挥视频营销的作用。无论是企业的虚拟产品还是实物产品，都可以用相关图片或者影像资料通过视频的策划、制作来合成一个营销视频。

14.3.1 企业的视频制作种类

企业的视频制作通常分为两种：企业宣传片与产品宣传片。

1. 企业宣传片

企业宣传片侧重介绍企业主营业务、产品、企业规模及人文历史。企业宣传片已成为每个企业必需的展示方式。每个企业老总都希望自己的片子充分展现企业的现有发展状态。企业宣传片表现价值取向、文化传承、经营理念和产业规模等。对企业内部的各个层面有重点、有针对、有秩序地进行策划、拍摄、录音、剪辑、配音、配乐，配以动画和特效并合成输出制作成片，目的是凸现企业独特的风格面貌，彰显企业实力，让社会不同层面人士对企业产生正面良好印象，从而建立对该企业的好感和信任度，信赖其产品与服务。通过赋予独特内涵，帮助企业树立具有竞争力的综合形象。

2. 产品宣传片

产品宣传片通过全方位、多角度地展示商品，有助于增加买家对商品的信心，有利于商品的推销。从买家的角度讲，视频展示可以增加网民网络购物的真实体验，减少网购风险。相比购物网站单纯的文字、图片展示，更具真实性和说服力。产品宣传片都是商家自己低成本制作的产品视频展示，相比由专业主持人或演员担任引导的电视购物，更贴近广大用户，更具有真实感。而且，产品宣传片在网上可以 24 小时为商家服务，不需要巨大的广告费用，形式灵活；无论在宣传的时间上、区域上还是力度上，都要远远超过电视购物。

14.3.2 企业的视频制作流程

尽管相对于专业视频制作而言，业余视频制作的复杂性与技术性要简单得多，但是仍然需要遵行严格的实施程序。

1. 视频内容构思

通常，企业制作的视频需要在 1～2 分钟的时间内讲述一个完整的商业故事，为此往往需要几天甚至几周的时间去思考研究故事的情节、背景和主题。在构思的过程中，应注意脱离传统的广告思维，在内容充实生动的基础上体现出视频的创意。

2. 剧本创作和故事板设计

基于构思，制作人员可以稍后写成剧本形式。通常，剧本不仅是对话，还有场景及人物如何表演。剧本通过审核后，需要进行故事板设计，以图画形式用来指导视频所需的视觉与情感效果。

3. 角色派定

视频中的角色（无论是主角还是配角）都需要深入的筛选，要为视频人物配置合适的角色。

4. 特色外景或内景拍摄

视频拍摄既可能涉及外景，也可能涉及内景或两者的结合。无论是内景还是外景，视频制作者都需要进行事先考察，对所有的背景与场景进行观察与分析，以预防拍摄中可能出现的一切潜在问题。

5. 拍摄

网络视频的最关键之处在于内容策划，而不是拍摄技术。对于拍摄技术，一般使用 DV 或摄像机就可以进行拍摄，大制作成本的可以用标清。拍摄过程中，导演、演员、摄影师、灯光技师与音频技师等各司其职，完成本职工作。

6. 图形

视频需要的任何图形在构思后录入计算机，此时需要制作收集包含网址与品牌等要素的图片，以备下一步剪辑时加以植入使用。

7. 剪辑

剪辑环节所要做的工作是观看并编辑拍摄的所有场景，决定保留与删除。这项工作完成后，编辑将留下的场景、图形和音乐合成一个完整的商业故事。影片剪辑软件就可以很好地完成这一工作。例如，会声会影是一套个人家庭影片剪辑软件，通过它完整强大的编辑功能可以剪辑出符合企业要求的网络营销视频。

8. 压缩和格式转换

剪辑完成后，视频将被压缩成一个很小的文件并且转换成合适的格式。由于视频网站接受 flv 文件，所以通常需要转换成 flv 格式。文件格式看上去令人困惑，但实际上非常简单。Flash 由于其兼容性广、文件容量小、图像质量高、传输方式多和播放器控制功能强等特点，已成网络视频最受欢迎的格式，网络上几乎所有的主要视频源都在使用它，包括 Youtube、Google Video 和 Youku。

9. **上传**

完成压缩和格式转换后的最后一步是将视频上传到视频网站或企业相关站点。

14.4 视频营销策略

网络视频的营销价值显而易见，企业开展网络视频营销的策略具体包括如下。

1. **建立企业视频空间**

建立企业视频空间类似于围棋中的布点，通过在网络视频网站建立企业主页，可以深度添加有关企业文化、价值观、产品与服务等多种多样的企业信息，供对企业、产品感兴趣的客户进行深度了解与沟通。由于中国视频网站处于一个竞争阶段，优酷、爱奇艺、新浪视频和网易视频等企业都占据网络视频的一定份额，所以企业在视频网站中的企业视频空间建设需要以连锁建设的方式在多个主流视频网站展开，从而可以构筑一个多维的网络视频空间。

建立企业视频空间的过程为：选择主流的视频网站注册成为用户，以注册优酷网为例。注册成为优酷用户后，就拥有我的首页、我的空间、我的 U 盘、我要上传、账号设置等频道。例如，我的空间包括主页、动态、视频、专辑、收藏、留言、好友等，如图 14-3 所示。

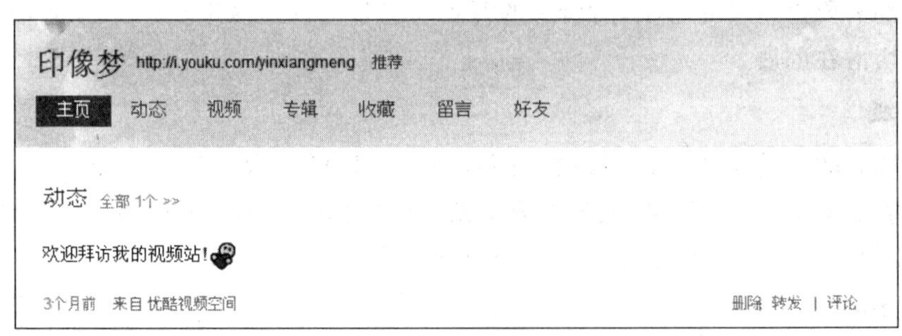

图 14-3 视频空间主页

我的 U 盘包括订单、视频 、专辑、评论、好友等，如图 14-4 所示。

个人设置包括基本资料、修改头像、个性域名、绑定网站、安全设置与修改密码等，如图 14-5 所示。

2. **短小精悍**

网络时代的受众缺乏耐心，网民不会投入过多的时间来浏览企业视频；因此，网络视频的长度应体现“短、小、精、悍”。视频短片的长度应该在 1～2 分钟为宜；如果内容较多或具有明显的连续性，可以考虑将长视频剪辑成若干个短视频，做成一个系列视频，保持主题的连贯性。

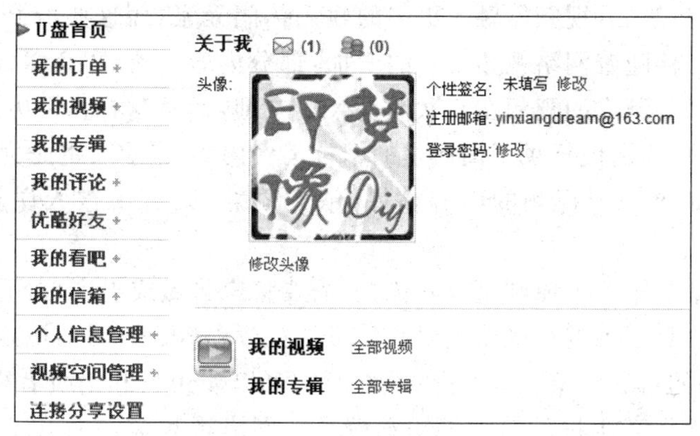

图 14-4　我的 U 盘

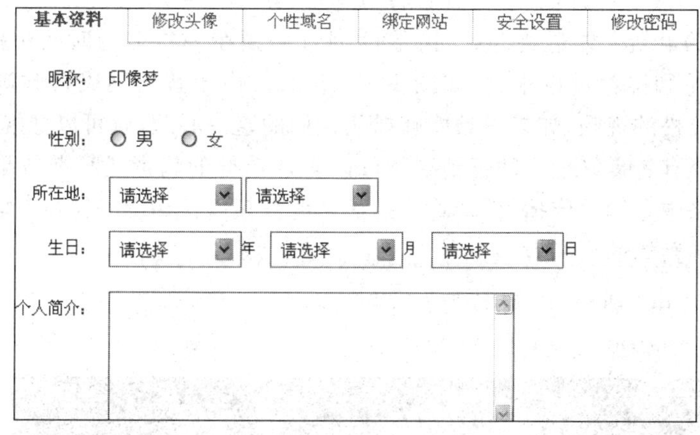

图 14-5　个人设置

3. 设置与关键词相关的视频标题与内容

制作好的视频需要合理设置关键词。网民会根据关键词在通用搜索引擎或视频网站中进行搜索，而这些主动搜索者又都是精准的理想客户。因此有必要针对视频关键词设计视频的标题、目录、标签及视频描述。企业将设置好关键词的视频上传到优酷网、爱奇艺等大型视频网站，从而能够为自己带来定向的精准客户。

4. 围绕焦点主题展开诉求

网络视频的播放时间短暂，企业不要奢求其在有限的播放时间内能够将企业文化、企业品牌、产品功能等内容表达得面面俱到。事实上，如果在一个视频当中表达过多的元素，客户反而会由于看不到重点，而什么信息都没有形成记忆。所以，企业必须围绕核心主题(如企业文化或者产品特点等)展开视频产品展示并进行凝练，突出企业或产品的差异化。

5. 内容基础上的创意导向

视频之所以能够受大众欢迎，主要原因有两点：第一，视频内容的视觉冲击性远远大于普通的文字内容；第二，视频能融入更多的娱乐休闲元素，而这些恰恰是互联网时代的网民的兴趣所在。伴随着网络视频站点的增加，部分内容优秀、以创意营销为导向的、将广告当做内容来精心制作的视频在互联网上大受欢迎，而且这样做一方面为网络平台贡献了内容，另一方面为网民提供了高质量的精神消费内容，最重要的是为企业品牌和产品做了宣传推广。如果一个视频的内容枯燥，缺乏创意，则容易被人误解为传统的电视广告。

网络视频营销的第一个原则是内容优先，需要将广告做成内容，而不是将内容做成广告。这里的内容立足于为网络受众提供高质量的视频内容。这时的视频不仅仅对广告主有利，而且对传播的目标对象也有好处；一方面它可以使用户和消费者得到有用的信息，另一方面它可以提供高质量的精神娱乐消费品。网络视频营销的第二个原则即创意导向，网民之所以日益热衷视频的一个重要原因在于视频的生动性与趣味性。如果一个视频能够提供生动性、趣味性的创意，则必将为视频的广泛传播奠定基础。例如，56 视频网站中"iPhone4 的最新人体透视"这个恶搞的创意视频在一年多的时间中播放量超过了 300 万，并且评论和推荐量也很大（如图 14-6 所示）。由于普通网民喜欢浏览经典的、搞笑的、有趣的、轻松的视频，如果视频能够抓住人们的这一心理，就可以把视频广告营销做得很成功。一个有着良好创意的营销视频可以实现精准的病毒式扩散效果，引导人们自觉自愿地在网络中主动去传播，而带着产品信息的视频就像病毒一样在互联网上扩散，这也正是网络视频营销的预期效果。

图 14-6　iPhone4 的一个恶搞视频

6. 社会化媒体传播

社会化媒体的出现使得视频的社会化分享成为可能。以微博、SNS、论坛、社区为代表的社会化媒体平台成为重要的视频传播网站，网民视频分享习惯的养成扩大了网络视频的传播范围，极大地拓展了视频传播平台。网络视频的社会化传播和品牌信息的社会化营销相互结合，企业一方面能够以较少的营销支出获得较多的营销效果，另一方面能够将营销信息在短时间内通过众多社会化媒体平台全方位曝光，提升品牌知名度。此外，社会化媒体可以调动网民的力量形成广泛的自动传播，发挥长尾的威力实现品牌信息的深层渗透。通过"一对一""一对多""多对多"的传播形式让网民成为传播链条的有机组成部分。以微博为例，微博体是最适合进行转发的形式；当用户在微博平台转发某一视频的时候，可让其他网友"所见即所得"。这种"口碑＋内容"的传播组合形式很容易诱发其他网友的主动观看。

7. 引导受众的互动沟通

视频网站的视频都是可以发表评论的，浏览视频的网民都习惯顺便看一下评论，看看这个视频评论好不好。如果很多人评论，那么这个视频肯定很火，看的人多了，企业自然就可以轻松地利用热门视频的评论功能获取流量。网民的创造性是无穷的，而且在视频网站，网民们不再被动接收各类信息。除浏览和上传之外，网民还经常通过回帖就某个视频发表己见，并给它评分。因此，企业完全可以把广告片、有关品牌的元素、新产品信息等放到视频平台上来吸引网民的参与。这样，网友在浏览之余发表的评论能够在瞬间传播出去，即使一两个字的评价也能引起粉丝的关注，围绕该视频将会迅速形成有效的传播链条：浏览→评论→转发→更多浏览。这就是为什么有的视频能够很快就成为聚众的核心，甚至引爆社会话题的原因所在。

8. 网络营销平台的协同

对于大型企业而言，可以充分利用以门户网站与平台网站为代表的以 Web 1.0 为特色的营销资源，与以社会化媒体为代表的以 Web 2.0 为特色的营销资源实现有效的整合，发挥门户网站或平台网站与社会化媒体平台的协同效应，发挥各自优势以实现营销的最佳效果。利用门户网站与平台网站的影响力和庞大的用户基数优势，不但能够将营销信息在最短时间内通过多个频道、网页全方位曝光，而且可以利用媒体身份围绕传播核心进行报道，提升品牌形象。而社会化媒体则可以发挥其互动、灵活、分享的特点，调动网民的力量形成广泛的自动传播。两个平台的内容可以互相链接、相互关联，形成有机配合，让网民的注意力在两个平台间自由跳转，必然会产生"1＋1＞2"的效果。例如，三星智能手机在对视频《四夜奇谭》的推动传播上就启动了新浪视频、微博和娱乐频道，形成跨平台传播网络。首先，新浪视频以零点首播的形式，将四部系列微电影分步上映，观看的网友通过登录页面获取勋章并兑换相应的礼品；新浪微博积累并引导口碑，带动网友之间的互动，为演员提供微博互动支持，引导粉丝围观，助推热门草根微博互动；新浪娱乐负责全程曝光和分阶段报道，通过娱乐事件引导网民关注，展示视频片花为活动预热，相关环节还有粉丝征集探班、明星微博爆料、角色微博发布炒作以及杀青会、试片会报道等。平台之间的承接和呼应让《四夜奇谭》短时间内就获得广泛关注，这种营销效果是借助单一平台力量所无法实现的。

思考题

1. 尝试制作一个视频并上传到视频网站。
2. 以个人或小组形式基于某商业或非商业组织开展视频营销。

第五篇

网络营销技术与工具

第15章 网络口碑营销

学习目标

- 认识网络口碑营销的分类及含义；
- 掌握网络口碑营销的重要特点；
- 掌握网络口碑营销的优势；
- 掌握网络口碑营销的构成要素；
- 领会网络口碑营销的推广策略。

15.1 网络口碑营销的含义

网络口碑营销作为企业的一种营销方式，由于其高度的可信性和顾客导向性，受到企业界和学术界的广泛关注。企业借助网络口碑，通过各种形式开展对产品及品牌的口碑塑造。消费者借助网络的力量，通过口碑传播的方式，对品牌表现出越来越深刻的影响力。

口碑(word-of-mouth)在辞海中的解释是“比喻众人口头上的称颂”。随着网络科技的发展，网络对话(例如博客、论坛和电子邮件)开始成为口碑相传的全新沟通方式。公司或消费者(合称网民)通过论坛(BBS)、博客和视频分享等网络渠道和其他网民共同分享关于公司、产品或服务的文字及各类多媒体信息。世界营销之父菲利普·科特勒给21世纪的口碑传播的定义是：口碑是由生产者以外的个人通过明示或暗示的方法，不经过第三方处理、加工，传递关于某一特定或某一种类的产品、品牌、厂商、销售者，以及能够使人联想到上述对象的任何组织或个人信息，从而导致受众获得信息、改变态度，甚至影响购买行为的一种双向互动的传播行为。口碑营销就是指企业在调查了市场需求的情况下，为消费者提供他们需要的产品和服务，同时制定一定的口碑推广计划，让消费者自动传播公司产品和服务的良好评价，从而让人们通过口碑了解产品，树立品牌，加强市场认知度，最终达到企业销售产品和提供服务的目的。

口碑营销包括蜂鸣营销(buzz marketing)和病毒营销(virus marketing)。蜂鸣营销原意可追溯为许多人说话的声音(也是蜜蜂发出的嗡嗡声)，其能够激发大众的兴奋，扩大宣传，并通过意想不到甚至惊世骇俗的方式传达品牌相关的信息。蜂鸣营销一旦成功，将在受众群体中广泛传播。例如，具有传奇色彩的英国亿万富翁理查德·布兰森(Richard Branson)曾在美国推广自己的手机服务(如图15-1所示)。他想创造一个轰动效应，也就是蜂鸣营销。理查德·布兰森决定在人流的高峰期从纽约时代广场的摩天大楼以裸体方式落下；同时，身穿红色弹力套装的200人四处分发产品的样品和宣传单页。

图 15-1　理查德·布兰森在纽约时代广场

病毒营销又称为鼠碑营销，是另一种形式的口碑营销，它鼓励消费者把公司开发的产品和服务的信息传播给其他受众群体。在中国，近年来，饮料品牌"王老吉"是实施病毒营销最为成功的案例之一。2008 年在天涯论坛出现了一篇名为"封杀王老吉"的帖子，一时间论坛火爆，跟帖留言的人不计其数。其实内容并没有大家想象得那样激进，它只是说王老吉在赈灾晚会上捐了一个亿，十分"嚣张"，鼓励大家买光王老吉的饮料。上一罐买一罐，其实这是正话反说，实际上是鼓励大家购买王老吉的产品，如案例 15-1 与图 15-2 所示。

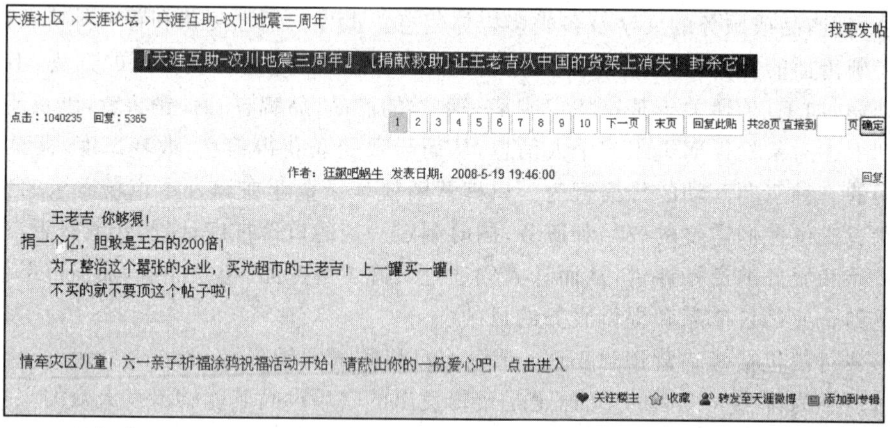

图 15-2　天涯论坛上"封杀"王老吉的帖子

【案例 15-1】　王老吉汶川地震捐款 1 亿元　老字号加多宝一鸣惊人

加多宝宣布捐款 1 亿元的时候，社会公益产生的口碑效应立即在网络上蔓延，许多网友第一时间搜索加多宝的相关信息，加多宝网站随即被刷爆。“要捐就捐 1 个亿，要喝就喝王老吉！”“中国人，只喝王老吉”等言论迅速得到众多网友追捧。

相比部分著名企业家遭到舆论围攻的窘态，一些低调的企业及其幕后的企业家在 2008 年的抗震救灾中则可谓“一鸣惊人”。

2008 年 5 月 18 日晚，在由多个部委和央视联合举办的募捐晚会上，1 亿元的巨额捐款让“王老吉”背后的生产商——广东加多宝集团——“一夜成名”。

“希望他们能早日离苦得乐。”加多宝集团代表阳先生手持一张硕大的红色支票说道。加多宝以 1 亿元的捐款成为国内单笔最高捐款企业，顿时成为人们关注的焦点。

作为“王老吉”饮料生产商的加多宝集团多年来一直隐身于公众视野。这家以香港为基地的大型专业饮料生产及销售企业在 1995 年推出第一罐红色罐装王老吉，随后在短短的几年时间里，王老吉的销售额有了从 1 亿到几十亿的高速增长。国家统计局、中国行业企业信息发布中心发布的数据更显示，王老吉占据“2007 年度全国罐装饮料市场销售额第一名”的市场地位。

尽管旗下的王老吉已经悄然成为全国饮料行业的领导品牌，加多宝的老板却几乎从未在公开场合露面。即便是在 2003 年，当“怕上火，喝王老吉”的广告语成功地响彻大江南北时也是如此。

加多宝集团非常重视品牌传播，曾强调“传播非常关键”和“在最短的时间里使王老吉品牌深入人心，必须选择一个适合的宣传平台，央视一套特别是晚间新闻联播前后的招标时段是具有全国范围传播力的保障”。

在这一思路的指导下，王老吉的广告投入可谓大手笔。加多宝先是选择了 2003 年“非典”期间投放了央视一套的黄金招标段，又投入巨资拿下了 2004 年 3～8 月的几个黄金标段，多年把中央电视台作为其品牌推广的主战场，巨额广告投入不遗余力。急风暴雨般的广告攻势保证了红色王老吉在短期内迅速给人们留下了深刻印象，迅速飙红大江南北。统计数据表明，2003 年红罐王老吉的销售额从原来的 1.8 亿元跃升到 6 亿元。2004 年的销售额为 15 亿元，2005 年的销售额超过 25 亿元，2006 年的销售额达到了 35 亿元，2007 年的销售额达 50 亿元。

诚然，此次加多宝慷慨解囊 1 亿元体现了民族企业对抗震救灾高度关注的社会责任感。但结合王老吉的品牌推广成功经验和目前饮料行业中以王老吉为代表的民族饮料对抗洋可乐的竞争态势，以及加多宝重视“在传播上与竞争对手差异化竞争”的思路，不难理解加多宝集团此次在央视晚会上的惊人一亿。

网络口碑营销(Internet Word of Mouth Marketing，IWOM)伴随着互联网的兴起，特别是社会化媒体的蓬勃发展，作为一种新兴的网络营销技术手段正在网络营销领域发挥举足轻重的地位。作为口碑营销与网络营销的有机结合，网络口碑营销借助现有社会化媒体工具，在一个甚至多个社会化媒体平台上推荐发布内容。社会化媒体营销的一个重要体现即是口碑营销，一旦社会化媒体平台的积极用户或影响者发现并传播内容，口碑营销即表明开始。互联网时代更为关注即时、新鲜的主题与内容，这一主题与内容在单位时间内扩散的速度越快，产生口碑营销的效应也就越大。这里可以将网络口碑营销解释为：企业基于以社会化媒体为主要载体的 Web 2.0 平台，通过针对产品或服务的营销主题与内容设计，从规模和深度上对网络受众进行扩散与沟通，最后达成品牌推广与销售实现的目的。

随着 Web 2.0 概念的实用化，基于 Web 2.0 的论坛、博客和社区等网络服务发展迅速，网民的高度参与性、分享性与互动性促使社区类媒体成为广告主新的淘金地。用户对产品的被动式接受开始向根据自身需求进行相关信息的主动搜索转变，并在此基础上与其他网民进行自身体验的分享。基于社区的网络口碑营销占据网络营销的重要位置，其形式上提倡互动，理念上以人为本，在传播方式上借助用户的口口相传，从而达成大范围、快暴发的病毒式传播目的，使得其营销价值日益显现。

15.2 网络口碑营销的特点

网络口碑营销是 Web 2.0 网络中最有效的传播模式之一。目前，网络口碑还只是传统广告媒体传播的有效补充，其模式和传播形式的特定性还不足以使其成为完成品牌塑造的主导传播方式。但是，不容置疑的是，网络口碑营销有着传统广告不可比拟的优势，它对于一个品牌知名度和美誉度的改变是潜移默化的，也是深入人心的。成功的网络口碑营销通常包括以下特点，如图 15-3 所示。

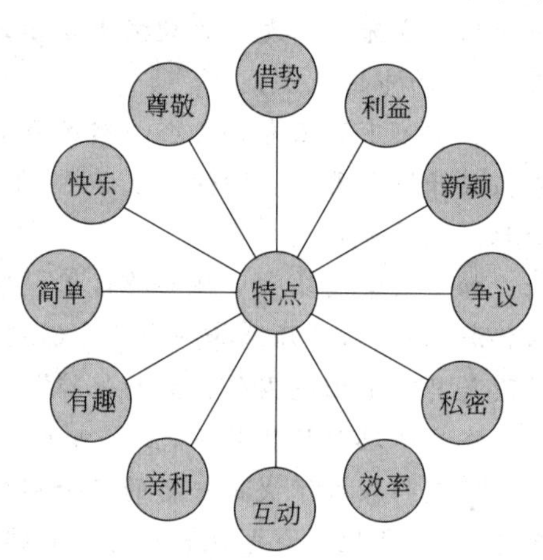

图 15-3 网络口碑营销特点

1. 借势

口碑营销的特点就是以小搏大，在操作时要善于利用各种强大的势能来为己所用，可以借助自然规律、政策法规、突发事件，甚至是借助竞争对手的势能。

2. 利益

口碑营销必须将传播的内容以利益为纽带与目标受众直接或间接地联系起来。利用传播者本身就是事件的利益主体这一点，使其不仅自己关注、参与，更会主动传播并邀请亲朋好友来关注、参与，由此产生强烈的倍增效应。例如，2009 年 11 月 9 日，当时只有 4000 粉丝的凡客诚品微博向粉丝数第一的姚晨粉丝群发送了一条微博："打算给姚晨的 21 万粉丝们一点儿福利，但愿姚晨粉丝们出来说句话，怎样操作好？"这条微博立即引起了粉丝群的热烈讨论、关注、评论、转发。

3. 新颖

网民通常会对新奇、偶发的事情更感兴趣，所以口碑营销的内容会注重新颖奇特。多芬是美容行业中有近 50 年历史的全球著名的女性品牌，联合利华也是最有价值的品牌之一。其推出的视频"多芬演变"(如图 15-4 所示)以新颖、独特、出人意料的特点在网络中得以广泛传播。

4. 争议

具有争议性的话题更加容易引起广泛的传播，但争议往往又都带有一些负面的内容。

图 15-4 “多芬演变”视频

企业在口碑传播时要把握好争议的尺度，最好使争议在正面的意见中发展。

5. 私密

每个人都有好奇心，有探听私密的兴趣。越是私密的事物，越是能激发人们探知与议论的兴趣。英国一个学者做了一个有趣的实验：他神秘地向两位邻居透露一个消息，说早上一只怪鸟在自己家的庭院产下了一枚巨大的绿壳蛋，并且告诉这两个邻居不要对别人讲。可结果不到一个小时，就有人在街上议论这个事情，没到第二天，这位学者所在小镇的所有人都知道了这个消息。

6. 效率

信息传递的互联网是一个公共和共享的平台，信息的传播效率较传统的营销高得多。经典网络口碑营销案“封杀王老吉”的影响力使得《中国经营报》《21 世纪经济报道》等对其专门进行了深度剖析，王老吉的网络口碑营销案例是四川汶川大地震之后最热门的营销话题之一。

7. 互动

传统广告只是将产品推荐给用户使用，对于用户的使用体验缺少相关的反馈机制和渠道，而网络口碑营销的传播内容是用户的评价。企业通过口碑营销一方面建立自己的正面影响力，另一方面建立起实施监测用户体验、及时反馈有效信息的机制。企业与消费者能够进行及时的互动，用户对企业会产生信任感和黏性。

8. 亲和

传统的广告、促销、公关、商家推荐都是商家对自己产品、品牌的推荐，是站在利益方的角度。但是，网络口碑营销是从消费者的角度陈述对产品的使用心得、对品牌的看法和对服务的感受等，这使得其他消费者感到高可信度。论坛、BBS、SNS成员一般团体化，他们消费取向相同，彼此也有一定的熟识，这为网络口碑营销的可信度增添了力度。

9. 有趣

没有人喜欢谈论令人乏味的公司、产品或广告。如果企业想让人们谈论到，那么就必须制造出生动有趣的内容。例如，澳大利亚昆士兰旅游局推出的网络营销活动“世界上最好的工作”。2009年1月10日，全世界各大媒体几乎在同一时间报道了一条消息：澳大利亚昆士兰旅游局将在全球范围内招募一名大堡礁管理员，工作时间自2009年7月1日开始，为期半年，薪水15万澳元（约合人民币70万元），并入住位于汉密尔顿岛上的带泳池的三房别墅。而他（她）的职责则包括探访大堡礁附近的诸多岛屿，亲身体验各种探险活动，如扬帆出海、划独木舟、潜水、海岛徒步探险等，以及担任兼职信差，并把自己的亲身经历以文字和视频的方式记录下来，上传至博客。活动的参与方式非常简单，没有学历要求，没有工作限制，所有18岁以上的人只要提供一段60秒内的英文求职视频即可。

消息发出的第一个周末，“世界上最好的工作”的官方网站即人满为患，全世界以每小时25 000人次的速度来访，服务器几近瘫痪，工作人员不得不连夜将服务器扩大了10倍才得以恢复正常。在报名截止日期2月22日前的最后48小时内，昆士兰旅游局收到了7500份申请材料，总共达到了34 684份之多。

10. 简单

口碑营销的特点之一就是“懒惰”。网络受众不喜欢传播冗长的信息，为此成功的网络口碑话题只针对产品或企业的最为突出的特征。通过口碑传播的方式可以有效地强化市场定位，同时又能保证信息明确、简洁，便于传播和记忆。例如，耐克的宣传语Just Do It，李宁的宣传语Make It Change、Zappos的宣传语“合脚即穿，不合就换”、博洋家纺宣传语“博洋家纺，为爱裸奔——价格裸奔，品质不裸奔”。上述知名品牌无论在活动标语上还是品牌标语上都采用简单的语句，以便于用户了解和传播。

11. 快乐

快乐的客户是最伟大的广告商。当人们喜欢你时，他们就愿意和其朋友分享你。他们想帮助你，他们想支持你的业务，他们希望他们的朋友喜欢你所提供的产品。使他人快乐比其他任何你能做的事情更加会得到口耳相传。

12. 尊敬

如果企业没有获得受众的尊敬，那么就不可能获得广泛的传播，没有人会积极地传播他们不信任和不喜欢的品牌。

15.3 网络口碑营销的优势

基于网络口碑营销的自身特点，网络口碑营销体现以下优势。

1. 传播成本低

口碑营销无疑是当今世界上最为廉价的信息传播工具，基本上只需要企业的智力支持，不需要其他更多的投入，节省了大量的广告宣传费用。所以企业与其以不惜巨资投入广告、促销活动、公关活动等方式来吸引潜在消费者的目光，以产生"眼球经济"效应，还不如通过口碑这样廉价而简单的方式来达到这一目的。很多好电影、好书的流行都是靠口碑传播获得巨大成功的。也许我们每个人都有向别人推荐过好电影或好书的经历，这种口碑推荐的力量有时超出你的想象。由于口碑的力量，英国女作家 J. K. 罗琳写的《哈利·波特》系列丛书一本比一本畅销。当第 4 部《哈利·波特》在 2000 年 7 月上市时，首印量即达 380 万册，在 48 小时内便告脱销。第 5 部在还没有出版前已经是万众期待，2003 年 6 月 21 日全球同时首发时，第一天仅在美国就销售了 75 万册，全球销售了 500 万册。J. K. 罗琳，这个曾经生活孤苦无依的英国单身母亲，如今的富有程度超过我们的想象。她自己在回答美国记者采访时也承认，是口碑相传使她名声大振，而名声改变了她的生活。

当一个企业、一个产品或者一项服务形成了良好的口碑时，它就会被广为传播。通过口碑营销，基于人们自发的口口相传，成本仅限于对信息源头的传播费用以及主要集中于教育和刺激小部分传播样本人群上，即教育和开发口碑意见领袖，因此成本比面对大众人群的其他广告形式要低得多。一个企业的产品或服务一旦有了良好的口碑，人们会不经意地对其进行主动传播。不少企业通过成功的口碑营销，往往能事半功倍地在消费群体中换取良好的口碑，从而增加企业的市场份额；同时也为企业的长期发展节省大量的广告宣传费用。在当今信息更为充分的互联网时代，靠强制宣讲灌输的品牌推广已变得难度越来越大且成本越来越高，性价比远远不如定向推广和口碑传播来得好。

2. 可信任度高

当代社会，人们每天都会不可避免地接触到各类媒体广告。各种新老产品的推广信息接踵而来，这其中部分有用的信息可以为消费者创造价值，极大地节省消费者的时间和精力，而部分垃圾信息则会浪费消费者的时间和精力，甚至有可能极大地伤害消费者。所以，人们对媒体广告的信赖度正在逐渐下降。根据部分调查报告显示："在消费者具有相应需求时，他们往往先通过身边的亲朋了解某相关产品或公司的口碑；而且亲朋的建议对最终决策起到了很大的作用。"

一般情况下，口碑传播都发生在朋友、亲友、同事、同学等关系较为亲近或密切的群体之间。在口碑传播的过程之前，他们之间已经建立了一种特殊的关系和友谊，相对于纯粹的广告、促销、公关、商家的推荐等而言，可信度更高。另外，一个产品或者服务只有形成较高的满意度，才会被广为传诵，形成一个良好的口碑。因此，口碑传播的信息对于受众来说具有可信度非常高的特点。这个特点是口碑传播的核心，也是企业开展口碑宣传活动的一个最佳理由。同样的质量，同样的价格，人们往往都是选择一个具有良好口碑的产品或服务。况且，因为口碑传播的主体是中立的，几乎不存在利益关系，所以也就更增加了可信任度。

3. 针对性准确

"物以类聚，人以群分"，人们都有自己的交际圈，日常生活中的交流往往围绕彼此关注的话题。不同的消费群体之间有着不同的话题与关注焦点，因此各个消费群体构成了一个个特定的细分市场。他们有相近的消费趋向和相似的品牌偏好，只要影响了其中的一个人或者几个人，在这个沟通手段与途径无限多样化的时代，信息便会以几何级数的增长速度传播开来。

口碑营销具有很强的针对性。它不像大多数公司的广告那样千篇一律，无视接受者的个体差异。口碑传播形式往往借助于社会公众之间一对一的传播方式，信息的传播者和被传播者之间一般有着某种联系。消费者都有自己的交际圈和生活圈，而且彼此之间有一定的了解。人们日常生活中的交流往往围绕彼此喜欢的话题进行，这种状态下信息的传播者可以针对被传播者的具体情况，选择适当的传播内容和形式，形成良好的沟通效果。当某人向自己的同事或朋友介绍某件产品时，他绝不是有意推销该产品，他只是针对朋友们的一些问题提出自己的建议而已。例如，朋友给你推荐某个企业或公司的产品，那么一般情况下会是你所感兴趣，甚至是你所需要的。可见，口碑传播不仅仅是一种营销层面的行为，更反映了小团体内在的社交需要。很多时候，口碑传播行为都发生在不经意间，传递相关信息主要是因为社交的需要。因此，消费者自然会对口碑相传的方式予以更多的关注，因为大家都相信它比其他任何形式的传播推广手段更中肯、直接和全面。

4. **提升企业形象**

很难想象一个口碑很差的企业会得到长期的发展。口碑传播不同于利用广告宣传，口碑是企业形象的象征，而广告宣传仅仅是企业的一种商业行为。口碑传播是人们对于某个产品或服务有较高的满意度的一个表现，而夸张的广告宣传有可能会引起消费者的反感。拥有良好的口碑往往会在无形中对企业的长期发展以及企业产品销售、推广产生很大的影响。当一个企业赢得了一种好的口碑后，其知名度和美誉度往往就会非常高，这样企业就拥有了良好的企业形象。这种良好的企业形象一经形成就会成为企业的一笔巨大的无形资产，对于产品的销售与推广、新产品的推出都有着积极的促进作用。并且，口碑在某种程度上是可以由企业自己把握的。

5. **发掘潜在消费者成功率高**

专家发现，人们出于各种各样的原因，热衷于把自己的经历或体验转告他人，例如刚去过的那家餐馆口味如何、新买手机的性能怎样等。如果经历或体验是积极的、正面的，他们就会热情主动地向别人推荐，帮助企业发掘潜在消费者。一项调查表明：一个满意的消费者会引发 8 笔潜在的买卖，其中至少有一笔可以成交；一个不满意的消费者足以影响 25 人的购买意愿。

由此“用户告诉用户”的口碑影响力可见一斑。以空调为例，在购买过程中，消费者较多地关注的是使用效果、售后服务、价格、品牌和耗电量等因素。而潜在用户对于产品的使用效果、售后服务、价格、品牌和耗电量等因素的信息主要来自第一次购买的群体；第一次购买群体的口碑是最值得潜在用户信赖的传播形式。

6. **更加具有亲和力**

口碑营销从本质上说也是一种广告，但与传统的营销手段相比，却具有与众不同的亲和力和感染力。传统广告和销售人员宣传产品时一般都是站在卖方的角度，为卖方利益服务的，所以人们往往对其真实性表示怀疑，只能引起消费者的注意和兴趣，但促成真正购买行为的发生较难。而在口碑营销中，传播者是消费者，与卖方没有任何关系，独立于卖方之外，推荐产品也不会获得物质收益；同时，因为是朋友口中说的，所以可信度比较高，企业产品也就更为容易被推广出去。因此，从消费者的角度看，相比广告宣传而言，口碑传播者传递的信息被认为是客观和独立的；可被信息接受者所信任，从而使其跳过怀疑、观望、等待、试探的阶段，并进一步促成购买行为。

7. 了解市场脉搏

以微信、微博为代表的网络口碑营销平台，通常聚集着与品牌、产品乃至服务相关的大量消费者，消费者通常会基于上述社会化媒体平台表达出对于购买的品牌、产品的积极或消极的意愿和想法。这样，企业通过跟踪用户对自己品牌、产品的感受，可有效了解自己企业品牌、产品的优劣势以及用户最新的需求趋势等，利用这些反馈信息开发自己的业务和营销计划，以便做出有效反应。

15.4 网络口碑营销的构成要素

美国口碑营销协会的口碑营销专家安迪·塞诺威兹(Andy Sernovitz)在《口碑的力量：沃顿商学院最受欢迎的营销课》一书中提出进行口碑营销的5项构成要素，即5T(Talkers、Topics、Tools、Taking Part和Tracking)。

1. 谈论者(Talkers)

谈论者回答的问题是“谁将对他的朋友提及企业品牌”。谈论者指对传播企业信息具有热情的群体。这一环节涉及的是人的问题，企业必须识别会谈论你的人群，这是口碑营销的第一步。这部分人是产品的粉丝、用户、媒体、员工，或者是供应商、经销商。目前的口碑营销往往都是以产品使用者的角色来发起，以产品试用为代表，但实践表明企业的员工和经销商的口碑建立同样不容忽视。

2. 话题(Topics)

话题要解决的是人们谈论什么。网络口碑营销需要给人们一个谈论的理由，这个理由可以是产品、价格、外观、活动、代言人等。口碑营销就是一个炒作和寻找话题的过程，总要发现一些合乎情理又出人意料的“噱头”让人们尤其是潜在的用户来“说三道四”。

3. 工具(Tools)

工具提出如何帮助信息传播。再好的话题也需要帮助扩散，因此需要预先设定口碑传播的平台及工具。借助于网络平台及工具，可以帮助信息传播得更快。它可以是网站广告、“病毒”邮件、博客、网络社区等。这不仅需要对不同渠道的传播特点有全面的把握，而且广告投放的经验对工具的选择和效果的评估也会起到很大的影响。此外，信息的监测也是一个重要的环节，从最早的网站访问来路分析到如今的舆情监测，口碑营销的价值越来越需要一些定量数据的支撑。

4. 参与(Taking Part)

参与要解决的是企业应该如何参与对话之中。一旦企业打开口碑营销对话之门，一方面需要鼓励客户参与企业品牌的对话，另一方面也需要寻找到与产品价值和企业理念相契合的接触点，主动参与到热点话题的讨论中，包括发表相关博客、参加讨论、回复邮件等。例如，如今众多的母婴社区论坛或频道中许多母婴品牌都在育儿 BBS 开展在线活动，以增加品牌的美誉度和客户忠诚度。

5. **跟踪**(Tracking)

跟踪要解决的是人们针对企业说什么。企业需要了解并理解客户的声音，这可以通过搜索博客、阅读消息、使用一些软件获得。这是一个事后监测的环节，很多公司和软件都提供这方面的服务。发现客户的反馈和意见对于企业改善服务质量和提高品牌美誉度具有重要的作用。

15.5 网络口碑营销的推广策略

网络口碑营销的运作核心就是有效实现商业性和娱乐性的融合，纯商业性的信息不能激发受众的广泛兴趣和参与传播，纯娱乐性的信息不利于品牌信息的传播。

1. **策略 1：挖掘伟大的创意**

在营销 2.0 时代，口碑营销的成功关键在于挖掘出足以吸引受众注意的伟大创意。创意必须有意思，让受众有参与的兴趣。它能够激发受众为了获取更多更全面的关于诉求的信息而去主动搜索了解的行为，为受众的行动参与提供便利，参与时必须有独特的值得分享的经历。塑造创意需要跳出传统的思维框架，尝试做一些别人没有想到的事情。英国的一家皮肤癌慈善组织成功地运用了这一策略，如图 15-5 所示。2009 年 2 月，该组织启动了网站 ComputerTan. com 并提出假设，坐在网站 ComputerTan. com 中的人们通过他们的电脑屏幕可以被晒黑；ComputerTan. com 网站是一个骗局，但是在网站启动的 24 小时内还是有超过 30 000 人注册参与这一活动；在一天的末尾，这些用户被通知晒黑的危险与太阳射线的危害。

图 15-5 ComputerTan. com 主页：未曾期望的病毒创新

2. 策略 2: 教你的客户如何做某事

人们期待你的建议，教你的用户如何做某事。教某人如何做某事存在着无限的可能性。企业可以通过一系列的视频、图片、文字描述整个过程，教授他们的客户如何成功地完成某事。例如，利用视频教人们如何系领带、如何折叠 T 恤（如图 15-6）、如何制作冰糖葫芦、如何做比萨等。

图 15-6　折叠 T 恤的视频

3. 策略 3：列表

如果我们以段落的形式提供信息，则人们可能无法吸收每个部分。事实上，列表能够比段落或文章在信息吸引方面做得更为突出。列表具有天然的病毒性，因为他们鼓励大量参与、对话与沟通。它们也往往表明，作者针对一个特定主题完成了深度的研究。对于列表，人们可以抛开其他事实而专注于评论单个内容。具体而言，列表的特点表现在：第一，快速浏览与易于了解；第二，通常简洁，内容易于吸收；第三，文章具有丰富的资源和大量的信息，列表可以作为暂时的参考；第四，列表意味着共享，从而提高流量和链接，并可以帮助提高知名度；第五，吸引并鼓励个人参与。

4. 策略 4：测验或问卷调查

企业可以自己设计一些与业务相关甚至无关的测试和问卷，然后吸引网民参与问题。题型既可以是判断对错题、选择题等封闭式问题，也可以是让用户自己填写答案的开放式问题。测验结束后，给参与者显示与他人分享答案的按钮选项。这样，网民不仅自己可能会参与认知品牌信息，接下来还可能通过直接链接到小测验来与好友分享信息，如图 15-7 所示。

5. 策略 5：参与互动视频或游戏

如果企业的网页设计师能够创造可以促进产品营销的互动游戏与视频，那么企业就

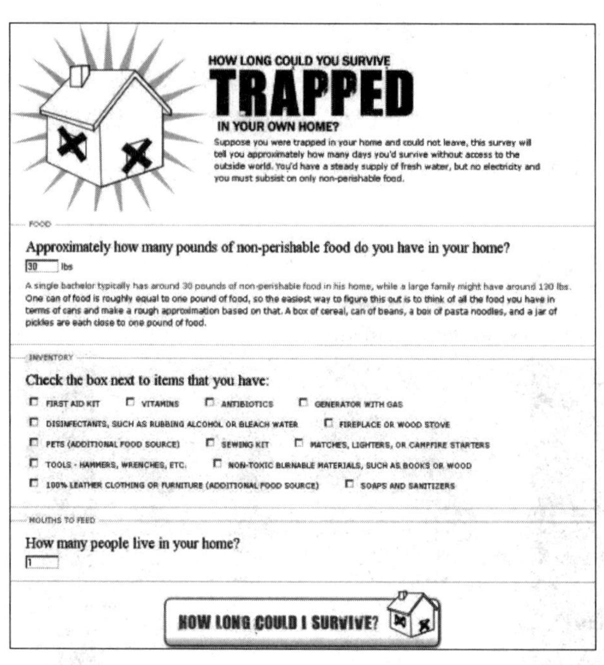

HOW LONG COULD YOU SURVIVE

TRAPPED

IN YOUR OWN HOME?

Suppose you were trapped in your home and could not leave, this survey will tell you approximately how many days you'd survive without access to the outside world. You'd have a steady supply of fresh water, but no electricity and you must subsist on only non-perishable food.

FOOD

Approximately how many pounds of non-perishable food do you have in your home?

30 lbs

A single bachelor typically has around 30 pounds of non-perishable food in his home, while a large family might have around 130 lbs. One can of food is roughly equal to one pound of food, so the easiest way to figure this out is to think of all the food you have in terms of cans and make a rough approximation based on that. A box of cereal, can of beans, a box of pasta noodles, and a jar of pickles are each close to one pound of food.

INVENTORY

Check the box next to items that you have:

- FIRST AID KIT
- VITAMINS
- ANTIBIOTICS
- GENERATOR WITH GAS
- DISINFECTANTS, SUCH AS RUBBING ALCOHOL OR BLEACH WATER
- FIREPLACE OR WOOD STOVE
- PETS (ADDITIONAL FOOD SOURCE)
- SEWING KIT
- MATCHES, LIGHTERS, OR CAMPFIRE STARTERS
- TOOLS - HAMMERS, WRENCHES, ETC.
- NON-TOXIC BURNABLE MATERIALS, SUCH AS BOOKS OR WOOD
- 100% LEATHER CLOTHING OR FURNITURE (ADDITIONAL FOOD SOURCE)
- SOAPS AND SANITIZERS

MOUTHS TO FEED

How many people live in your home?

1

HOW LONG COULD I SURVIVE?

图 15-7 问卷调查

有必要充分利用这一机会，让网络受众充分地将企业的产品与服务共同分享。用户可以利用个性化的交互式视频，这可能是昂贵的选择，但回报是巨大的：当用户发现他们确实可以被你的品牌所吸引，就能够提供有关自己的信息。然后，他们会情不自禁地与他们的朋友分享这些视频和游戏，这一结果就是凭借社会的相互作用实施真正的口碑营销。著名的汉堡王制作的“卑躬屈膝的公鸡”就是利用互动游戏的一个成功的病毒性营销范例。2005 年 4 月8 日的纽约，有个奇怪的东西出现在网络上。一只鸡穿着吊袜带可以完成任何观众要求的命令。它可以做跳跃运动、跳舞、做俯卧撑，甚至看电视；它看似无所不能。这一内容在散布到若干网络聊天室后，“从属鸡”立即在博客中广泛扩散。上网一天，该网站带来 100 万的点击率。一周之内，收到了 2000 万次点击。这个奇怪的网络现象背后是谁？许多网站访问者惊讶地看到它是汉堡王，如图 15-8 所示。

6. 策略 6：利用影像来传播主题

少儿时代，人们就喜欢连环画报；即使到了成人，人们对于视觉效果依然具有强烈的情感依恋。在网络社会中，充斥着大量过剩的信息，突出表现在文字信息上，因此越来越多的网络受众喜欢图文信息。在一个社会化营销的氛围之下，视觉画面有助于表达传播的主题，而图像更有助于故事的成功。例如，图 15-9 显示了一位母亲记录她患癌症的儿子生命最后时光的一系列照片，故事本身是痛苦的，其中一些照片使人为之动容。然而，母亲对她生病的儿子的爱是明确的，这份对小男孩的爱在成千上万的人之间进行分享。这篇文章获得 2007 年度特写摄影的普利策奖。诸如此类的例子都证明了使用图像可以有效提高不同题材的知名度，从而推动病毒营销的成功。同样，如果您的客户有兴趣了解有关企业产品的制造过程，那么企业可以为他们提供参观工厂或办公室的机会。这样，企

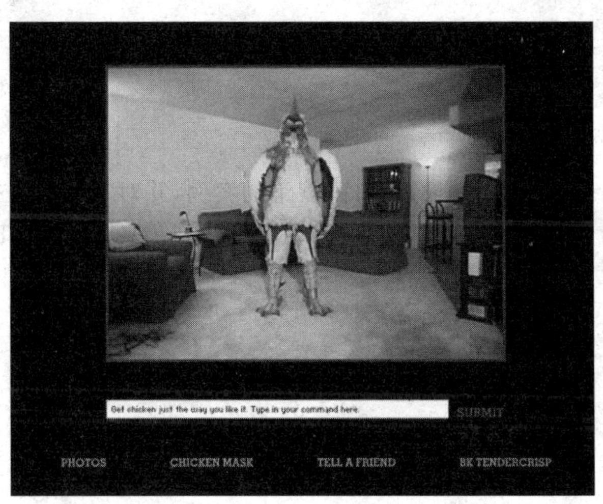

图 15-8　汉堡王互动游戏

业的追随者和利益相关者可能会对可视化的公司动态最感兴趣，从而为有效分享围绕企业的照片与视频提供传播机会。

图 15-9　一位母亲记录其患癌症的儿子生命最后时光的系列照片

7. 策略 7：开发应用工具

企业所处的行业可能正受限于企业所能解决的问题，或许这个需求也并非企业的紧急议程，但是企业一旦解决就可以使多人受益，包括企业自己。建设开发应用工具即属于这一范畴，应用工具是一个建立高质量链接到企业站点以及建立思想领袖的极佳途径。应用工具会使众多网民受益，其中包括与企业无关的客户。但是，上述网民与客户依然会帮助企业进行广泛分享并传播，从而提高企业的品牌知名度。例如，企业围绕苹果移动端 iOS 系统开发第三方应用工具，企业的追随者通过应用工具可以简单快捷地找到企业。

思考题

1. 基于互联网收集一个成功实施网络口碑营销的案例,并对其特点进行分析。
2. 任意选择一个品牌,设计一个模拟的口碑营销计划,重点包括 5T 原则及营销推广策略。

第16章 搜索引擎营销

学习目标

- 理解搜索引擎营销的特点和类型；
- 了解自然搜索优化；
- 掌握付费搜索实施流程。

16.1 搜索引擎营销

搜索引擎(Search Engine)致力于让网民基于互联网更为便捷地获取信息，找到所求。搜索引擎营销即从商业的角度出发，让网络用户发现商业信息，并通过搜索点击进入商业网站，进一步了解用户所需要的产品或服务信息。

16.1.1 搜索引擎的含义

搜索引擎是根据一定的策略和运用特定的计算机程序从互联网上搜集信息，在对信息进行组织和处理后，为用户提供检索服务和将用户检索的相关信息展示给用户的系统。不管是学习、娱乐还是购物，人们都习惯使用搜索引擎来获得自己想要的信息。利用搜索引擎来获取所需要的网络信息和资源是广大网络用户在寻找企业产品和服务信息时最常用的一种方式，相比其他方式而言，这种方式更具有简便、快捷、高效等特点。搜索引擎作为互联网的基础应用，是网民在互联网中获取所需信息的重要工具，其用户规模会随着网民总体规模的增长而进一步提升。

当搜索引擎提供商和企业开始介入用户的搜索过程中，通过搜索引擎的营销来推广自己的品牌、产品和服务时，搜索引擎营销就随之诞生。搜索引擎提供商推出了相关的营销产品，企业也对搜索引擎营销提出了相关的要求。如何让自己的产品和服务最大限度地展现到搜索用户面前并得到用户的关注是企业在搜索引擎营销中需要解决的主要问题。

16.1.2 搜索引擎的工作原理

搜索引擎的工作原理基本遵循抓取、编制索引、排序和显示搜索结果四个部分展开，如图 16-1 所示。

1. 抓取

搜索引擎利用蜘蛛(Spider)程序抓取并保存互联网上对用户有价值的资源。蜘蛛程

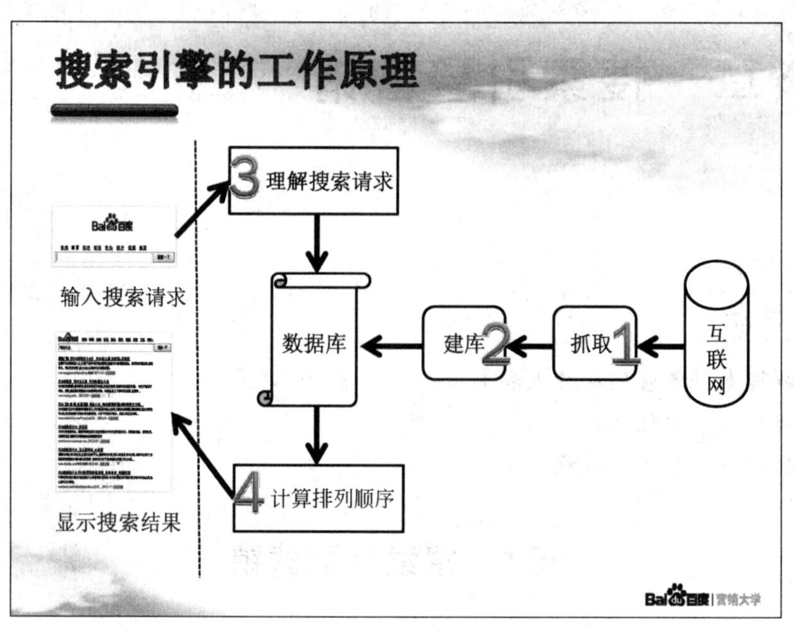

图 16-1　搜索引擎的工作原理

序从数据库中已知的网页开始出发，就像正常用户的浏览器一样访问这些网页并抓取文件，最后存入数据库。

2. 建库

建库就是编制索引(Indexing)。编制索引即通过蛛蛛程序对抓取的网页进行分解及分析，记录网页及关键词信息，以表格形式储存。这一过程也会创立搜索索引库，即特别的数据库，该仓库存储着列出了互联网所有网页上所有词的一个列表。

3. 理解搜索请求

理解搜索请求即匹配搜索请求(search query)。搜索引擎必须分析搜索者键入的词语，挑选出与这些词相匹配的网页。一方面，搜索引擎需要选择与自然搜索相匹配的结果，即对于自然搜索结果，需要使用搜索索引库来定位最匹配的网页。另一方面，搜索引擎需要选择与付费广告相匹配的结果，即与自然搜索不同，搜索结果不是从搜索索引中得到。搜索引擎会查询一个由广告主提交的存储所有列表的数据库。每一个广告主都可以选择关键词，并且提交一个投标价格，搜索者每次点击广告时，广告主就按这个价格付款。

4. 计算排列顺序

对于自然搜索而言，计算排列顺序即对某个关键词归档内的所有网页进行排序，以挑选最适合的网页排在前面。通常，网页的排序是按照“相关性”展开，所谓相关性即与搜索请求相匹配的程度。“相关性”是根据不同的要素按照一定的公式计算出的算法，相关性的三种主要构成要素包括关键词密度、关键词突出度和链接流行度。关键词密度(keyword density)即关键词在网页上出现的频率越高越好；关键词突出度(keyword prominence)即关键词在网页上出现的位置越突出越好；链接流行度(link popularity)即被其他网页链接得越多越好。对于付费搜索而言，计算排列顺序相对简单。直接竞价(high bidder auction)即出价最高者的广告将被搜索引擎放在付费搜索结果的最前列。混合竞价(hybrid auction)结合了广告主支付价格与相关性两个因素。以谷歌为例，参加Google AdWords计划的广告主按照他们愿意支付的价格进行投标，但是出价最高者的广告不一定能在谷歌上得到最好的位置。谷歌将衡量出价和点击率(搜索结果显示后搜索者点击的比率)二者相互结合的排序方法鼓励了那些更具相关性的搜索结果，因为它们会比出价多但相关性差的结果排名更高。

16.1.3 搜索引擎营销的实施流程

搜索引擎营销追求最高的性价比，以最小的投入获取最大的来自搜索引擎的访问量，从而产生商业价值。用户在检索信息时所使用的关键字反映了用户对该问题(产品)的关注，这种关注是搜索引擎之所以被应用于网络营销的根本原因。搜索引擎营销(Search Engine Marketing，SEM)就是根据用户使用搜索引擎的方式，利用用户检索信息的机会尽可能将营销信息传递给目标用户。其基本思想是在用户利用某些关键词检索时出现在检索结果中靠前的位置，从而让用户发现信息，并通过点击网站，浏览网页进一步了解他所需要的信息。搜索引擎营销可以实现五个营销目标：第一，被搜索引擎收录；第二，在搜索结果中排名靠前；第三，增加用户的点击(点进)率；第四，将浏览者转化为顾客。第五，成为企业忠诚客户。

简单来说，搜索引擎营销就是基于搜索引擎平台的网络营销，利用人们对搜索引擎的依赖和使用习惯，在人们检索信息的时候尽可能将营销信息传递给目标客户。通用搜索引擎是最为重要与常见的搜索平台。通用搜索引擎就如同互联网第一次出现的门户网站一样，大量的信息整合导航，极快的查询，将所有网站上的信息整理在一个平台上供网民使用。大家熟知的搜索引擎Google、百度、Yandex等是通用搜索引擎的典型代表。

相对于百度等网络用户熟悉的通用搜索工具，垂直搜索是基于特定主题的专业化搜索平台，它能帮助用户快速发现他们专业化所需的特定内容。例如，在快速发展的中国付费网络搜索市场，网络零售平台“淘宝网”在2009年底建立了自己独立的搜索引擎网站，其通过使用购物垂直目录搜索的方式，让网购用户在淘宝网界面上能够迅速便捷地找到物品，这样的搜索方式吸引了无数的潜在顾客。同时，淘宝网将其搜索广告位出售给淘宝卖家，将盈利规模达到最大化。垂直搜索引擎是通用搜索引擎的细分和延伸，是对网页库中的某类专门的信息进行一次整合，定向分字段抽取出需要的数据进行处理后再以某种形式返回给用户。垂直搜索是相对通用搜索引擎的信息量大、查询不准确、深度不够等缺点提出来的新的搜索引擎服务模式，是针对某一特定领域、某一特定人群或某一特定需求提供的具有一定价值的信息和相关服务。相比通用搜索引擎的海量信息无序化，垂直搜索引擎则显得更加专注、具体和深入，其特点就是“专、精、深”，具有强烈的行业或领域色彩。

此外，搜索引擎营销根据标准分类的不同可以有两种划分方式。搜索引擎营销按照是否付费分为自然搜索引擎营销和付费搜索引擎营销，如图16-2所示。自然搜索引擎营销即免费搜索引擎营销，也称为搜索引擎优化(Search Engine Optimization，SEO)，是一种利用搜索引擎的搜索规则来提高目标网站在有关搜索引擎内排名的方式。付费搜索引擎营销主要是竞价排名和付费搜索引擎广告,这在百度、谷歌的广告中很常见。此外,搜索引擎营销按照是否专业化分为通用搜索引擎营销和垂直搜索引擎营销。通用搜索引擎营销是指在通用搜索引擎下进行的营销活动,例如 Google、百度、雅虎等的搜索引擎营销。垂直搜索引擎营销是针对某一个行业、领域或平台搜索引擎的营销活动,例如淘宝、微信等搜索引擎营销。

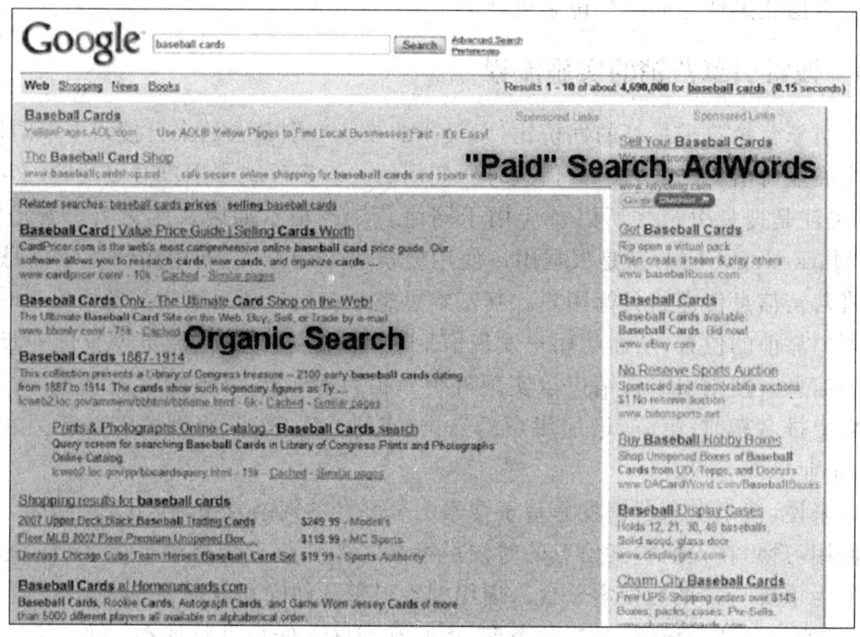

图 16-2　自然搜索与付费搜索

16.2　搜索引擎营销之自然搜索

搜索引擎营销之自然搜索称为有机搜索,或者搜索引擎优化,是搜索引擎营销的重要构成部分。

16.2.1　搜索引擎优化概述

搜索引擎优化即针对搜索引擎对于网页的检索特点,通过对企业官网结构、网页文字和站点间的链接等进行合理优化布局,从而使得相关网页在搜索引擎自然检索结果中的排名靠前。最终,排名靠前的网站与页面可以提高企业销售能力、拓展企业销售渠道、提升品牌形象。简单地说,SEO 是一种让网站在百度、谷歌等搜索引擎中获得较好的排名,从而赢得更多潜在客户的一种网络营销方式。搜索引擎优化的主要方法是通过对网站的“关键词,主题,链接,结构,标签,排版”等各方面进行优化,使 Google、百度等搜索引擎更容易搜索到网站的内容,并且让网站、网页在搜索引擎中获得较高的排名。

搜索引擎优化具有相应的优势和劣势。

搜索引擎优化的优势主要体现为以下5点。

1. 成本低

和付费搜索相比，搜索引擎优化的推广成本更低。付费搜索一旦停止参加竞价，则竞价排名就会自动截止。但是，对于搜索引擎优化，只要通过正常的优化手段获得了搜索引擎的自然排名，并且持续维护，那么推广效果就会随着时间的推移逐步显现。因此，发展搜索引擎优化可以有效降低企业的营销支出。

2. 覆盖面广

搜索引擎优化具有跨搜索引擎平台的效果，是针对网站结构、用户需求、搜索引擎原理等进行整体的优化，而不仅局限于某一个搜索引擎。例如，在百度具有较好排名的网站，其在诸如谷歌、搜狗、360等其他搜索引擎中也一定具有不俗的表现，所以SEO覆盖面是较为广泛的。

3. 全方位提高网站质量

搜索引擎优化不仅有利于网站的关键词排名，而且有利于网站整体质量的提升。搜索引擎爬虫不仅有智能的抓取能力，而且能够通过判断用户行为来分析网站的质量。所以，通过自然搜索，企业的网站不仅带来了搜索引擎流量，而且有利于提升整个网站的质量，优化用户体验，提高用户转化率。搜索引擎优化通常是对于企业页面所做出的有限修改，但是，这种有限的修改不断地完善企业页面，也会对站点的用户体验和搜索的结果产生显著的影响。

4. 信任度更高

相对付费搜索，搜索引擎优化具有更高的用户信任度。用户会认为靠自然排名排上去的网站更专业、更可信，更容易吸引点击，同时用户参与度和转化率也更高。通过搜索引擎优化排名获得的流量更容易被用户所认可、信任和接受，这些流量既是高质量的搜索引擎流量，也是转化率极高的有效流量。一般而言，自然结果第一位的自然搜索流量通常要高于排在付费搜索第一位的搜索引擎广告。

5. 屏蔽负面信息

搜索引擎优化还可以被应用于排除位于搜索结果页面的关于企业或产品等的负面信息。例如，如果在企业的付费搜索结果页面下方出现一条关于企业的负面消息，那么这一负面消息自然就会影响企业的在线流量乃至转化率。所以，通过搜索引擎优化，可以更好地巩固搜索结果页面正向搜索结果的权重，建立关于搜索结果的保护屏障。

搜索引擎优化的劣势主要体现为以下3点。

1. 见效时间长

搜索引擎优化的排名需要时间周期。通常，需要若干个月的优化时间，才能够体现部分优化效果。如果急于求成，往往会适得其反。因此，需要企业对于这一点具有充分的理解和预期。

2. 沟通成本高

搜索引擎优化需要部门之间的协同与配合。产品、营销、技术、编辑等部门或环节的沟通成本高，因此搜索引擎优化的管理人员通常需要具有较强的组织与沟通能力。

3. 不稳定

搜索引擎具有复杂的算法和动态的属性。与付费搜索相比，因为不是单纯地购买广告，所以没有办法保证站点能够获得多少展示和点击。这样，通常会导致网站关键词排名和流量缺乏稳定性。

16.2.2 搜索引擎优化的实施

搜索引擎优化的通俗理解是通过总结搜索引擎的排名规律对网站进行合理优化，使你的网站在百度和 Google 的排名提高，让搜索引擎给你带来客户。

1. 关键词选择

在搜索引擎优化的过程中，用户的搜索行为分析非常重要。只有更为清晰地了解用户的搜索行为，才能避开激烈的竞争。企业需要选择与目标搜索用户最为匹配的搜索关键词，并将最终搜索结果以用户喜欢的方式呈现出来。因此，关键词对于自然搜索优化具有举足轻重的作用。例如，在谷歌上搜索 baseball cards，最先出现的会是关键词设置切合搜索内容的网站，如图 16-3 所示。对于企业而言，企业的品牌名称、经营的产品与提供的服务等都会成为搜索引擎优化的关键词。关键词可以划分为核心关键词与长尾关键词。

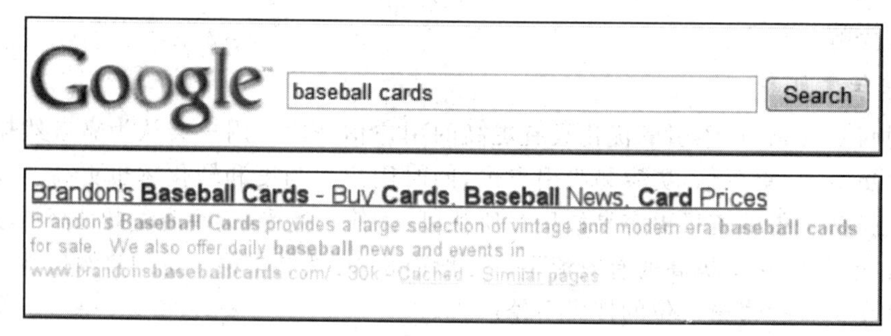

图 16-3 搜索引擎关键词

核心关键词指经过关键词分析确定下来的网站"主打"关键词，通俗地讲就是网站产品和服务的目标客户可能用来搜索的关键词。对于一般小型网站，核心关键词带来的流量占网站总搜索流量的绝大部分。核心关键词具有这些特征：第一，核心关键词一般作为网站首页的标题。第二，核心关键词一般是 2～4 个字构成的一个词或词组，名词居多。第三，核心关键词在搜索引擎中每日都有一定数目的稳定搜索量。第四，搜索核心关键词的用户往往对网站的产品和服务有需求，或者对网站的内容感兴趣。第五，网站的主要内容围绕核心关键词展开。

网站上非核心关键词但也可以带来搜索流量的关键词称为长尾关键词。长尾关键词具有的特征为：第一，比较长，往往是 2～3 个词组成，甚至是短语。第二，存在于内容页面，除了内容页的标题，还存在于内容中。第三，搜索量非常少，并且不稳定。第四，长尾关键词带来的客户转化为网站产品客户的概率比核心关键词低很多。第五，存在大量长尾关键词的大中型网站带来的总流量非常大。

2. **网页元标签优化**

元标签是网站优化 SEO 工作中比较重要的一个环节。元标签是<head>与</head>之间的 html 标签，主要用于为搜索引擎提供更多关于网站页面内容的信息。它包括<title>标签、<meta name="keywords">标签和<meta name="description">标签。当对网页元标签进行优化时，这三个标签的优化都较为重要，特别是<title>标签和<meta name="description">标签的优化，因为这两个标签一般都会在搜索结果中出现，使访问者首先了解网站的窗口，如图 16-4 所示。所以，<title>标签和<meta name="description">标签的重要性显而易见。

```
<html>
<head>
<title>Brandon's Baseball Cards - Buy Cards, Baseball News, Car
<meta name="description" content="Brandon's Baseball Cards prov
</head>
<body>
...
```

图 16-4　元标签示例图

<title>标签对应用户可视页面的标题。标题是整个网页的核心，在搜索引擎当中拥有较高的权重，然而大量的企业网站网页标题都是企业名称，没有包含页面的关键词，导致用户无法通过搜索引擎搜索到该企业网站，失去潜在客户。标题要包含网页的核心内容以及主要关键词，且具有可读性。

<meta name="description">标签对应用户可视页面的描述。页面描述又称为页面摘要，具体是关于页面展示信息的简洁而强有力的概述。其目的在于一方面告知搜索引擎关于页面的主要内容，另一方面能够快速让访客知道一个网页的主题思想。例如，摘要可以是对公司的某一业务或产品的一个简单介绍。

3. **网站地图**

网站地图，又称站点地图，英文是 SiteMap。网站地图就是一个页面，上面放置了网站上需要搜索引擎抓取的所有页面的链接，如图 16-5 所示。SiteMap 是优化技术中的重要一环。要使自己的网站尽可能多地被搜索引擎收录，除了被动等待之外，利用 SiteMap 技术将使网站的收录变得更快速、更全面、更简单。网站地图方便搜索引擎蜘蛛抓取网站页面，通过抓取网站页面，清晰了解网站的架构，并且通常以 sitemap.htm 为文件名，放置在根目录下；为搜索引擎蜘蛛指路，增加网站重要内容页面的收录。网站地图的作用主要体现在两个方面。第一，网站地图面向网站访问者。通过提供一个指明了网站结构、栏目和内容说明等基本信息的网页文件，可以使得用户快速了解网站结构和内容，就如同人们来到一个陌生的城市需要一张城市地图一样。第二，网站地图面向搜索引擎。为了收录网站中的内容页面，搜索蜘蛛会首先阅读网站地图。

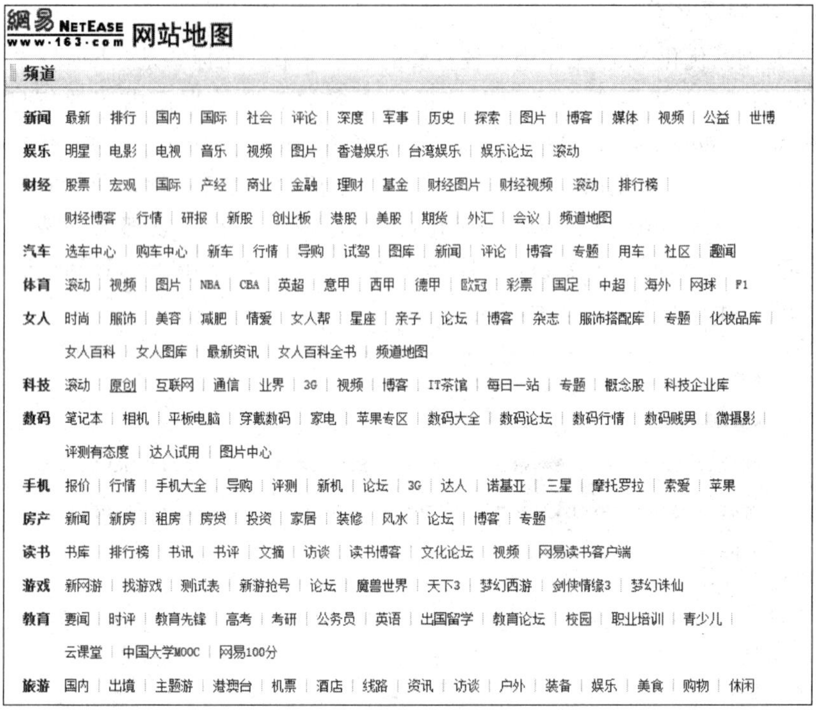

網易 NETEASE www·163·com 网站地图

频道

新闻 最新 | 排行 | 国内 | 国际 | 社会 | 评论 | 深度 | 军事 | 历史 | 探索 | 图片 | 博客 | 媒体 | 视频 | 公益 | 世博
娱乐 明星 | 电影 | 电视 | 音乐 | 视频 | 图片 | 香港娱乐 | 台湾娱乐 | 娱乐论坛 | 滚动
财经 股票 | 宏观 | 国际 | 产经 | 商业 | 金融 | 理财 | 基金 | 财经图片 | 财经视频 | 滚动 | 排行榜 |
财经博客 | 行情 | 研报 | 新股 | 创业板 | 港股 | 美股 | 期货 | 外汇 | 会议 | 频道地图
汽车 选车中心 | 购车中心 | 新车 | 行情 | 导购 | 试驾 | 图库 | 新闻 | 评论 | 博客 | 专题 | 用车 | 社区 | 趣闻
体育 滚动 | 视频 | 图片 | NBA | CBA | 英超 | 意甲 | 西甲 | 德甲 | 欧冠 | 彩票 | 国足 | 中超 | 海外 | 网球 | F1
女人 时尚 | 服饰 | 美容 | 减肥 | 情爱 | 女人帮 | 星座 | 亲子 | 论坛 | 博客 | 杂志 | 服饰搭配库 | 专题 | 化妆品库 |
女人百科 | 女人图库 | 最新资讯 | 女人百科全书 | 频道地图
科技 滚动 | 原创 | 互联网 | 通信 | 业界 | 3G | 视频 | 博客 | IT茶馆 | 每日一站 | 专题 | 概念股 | 科技企业库
数码 笔记本 | 相机 | 平板电脑 | 穿戴数码 | 家电 | 苹果专区 | 数码大全 | 数码论坛 | 数码行情 | 数码贱男 | 微摄影 |
评测有态度 | 达人试用 | 图片中心
手机 报价 | 行情 | 手机大全 | 导购 | 评测 | 新机 | 论坛 | 3G | 达人 | 诺基亚 | 三星 | 摩托罗拉 | 索爱 | 苹果
房产 新闻 | 新房 | 租房 | 房贷 | 投资 | 家居 | 装修 | 风水 | 论坛 | 博客 | 专题
读书 书库 | 排行榜 | 书讯 | 书评 | 文摘 | 访谈 | 读书博客 | 文化论坛 | 视频 | 网易读书客户端
游戏 新网游 | 找游戏 | 测试表 | 新游抢号 | 论坛 | 魔兽世界 | 天下3 | 梦幻西游 | 剑侠情缘3 | 梦幻诛仙
教育 要闻 | 时评 | 教育先锋 | 高考 | 考研 | 公务员 | 英语 | 出国留学 | 教育论坛 | 校园 | 职业培训 | 青少儿 |
云课堂 | 中国大学MOOC | 网易100分
旅游 国内 | 出境 | 主题游 | 港澳台 | 机票 | 酒店 | 线路 | 资讯 | 访谈 | 户外 | 装备 | 娱乐 | 美食 | 购物 | 休闲

图 16-5　网易网站地图

4. 建立外部链接

构建链接是搜索引擎的一个主要部分，当站点管理者发现相关价值内容或站点时，他们的自然反应通常是链接到价值内容或站点；链接进而向搜索引擎传递网页内容是值得推荐的信息。网站获得的外部链接越多，就说明网站获得的外部认可与肯定程度越高。当然，为了防止网站管理者的作弊行为，搜索引擎会对外部链接进行判断。因此，外部链接也是搜索引擎优化的重要内容。企业实施外部链接的主要优化方法包括：第一，交换友情链接。争取与主流网站、权威网站等高质量的网站交换链接，尽量保证对方网站与企业站点具有相关性且具有较高的 PR 值；避免和质量较差的网站链接，这样的链接会对搜索引擎排名起到负面作用。第二，奉行"内容为王"原则，撰写原创、优秀的内容并发布在企业站点上，再向各大网络媒体投稿。此外，发布的内容注明原文出处和链接不仅可以增加站点的外部链接，而且可以进一步扩大企业的知名度和行业的权威性。

5. 改善域名的结构

URL 是 Uniform Resource Location 的缩写，译为"统一资源定位符"，即网页地址。URL 的格式由三部分组成：第一部分是协议（或称为服务方式）；第二部分是存有该资源的主机 IP 地址（有时也包括端口号）；第三部分是主机资源的具体地址，如目录和文件名等。如图 16-6 所示，第一部分和第二部分之间用"://"符号隔开，第二部分和第三部分用"/"符号隔开。第一部分和第二部分是不可缺少的，第三部分有时可以省略。

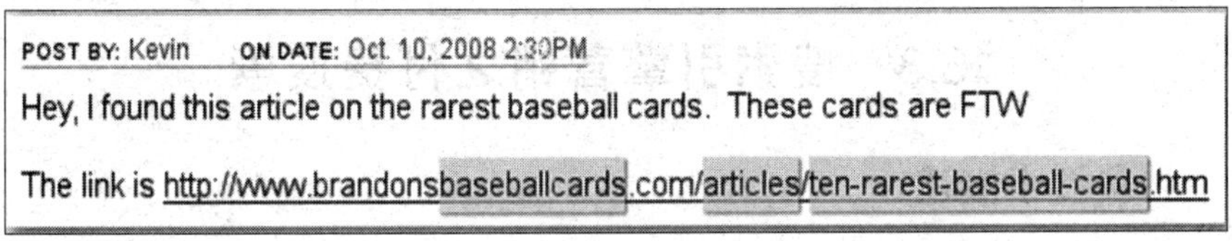

POST BY: Kevin　ON DATE: Oct. 10, 2008 2:30PM

Hey, I found this article on the rarest baseball cards. These cards are FTW

The link is http://www.brandonsbaseballcards.com/articles/ten-rarest-baseball-cards.htm

图 16-6　域名结构

域名的单词、繁简等都会对搜索引擎产生影响。在 URL 中使用与站点的内容和结构相关的单词能更好地导航站点，访客更容易记忆，也更愿意联系；这将为用户和搜索引擎提供更为积极的页面信息，如图 16-7 所示。同时要避免选择通用页名称，如 page1。对于繁简，要力求创建一个简单的，但是能让用户通过此结构大致了解网页内容，避免使用冗杂的 URL，如图 16-8 所示。冗长和复杂的 URL 可能会让人感到困惑和不够友好。用户将很难理解或记忆 URL，特别是当 URL 显示了许多无法识别的参数时，从而导致回避与拒绝。

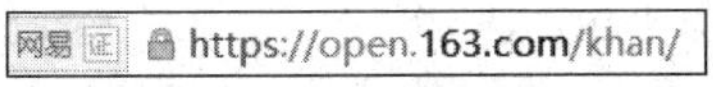

网易 证 https://open.163.com/khan/

图 16-7　以单词显示的域名

http://www.brandonsbaseballcards.com/folder1/1089257/x1/0000023a.htm

图 16-8　以通用页显示的域名

6. 简化网站操作

如图 16-9 所示，简便易于操作的导航网站和自然简单、逻辑清晰的页面能鼓励用户进一步点击浏览站点，深入了解网站。利用有效的导航页面链接子页面可避免制造如蛛网般复杂的导航页面，过于琐碎地切分网页内容；这样，有利于用户从企业首页依次进入细分页面，提高其使用频率。同时，应尽量使用文字导航，使得搜索引擎更为容易搜索到相关信息，避免使用基于图像的下拉菜单的导航等不利于搜索的链接方式。

```
/
/about/
/articles/
/news/
     /2006/
     /2007/
     /2008/
/price-guides/
     /1900-1949/
     /1950-1999/
     /2000-present/
/shop/
     /modern/
          /autographs/
          /rookie-cards/
          /star-cards/
     /vintage/
          /autographs/
          /hall-of-famer-cards/
```

图 16-9　简便的网站导航

16.3 搜索引擎营销之付费搜索

16.3.1 付费搜索概述

由于消费者在做出购买决定之前都会去搜集信息，所以营销者们都希望能在这个关键阶段锁定目标客户。付费搜索意味着各公司要通过竞标方式来资助某个搜索短语或关键词的搜索结果，并根据关键词的点击次数向搜索引擎服务商支付费用。付费搜索也称为竞价排名，其基本特点是按点击付费，推广信息出现在搜索结果中(一般是靠前的位置)，如果没有被用户点击，则不收取推广费。2000 年 10 月 23 日，以 Google AdWords 进入中国为标志，Google、百度、搜狗、有道等广告服务商先后在中国开展这一广告业务。

16.3.2 付费搜索的优势和劣势

付费搜索的优势主要体现为以下 5 点。

1. 效果立竿见影

相对于自然搜索推广效果往往需要长时间的调整优化才能见到营销效果，付费搜索的广告投放启动成本低，见效快；甚至网站关键词的排名和流量可以在几分钟之内出现和增长。商家开户后即可开始投放，效果立竿见影。

2. 便于测试

付费搜索的动态数据信息丰富，可以用来实施 A、B 投放方案的效果测试。通过测试不同组别的关键词和链接页面，观察访客行为数据和订单转化，以挑选具有更好的点击率与转化率的投放方案。

3. 精准投放

付费搜索具有时间与空间的选择性。这一特性功能尤其对商家的本地化运营具有帮助，企业可以在付费搜索账户后台在指定城市来投放关键词；这样可以让企业的潜在用户更为精准，减少许多不必要的广告流量与支出。

4. 效果可测

付费搜索具有清晰的展现量、点击量、转化率、费用支出等统计指标，上述数据可以被企业充分地加以分析与衡量，营销人员可以根据上述指标做出相应的调整策略。

5. 预算可控

企业可以对于付费搜索进行严格、灵活的预算控制。从严格的角度讲，预算控制可以限定在一天范围内的企业意愿支出；从灵活的角度讲，预算控制可以限定在某一类别，甚至某一产品。

付费搜索的劣势主要体现为以下 5 点。

1. 经营管理成本较高

付费搜索账户的经营管理相应的成本支出。一方面是付费搜索的创意成本，即创作显示在屏幕上的标题与描述需要相应的编辑与设计支出。另一方面是付费搜索的管理成本。付费搜索账号需要企业即时地进行跟踪和调整，企业竞价的工作量较大，无论是中小型企业通过人工进行管理，还是大型企业通过竞价管理软件或服务进行投资，都需要相应的管理成本投入。

2. 关键词广告易于被监测与模仿

关键词广告一旦被竞争对手发现并注意，其就容易被竞争对手观察监测，并复制模仿。

3. 没有长期利益

不同于搜索引擎优化，付费搜索一旦停止支出，流量就会自动停止，绝对不会出现类似搜索引擎优化的“滚雪球机制”。

4. 用户覆盖度受限

由于搜索引擎较为清晰地区分了付费搜索和自然搜索的区别，所以越来越多的消费者更为了解和熟悉两者的功能与属性。付费搜索的用户信任度不如自然搜索优化，这样就导致付费搜索的用户覆盖度有一定的局限性。大量研究表明，消费者更为偏好自然搜索的排名，所以对于企业来说，在做好付费搜索的同时，自然搜索优化也应齐头并进。

5. 恶意点击

互联网领域日益激烈，尤其表现在以网络零售为代表的网络贸易领域，恶意点击时常存在。虽然搜索引擎具有一定的过滤机制，但是仍然难以做到充分地屏蔽恶意点击。

16.3.3 付费搜索的实施流程

付费搜索的实施流程主要包含构建账户结构、关键词设计、创意展现设计、辅助条件配置、推广效果评价五个方面。对于构建账户结构，企业需要针对自身网站产品的定位搭建合适的推广账户，推广账户内需要细分推广计划与推广单元。关键词设计解决推广单元内需要的筛选和归类的关键词，以用于后续推广。创意展现设计解决当关键词被用户搜索时，需要相应的良好创意展现内容匹配，以此吸引用户点击浏览。对于辅助条件配置，需要设置合理的每日上限推广费用及推广的地域与时段来保证账户整体的高效运转。对于推广效果评价，需要通过推广账户所呈现的每日数据进行绩效考评分析，评价整体账户的推广效果。

1. 构建账户结构

账户结构由账户、推广计划、推广单元和关键词及创意四个层级构成，如图 16-10 所示。建立账户结构的原因在于企业通常具有多条业务线，每条业务线满足不同潜在客户的需求，账户结构帮助客户更好地将这种关系进行对应。账户结构的划分思路体现在产品、促销、用户需求、购买阶段、地域等上。通过建立账户结构，以将细分的业务线和有需求的用户进行有效对应；此外，对于同一产品具有需求的用户在产品偏好的需求和侧重方面也会有所不同，需要再依次细分同一业务线下的用户需求。账户结构的作用包括：第一，精细化管理。不同的推广目标建立不同的推广计划，同类关键词划分同一单元，有针对性地撰写创意。第二，灵活化管理。不同的业务或产品可设置不同的地域，不同的业务或产品也可以设置不同的预算。第三，科学化评估。不同计划、单元的推广效果进行准确评估；同一组关键词评估不同创意的吸引力。

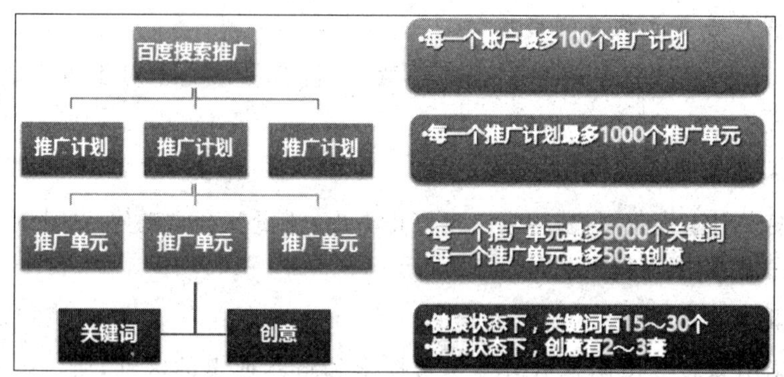

图 16-10　百度付费搜索的账户结构

企业建立搜索引擎付费账户后，可以根据自身的模式、发展现状及推广要求建立相应的推广计划。如图 16-11 所示，企业的推广账户项下共分为中秋节、情人节和母亲节三个推广计划。

图 16-11　百度推广方案设计

2. 关键词设计

(1) 核心关键词选择

付费搜索的核心在于选择关键词。关键词的选择原则包括关键词不要太宽泛、核心关键词较为简洁、关键词选择从用户角度出发等。关键词的选择可以从获取核心词开始，从企业网站、产品、需求等角度入手，初步拓展出较为精准有效的核心关键词。此外，在获取核心关键词之后，就会发现核心关键词的数量较为有限；此时，可以运用相关平台与工具拓展关键词。例如，用百度或 Google 进行搜索时，在搜索框的下拉框中会展现搜索建议，在搜索页面底部会显示相关搜索，如图 16-12 所示。

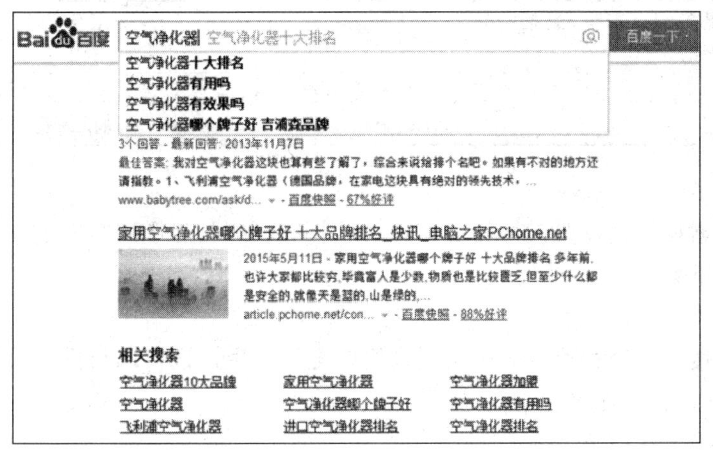

图 16-12　相关搜索建议

（2）筛选否定关键词

否定关键词是一种“短语否定”方式。如果账户中出现不能带来转化的展现和点击，这时就需要适当地使用否定关键词进行过滤，提高关键词的质量度。通过否定关键词，企业可以节省推广费用和转化成本，从而提升投资回报率。例如，假设为关键词“英语培训”设置了广泛匹配，在查看搜索词报告时，发现搜索“英语培训主管招聘”的网民也点击了搜索广告。同时，经过统计数据分析，用户并没有实现真正的转化率。那么，就可以将“主管招聘”添加为推广计划的否定关键词。这样，网民在搜索诸如“英语培训主管招聘”的搜索词时，将不会看到相应的推广结果。

（3）关键词匹配方式

网民搜索时，系统会自动挑选对应的关键词，将推广结果展现在网民面前。关键词与搜索词的触发机制是由关键词匹配方式来加以实现的。不同的匹配方式可以决定网民搜索词与关键词之间的不同对应关系。关键词匹配方式主要包括广泛匹配、短语匹配和精确匹配。关键词的不同匹配方式决定网民的不同搜索结果页，如图 16-13 所示。此外，关键词的不同匹配方式也具有不同的优势和劣势，如表 16-1 所示。

假如网民的搜索词是“李宁运动鞋”						
关键词	李宁运动鞋	李宁运动鞋哪个系列的好	李宁男运动鞋	哪种运动鞋好	李宁 新款鞋	李宁服饰
精确匹配	√	×	×	×	×	×
短语匹配	√	√	√	×	×	×
广泛匹配	√	√	√	√	√	√

图 16-13　关键词的不同匹配方式决定网民的不同搜索结果页

表 16-1 不同关键词匹配方式的优势和劣势

	广泛匹配	短语匹配	精确匹配
优势	提供更多的点击量，囊括一切尽可能的用户	囊括大部分潜在用户	完全清楚知道用户的搜索内容
劣势	CTR 较低，会浪费很多不必要的费用	变体形式不够丰富，易丧失潜在用户	点击量较低，变体形式没有，易丧失潜在用户

① 广泛匹配

当网民搜索词与企业关键词高度相关时（同义近义词、变形词等），企业推广信息就有可能获得展现机会。

② 短语匹配

这在有的搜索引擎竞价排名中又叫词组匹配。当用户搜索词与投放的关键词相同或在投放词前/后包含其他字词时，会展示它。

③ 精确匹配

只有当企业购买的关键词与网民的搜索词完全一致时，企业的推广信息才有展现机会。

3. 创意展现设计

创意是展现给网民看的推广内容，包括标题、描述、显示 URL 及访问 URL，如图 16-14 所示。创意的作用在于：第一，创意的展现是不收费的，即使没有获得点击，也能让网民留下印象。第二，被创意吸引的潜在客户可以通过点击创意直接访问企业网站，为企业赢得潜在客户。

图 16-14 创意示例

(1) 创意标题

创意标题在搜索结果页中最为明显，且为引导用户点击的主要驱动点，因此在标题的编写上需要突出产品、服务特点、公司优势等。创意标题需要围绕单元主题撰写，并且在创意标题以及描述中多添加核心词，突出检索词和实际业务之间的关系。此外，创意标题中可以使用通配符，以向创意中插入关键词，增强关键词、创意和网民搜索词之间的相关性，并获得显示上的飘红效果。例如，网民搜索“婴儿护肤品”，当与创意标题一致时则会出现飘红效果。创意飘红有助于吸引网民的视线关注，提高潜在客户点击访问站点的概率。

(2) 创意描述

创意描述的目的主要是传递产品相关的服务信息，并告诉用户下一步该如何操作。可以适当添加一些号召性的词语或诉求点，例如"欢迎抢购""产品属性""联系电话"等；也可以围绕单元主题，有针对性地撰写同一产品或服务的不同卖点，如图16-15所示。此外，适当插入通配符，尽量多飘红。当创意文字包含的词语与用户搜索词包含的词语完全一致或意义相近时，在展现时将以红色字体显示。创意飘红需要保证在语句通顺的情况下使用，良好的飘红效果可提升创意的点击率和转化率。

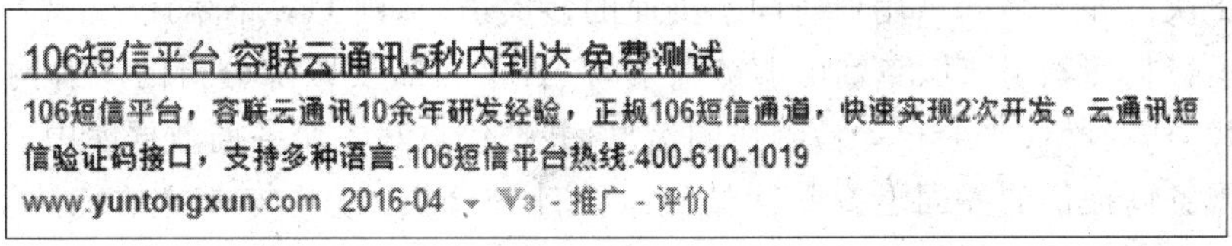

106短信平台 容联云通讯5秒内到达 免费测试
106短信平台，容联云通讯10余年研发经验，正规106短信通道，快速实现2次开发。云通讯短信验证码接口，支持多种语言.106短信平台热线:400-610-1019
www.yuntongxun.com 2016-04 V3 - 推广 - 评价

图16-15 创意描述展示

(3) 访问和显示URL

访问URL是网民点击推广结果后实际访问的网站页面。潜在客户会在几秒钟内做出判断，判断广告主是否提供了与潜在客户的搜索词直接相关的内容，从而决定是否在该页面长时间停留。访问URL的设置原则包括：第一，对于产品类关键词，可将创意中提到的产品的页面直接展现。第二，访问URL的页面应直接跳转至创意中提到的价格或促销信息页。为了避免使潜在客户产生被欺骗感，可以在页面首屏位置明示产品价格和促销活动的详情。显示URL是网民在推广结果中看到的最后一行网址，作为创意的一部分出现在网民的搜索结果中，影响着潜在受众对商户推广信息的关注。显示URL的设置原则是保证与访问URL的主域一致。

这里，以海彼购网站为例，我们将访问URL设置为与创意内容密切相关的海彼购网站页面，如http://guojijie.com.cn/；而在显示URL中，我们将加入海彼购联系电话来增加推广内容，在域名上采用用户更容易记忆的域名方式，如www.guojijie.com.cn/TEL：0571-28826860。

4. 推广效果评价

付费搜索广告效果的指标体系主要包括展现量、点击量、PV/UV、点击率、千次展现成本、跳出率、投资回报率等。付费搜索的推广效果体现在以下几个方面：

(1) 投放数据

① 展现量

在网民搜索查询时，如果账户内符合网民搜索需求的关键词被触发，则该关键词所对应的创意将出现在搜索结果页上，我们称为关键词和创意的一次展现。一段时间内所获得的展现次数称为"展现量"。在搜索推广中，展现量越高，被网民点击的概率也将越大。

② 点击量

当网民搜索关键词所展现的创意出现在结果页中时，网民将有一定概率对标题进行点击，这称为关键词带来的一次点击。一段时间内网站所获得的点击次数称为“点击量”。点击量可体现网站用户的关注度。在搜索推广中，点击量越高，说明网民对该网站的兴趣越大，网站也有可能获得更多的销售机会，实现更高的销售额。网站的展现位置越好，被网民所点击的概率也将越大，与此同时付费推广的费用也将增加。

③ PV/UV

PV(Page View)即页面浏览量，通常是衡量一个网络新闻频道或网站甚至一条网络新闻的主要指标。网页浏览数是评价网站流量最常用的指标之一，简称为PV。

UV(Unique Visitor)是指独立用户或独立访客。每个用户对网站中每个网页的访问只被记录1次。如果是同一用户对同一页面的多次访问，则UV不累计。

网站运行在搜索引擎服务商的服务器端，广告主在需要跟踪分析的所有网页中插进一段统计代码，这段代码会自动检测访问信息，并把信息写入服务商数据库中。广告主在搜索引擎服务商提供的界面上查看网站流量统计和分析。PV与UV的统计量越高，说明付费搜索推广的投入效果越好。

(2) 转化效果

① 点击率

点击率即点击量与展现量之比。点击率反映了网页上某一内容的受关注程度，经常用来衡量广告的吸引程度。点击率越高，也预示着关键词所展现的创意更吸引用户点击，付费搜索推广带来的用户更加精确。

② 千次展现成本

千次展现消费(Cost Per Mille，CPM)是客户获得一千次展现机会所付出的推广费用。在付费搜索推广中，千次展现成本越低，则说明关键词所需的出价越低，关键词质量度越高。因此，关键词能以最低的价格获得更好的展现，同时也体现出关键词与创意、网站的匹配度更高。

③ 跳出率

跳出率是指用户只浏览了一个页面就离开与全部浏览数量的百分比。观察关键词的跳出率就可以得知网站是否对用户有吸引力，所以跳出率是衡量网站内容质量的重要标准。其公式为：跳出率＝从这个页面进入网站没有再点击其他页面即离开的次数/所有进入这个页面的次数。跳出率越高说明网站对访问者的吸引力越低，当跳出率达到一定的程度时，说明网站需要进行优化或者页面更新。

④ 转化率

转化率即成交笔数与点击数量之比。转化率是电商领域的核心指标。转化率常指成交转化率，即成交用户除以总访问量，也可以叫作结果转化率，是一个较为直观的结果导向指标。

(3) 投资回报率

投资回报率(ROI)是指通过投资而应返回的价值，即企业从一项投资活动中得到的经济回报。付费搜索领域的投资回报率用来评估付费搜索的收益率或者利润率。对于计算付费搜索的投资回报率而言，在考量产品销售成本的情况下，付费搜索的投资回报公式如下。

$$ROI\% = 100 \times \{[PPC收益 - (产品销售成本 + PPC费用)]/PPC费用\}$$

在不考量产品销售成本的情况下，付费搜索的投资回报公式是：

$$ROI\% = 100 \times (PPC收益 - PPC费用)$$

思考题

1. 试简述自然搜索的优化路径。
2. 利用搜索引擎营销之付费搜索流程为任一企业或产品设计一份搜索营销计划书。

第17章 客户界面设计

学习目标

- 理解“格式塔”五项原则；
- 掌握客户界面设计的构成要素。

从计算机问世以来，早期用户是以计算机专业人员为主，但随着计算机广泛进入人们的工作生活领域，计算机用户发生了改变，非计算机专业的普通用户成了用户的主体。这一重大转变使计算机的可用性问题变得日益突出。客户界面应当是什么样的？如何去建造这样的界面？人们开始关注和研究这些问题。随着网络技术的进一步发展，诸如台式计算机、笔记本电脑、掌上电脑以及移动电话的进一步普及，传统商业环境下非常普遍的面对面沟通（face-to-face）逐渐向屏对屏沟通（screen-to-screen）转移。这种以人为媒介的界面向以技术为媒介的界面的迁移变得日益明朗，客户界面在网络营销中扮演了十分重要的角色。客户界面作为网站直接与用户接触的重要部分，如何设计已经是企业高层考虑的重要问题。网民进入网站，网页（特别是首页）最有可能让人印象深刻并由此记住这个网站。因此，网页的设计非常重要，即网页需要美观、清晰地告诉客户这个网站是做什么的。网页作为信息提供的媒介，目的在于通过与目标客户沟通，提高客户对产品或服务的体验兴趣，创造互动有效的客户界面，以区别于其他品牌，促进消费者购买。客户界面作为用户体验的重要环节之一，如何优化客户界面对于企业的设计人员提出高水平的挑战。本章是客户体验的逻辑延伸，具体包括客户界面的用户设计、客户界面的设计原则与客户界面的设计要素三个方面。

17.1 客户界面的用户设计

客户界面（customer interface）概括成一句话就是“人和工具之间的界面”。这个界面实际上是体现在我们生活中的每一个环节的，例如我们切菜的时候，刀把手就是这个界面；开车的时候，方向盘和仪表盘就是这个界面；看电视的时候，遥控器和屏幕就是这个界面；用计算机的时候，键盘和显示器就是这个界面。在人和机器的互动过程中存在的客户界面是屏幕产品的重要组成部分。随着产品屏幕操作的不断普及，客户界面已经融入我们的日常生活。一个设计良好的客户界面可以大大提高工作效率，使客户从中获得乐趣，减少由于界面问题而造成的客户的咨询与投诉，减轻客户服务的压力，减少售后服务的成本。因此，客户界面设计对于任何产品或服务都极其重要。客户界面设计需要设计人员充分考虑商业、艺术、技术等多种角度，针对最终用户来完成他们的最佳设计决策。客户界面设计对于用户从视觉和感知方面接触以计算机为代表的界面时起着重要作用。客户界面设计是一个复杂的有不同学科参与的工程，其中认知心理学、设计学、语言学等在此都扮演着重要的角色。严格意义上讲，客户界面设计可以划分为结构设计、交互设计和视觉设计三部分。我们所涉及的客户界面设计主要是面向视觉维度的设计。

优秀的界面简单且用户乐于使用，能够引导用户自己完成相应的动作，起到向导的作用，能给用户带来轻松愉悦的感受和成功的感觉。客户界面的实施过程中包括以下三个方面。

第一，预估客户界面的目标客户。预判与分析目标客户，这是设计客户界面的第一步，也是举足轻重的一步。了解你的访客是什么样的人，这对设计网站至关重要。如果企业的用户是精通技术的互联网资深人士，则必须先把他们从那些上网只为了看看孙子孙女照片的人群中区分出来。分出目标用户，然后针对性地给他们制定策略。通过研究客户，可以初步确定目标客户的特点、偏好与行为。根据客户的这些属性，为设计他们认可或喜欢的客户界面建立正确的起点。例如，年轻人会喜欢活泼的界面设计，老年人则喜欢简洁清晰的界面设计。

第二，与客户展开沟通。如果企业并不清楚或者需要进一步确认客户对于界面的需求，企业可以考虑与客户开展线上或线下的沟通，特别是线下沟通；找些现在的或以前的客户，询问他们对你网站相关的问题。根据自己的特别目的，制定一些基于网站的有意义的问卷调查，积极采纳他们的建议。这样，企业可以更为深入地了解和挖掘客户的真实想法。通过双方沟通，企业可以询问有关客户界面的相关问题，以及发放一些针对客户界面设计的问卷调查，甚至积极地去采纳他们的建议。

第三，邀请客户对客户界面进行评价。当企业完成客户界面的初步设计后，需要邀请部分潜在客户对界面设计的雏形进行评价。评价可以采用定性与定量相结合的方式，根据评价的结果对客户界面进行优化与修订。

在完成预估、沟通与评价后，并且在充分考虑客户需求的背景下，企业设计的客户界面就能够基本满足客户的整体需要。

17.2　客户界面的设计原则

客户界面的设计原则可以基于“格式塔”心理学的完形原则展开。完形论是格式塔心理学中最基本的观点。格式塔心理学代表人物魏特海默认为，人在视知觉中总是有一种追求事物结构整体性或完形性的特点，这称作知觉的整体性或完形性。在知觉过程中，知觉的对象往往是由许多个部分组成的，各个部分具有不同的特征，但是大脑并不是孤立地反映这些部分属性，而是把它们结合成整体或完形。具体而言，格式塔心理学派认为：人们在观看时，眼脑并不是在一开始就区分一个形象的各个单一的组成部分，而是将各个部分组合起来，使之成为一个更易于理解的统一体。此外，他们坚持认为，在一个格式塔(即一个单一视场或单一的参照系)内，眼睛的能力只能接受少数几个不相关联的整体单位。这种能力的强弱取决于这些整体单位的不同与相似，以及它们之间的相关位置。如果一个格式塔中包含了太多的互不相关的单位，眼脑就会试图将其简化，把各个单位加以组合，使之成为一个知觉上易于处理的整体。如果办不到这一点，整体形象将继续呈现为无序状态或混乱，从而无法被正确认知；简单地说，就是看不懂或无法接受。

格式塔理论明确地提出：眼脑作用是一个不断组织、简化、统一的过程，正是通过这一过程，才产生出易于理解、协调的整体。基于格式塔理论，客户界面设计需要在设计过程中充分组合处理事物，具体遵循以下 6 项原则。

17.2.1 接近原则

接近(proximity)原则强调位置，实现统一的整体。正如图 17-1 所呈现的，当你第一眼看到 10 条白色竖线的时候，会更倾向于把它们知觉为 5 组双竖线。接近的每两条线由于接近，眼脑会把它们当成一个整体来感知。设计中类似的现象还有很多，可以说接近是实现整体的最简单、最常用的法则。图 17-2 则以卓越亚马逊为例，在首页左上方，图书、影视与音乐、手机数码与家用电器等商品分类的位置彼此接近。这样，由它们共同组成的"全部商品分类"，其整合性相当明显。

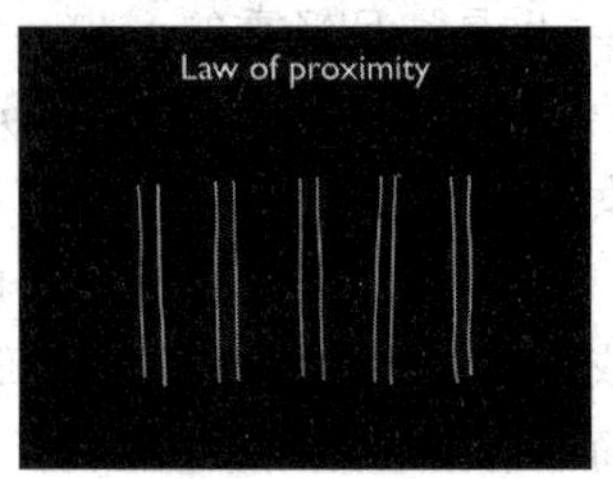

图 17-1 接近原则

图 17-2 接近原则在亚马逊网站的应用

17.2.2 相似原则

相似(similarity)原则，听起来跟接近非常类似，但是它们确实是不同的两个概念。

接近强调位置，而相似则强调内容。人们通常把那些明显具有共同特性（如形状、运动、方向、颜色等）的事物组合在一起。如图 17-3 所示，你会怎样判断竖线之间的关系呢？它们好像是塞进去的一样，为什么我们会有这样的感觉呢？因为从颜色上我们已经把它们作为单独的整体，跟白色线条区分开来。我们换一个角度来思考，黄色线条与白色线条在位置上是接近的，也是相似的，但是通过颜色变化很清楚地区分了不同的内容，而且我们很容易关注黄色线条。因此，相似中的逆向思维是获取焦点的好方法。这种方法在导航和强调信息部分属性的设计上有着广泛的应用。图 17-4 是天猫商城的"前身"——淘宝商城的商品分类，淘宝商城主要的几大商品分类分别为一楼的美容与珠宝、二楼的服饰与内衣、三楼的鞋包与运动、四楼的食品与母婴、五楼的数码与家电、六楼的家装与家居等。淘宝商城的上述商品分类在形式、色彩、背景、主题等方面做到了基本相近，可以看出，这也是格式塔相似原则的实践体现。

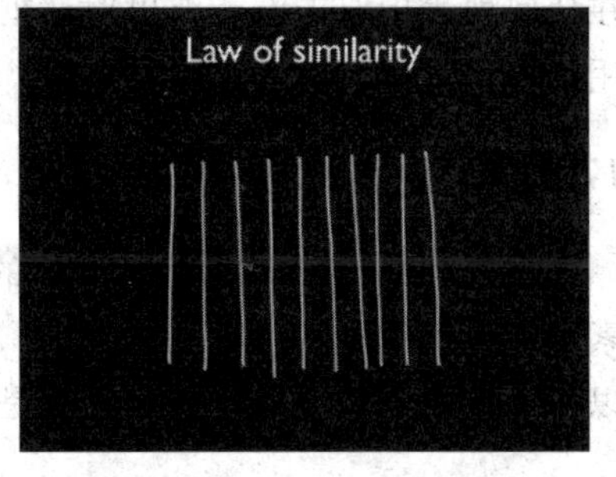

图 17-3　相似原则

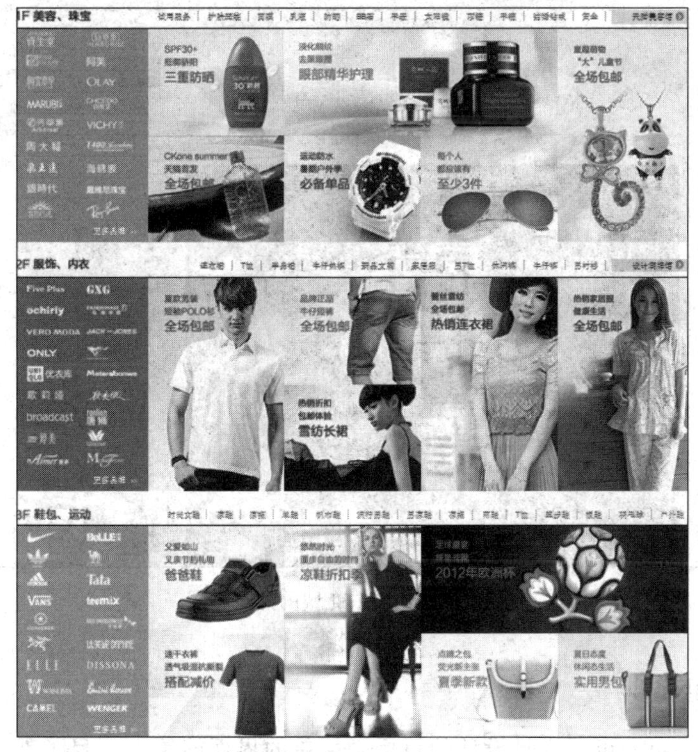

图 17-4　相似原则在淘宝商城网站的应用

17.2.3　一致性原则

一致性（standard）原则是出色的客户界面所应具备的特点。界面的结构必须清晰且一致，风格必须与内容一致。如果在一个列表的项目上双击后能够弹出对话框，那么应该在任何列表中双击都能弹出对话框；并且，要有统一的字体字号、统一的色调、统一的提示用语等。

17.2.4 重复原则

重复(repetition)原则即设计的部分环节或要素在整个作品中不断重复。重复的元素可能包括线条、背景、字体、符号、颜色、格式等。总之，客户所能够看到的任何方面都可以作为重复元素。重复的目的就是统一，并增强视觉效果。

17.2.5 优先原则

部分网页的常见错误是网页中的每一要素都是优先的，这导致网页的色彩、动画乃至图片等信息过载。事实上，如果任何要素都是同等优先(repetit)的，那么就没有什么是优先的。如同报纸将最为重要的内容作为头版头条一样，网页也应该将最为重要的内容推荐给客户。例如，在设计首页的时候，一定要让浏览者在第一屏就能够将重要信息浏览完整。如图 17-5 所示。

图 17-5 京东商城的焦点图

17.2.6 简单原则

简单(simplicity)可以说是设计的目标。简单的界面能给人一目了然的感觉，并能在第一时间就找到企业所要表达的重点。但是往往简单并不是一件容易的事情。很多人都在简单问题上做了大量的研究与实践。那么客户界面如何做到简单呢？通常的方法包括删除、重组、放弃和隐藏。

对于重组，客户界面经常要面对的是一些内容非常复杂的问题，正如一个充满数据的表格，我们应该如何一步一步地把它简化呢？对于隐藏，一般设计者往往会认为在每一页上放越多信息越好，但这是一个不成熟网站的最大特点。图 17-6 展示了亚马逊中国 Kindle 分类项下所做的隐藏效果。对于空白，网页需要给访客带来喘息机会，即在背景上留有空白。如果访客看到一个页面充满内容，他们会感到不知所措或压抑，因为网页让人感到过于随意和混乱。访客感到他们似乎不知道从哪里开始阅读这些信息，这将意味着他们可能会跳出网站到其他地方喘口气。需要合理留些空白引导访客注意他们要找的信息；通过结合留白与适当比例的风格和元素，可以暗示并鼓励访客关注特定的东西，使访客有可能采取行动。

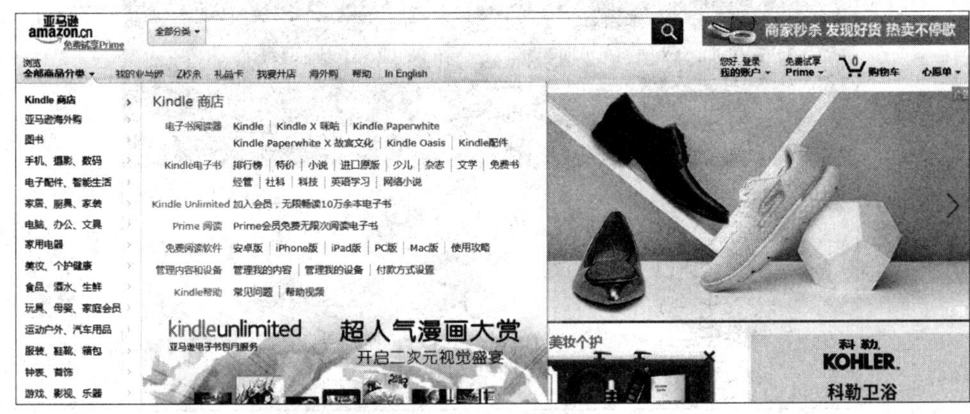

图 17-6　简单原则

综上所述，接近、相似、一致性、重复、优先和简单六项原则并不是独立存在的。简单更像是追求的目标，而接近、相似、一致性、重复和优先则是实现这一目标的方法。

17.3　客户界面的设计要素

客户界面(customer interface)作为网站直接与用户接触的重要部分，在网购决策中扮演着十分重要的角色。本节对客户界面涉及的要素进行分析，具体包括场景、分类或频道、内容、定制、链接、商务、色彩等要素。设计界面类似于面对一幅空白画布，每一位艺术家在开始做画之前准备调色板、画笔和构思。客户界面设计综合了技术、艺术、心理学、管理学等多学科、多领域的知识与技能。客户界面设计在制作过程中需要考虑多种要素，对不同要素进行编排与组织，并使之成为一个连贯整体。

17.3.1　场景

场景可以理解为消费者对网络客户界面的观感，这个观感可以按照功能或美学准则进行分类。

1. 面向美学的界面

面向美学的界面关注界面的艺术特点，将重点集中体现在视觉特征上，例如颜色、图形、照片、字体选择，以及其他面向视觉的特征。例如，珠宝品牌蒂芙尼(Tiffany)以钻石和银制品著称于世，其官方主页以爱与美、罗曼蒂克与梦想为主题。网站首页的一幅精美项链的图片深深吸引着女性的目光，以充满感官的美及柔软纤细的感性满足了世界上所有女性的幻想和欲望，如图 17-7 所示。

图 17-7 蒂芙尼官方主页

2. 面向功能的界面

面向功能的界面关注界面的实际可用，提供切实明确的信息。例如，链家网是集房源信息搜索、产品研发、大数据处理、服务标准建立于一体的房产服务平台，提供有关房产的信息，方便访问者进行相关决策，如图 17-8 所示。

图 17-8 链家网

3. 面向美学与功能的界面

面向美学与功能的界面则力求注重美学与功能的平衡，例如苏宁易购，如图 17-9 所示。

图 17-9　苏宁易购

17.3.2　分类或频道

大多数界面包含太多的信息，在一个计算机屏幕上无法呈现出来，这些庞大的信息必须有条理地呈现给客户。网页(特别是首页)扮演着“导游”的导航功能，为使用网站的人绘制了该网站的大致脉络，使得产品分类和各项服务一目了然，方便用户正确地选择需要的功能。其中，核心的导航功能体现在网站的分类或频道中。因此，设计清晰、规范的分类或频道能够使人们轻而易举地了解和使用网站。

17.3.3　色彩

色彩是客户界面设计的重要因素之一，具体涉及颜色的选择、对比和调配等。

1. 颜色的选择

客户界面需要结合企业和产品确定色调。颜色心理学是设计心理学里面最复杂的主题，在这里只是对色彩进行概括性的分类。界面设计人员必须意识到，网站上使用的颜色对网站的访客具有重要的影响，务必明确色彩的代表含义，确保界面所使用的颜色与访客的偏好颜色相吻合。

下面列出颜色和它们的基本含义。当然，颜色的组合搭配以及正确使用阴影、色调或色阶也会强化它们的意义。

红色：具有火热和激情的特点，可以代表爱和愤怒。

橙色：具有红色和黄色的属性，可以与能源和温暖相关。它比红色更冷静、更愉快。

黄色：温暖、愉快、幸福的颜色，可以表示喜悦或胆怯。

绿色：自然、成长和新生的标志。按照同样的道理，绿色有时代表很嫩，经验不足。在另一面，绿色有时是羡慕或嫉妒。

蓝色：代表平静、冷静，但使用太多会令人感到消沉，往往与企业形象关联。

紫色：与贵族和财富的关系源远流长，也是一种与精神相关的颜色，可以有创造性的表意。

黑色：像变色龙，它可以是保守或前卫，或者传统或现代，它还可以是神秘和性感或常规和安全，这取决于怎么使用以及周围环境。

白色：代表着纯洁与清白，很容易与其他颜色搭配。

灰色：中性、平衡。灰色是保守的和复杂的，但也可以看作变化无常的。

棕色：一个健康和务实的颜色，表示稳定性和可靠性。

此外，还需要根据建站目的和产品类型来作为确定页面色彩的补充。例如，根据产品类型确定颜色。购买频率高、低单价的商品或特卖商品的广告应当以暖色调为宜；而家电家具、钻石珠宝等需要充分时间浏览和挑选考虑的商品需要以冷色调为宜。明确色彩的代表含义，蓝色是最安全的颜色，黑白搭配效率高。再如，根据建站目的确定颜色。如果是以信息传递为主要目的，则使用简单的色彩，避免造成用户阅读信息时的干扰；如果是以娱乐为主要目的，则大胆采用与产品或服务相匹配的色彩；如果是以销售为主要目的，则采用明亮的色彩，吸引用户关注。

2. **颜色的对比和调配**

设计客户界面时要注重颜色的对比和调配。颜色的调配对屏幕显示是重要的一项设计。颜色除了是一种有效的强化技术外，还具有美学价值。使用颜色时应注意几点。第一，限制同时显示的颜色数。一般同一画面不宜超过 4 种或 5 种，可用不同层次及形状来配合颜色，增加变化。第二，画面中活动对象的颜色应鲜明，而非活动对象应暗淡。对象颜色应尽量不同，前景色宜鲜艳一些，背景色则应暗淡。第三，尽量避免不兼容的颜色放在一起，如黄与蓝、红与绿等，除非作对比时用。第四，若用颜色表示某种信息或对象属性，则要使用户懂得这种表示，且尽量用常规准则表示。总之，最终应达到令人愉悦的显示效果，要指导用户注意到最重要的信息，但又不包含过多的相互矛盾的刺激。

17.3.4 内容

内容关注于客户界面呈现材料的类型，可以从以下三个维度来加以认识。

1. **提供物组合**(offering mix)

提供物组合涉及页面传递的产品、信息和服务。例如，中国领先的在线旅行服务公司“携程网”的首页包括机票预订、度假预订、商旅管理、高铁代购以及旅游资讯在内的全方位旅行服务，如图 17-10 所示。

2. **吸引力组合**(appealing mix)

吸引力组合指公司预想的促销和传播信息。吸引力主要有认知吸引力(cognitive appeal)与情感吸引力(emotional appeal)。认知吸引力的焦点在提供物的功能方面，包括诸如价格低廉、可靠性、可用性、客户支持以及个性化的程度。例如，alibaba.com 的吸引力组合主要是认知性的或功能性的，这是一个产品齐全、操作简单、功能强大的全球性网络市场，如图 17-11 所示。情感吸引力强调对产品或品牌的情感共鸣，以价值定位来体现，包括幽默、新颖、热情。例如，上海迪士尼度假区网站以青少年为目标市场，关注的内容主要为与迪士尼直接或相关的卡通人物等，以此吸引青少年光顾，如图 17-12 所示。

图 17-10 携程网

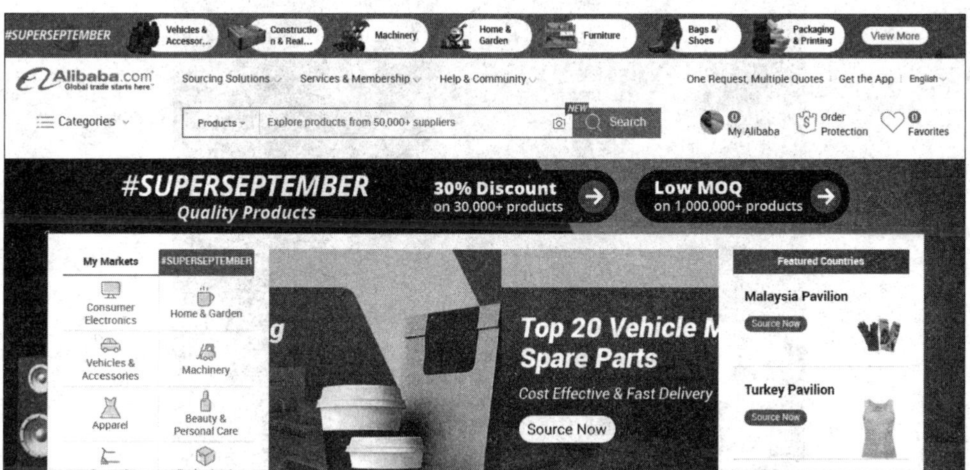

图 17-11 alibaba. com

图 17-12 shanghaidisneyresort. com

3. **多媒体组合**(multimedia mix)

多媒体组合指纳入网络界面的各种媒体,包括文本、图像、音频和视频等。其中,在表现概念和刻画细节时可用文本来表现。图像是人们非常容易接受的信息媒体,人们接受的信息的83%来源于视觉,其最大的特点是形象、生动、直观,是多媒体技术的重要组成部分。图像擅长表达思想轮廓及蕴含于大量数值数据内的趋向性信息,在空间信息方面有较大优势。动画可用来突出整个事物,特别适于表现静态图形无法表现的动作信息。视频适于表现其他媒体所难以表现的来自真实生活的事件和情景。音频能使对话信息突出,特别是和影像、动画集合时能传递大量的信息。例如,http://www.bam.com.au 采用简单的线条与图形,使用单一的绿色和黑色,来展示网站特点,如图 17-13 所示。

图 17-13 bam.com.au

又如,"淘宝美妆"网站通过文字、图形和音频等的结合来准确表达网站的主题,即销售日本优质美白系化妆产品,如图 17-14 所示。

17.3.5 定制

定制是一个站点为每一客户修改的能力。定制随处体现,例如用户可以更改网站背景颜色、首页模板等;商家收集用户购买习惯和行为,通过购买历史进行个性化分析等。为了更好地满足各个客户的需求,客户界面可以由客户或组织来改变。其中,由客户发起的定制被称为个性化(personalization),由公司发起的定制被称为量身定做(tailoring)。

图 17-14 淘宝美妆

1. 个性化

部分 Web 站点允许客户确定在内容选择、场景选择和个人化工具上的偏好。一旦客户输入并保存个人偏好，或者在产品上提供定制服务，如衣服尺码、颜色的选择、商品的包装等，则能争取更多的客户群。个性化的产品设计和服务提供能够满足用户更大的需求。例如 LANDS' END，它是一家提供休闲运动服饰的网站，面向人群包括男士、女士、男孩、女孩，页面实施具有创新性的个性化定制工具。在这个站点，客户能够基于模特，通过点击不同的尺寸、颜色等，模特试穿就会发生相应的变化，给人以非常直观生动的感受，如图 17-15 所示。

图 17-15 LANDS' END 官网页面

2. 站点量身定做

站点根据每个客户的偏好或特征为客户呈现不同的内容、不同的布局。主要基于两种方式：基于用户以往的消费搜索习惯和行为量身定做；基于具有类似偏好的客户进行量身定做。这样，一方面从公司角度而言，会强化精准营销；另一方面会按照客户需求提供定制服务，会给用户带来专属服务的感受与认可。

17.3.6 沟通

沟通是指公司与客户的对话。这个对话可以是单方向沟通，也可以是交互式沟通。

1. *单方向沟通*

单方向沟通主要包括广播、大众邮件、FAQ、E-mail 简讯等。广播是一个单方向地从组织到客户的信息传播工具，是瞄准相对广泛的受众的传播。FAQ 即常见问题解答，对经常涉及的问题进行归总。E-mail 简讯通过发送定期简讯，告诉订阅者有关站点、特卖品、公司新闻等信息。

2. *交互式沟通*

交互式沟通分即时沟通与非即时沟通两类。例如，Lands' End 官网的左下方提供了客户服务，包括视频对话和在线聊天，如图 17-16 所示。

图 17-16 Lands' End 的客户服务

17.3.7 链接

链接是指给定站点通过超文本链接到其他站点或通过超链接从一个 Web 页面跳转至另一个页面。这些链接嵌入 Web 页面之中，其呈现给客户的常见方式是带下画线或加亮显示的词句、图片或图形。链接有两种：一种是相关上下游企业的网站，彰显品质优异；另一种是友情链接相关企业网站，相互吸引。门户网站鼓励客户在不同站点间来回移动，点击广告或单词可进入其他站点，专业网站则更多地链接到自己的供应商或合作伙伴。网页选择其链接的相关网站，不仅提供相关搜索，更体现网站的品位。用户在浏览网页的过程中增加了访问网站和激发需求的可能性。

17.3.8 商务

商务指一个站点的交易能力，具体包括如下。

- 注册：客户注册允许站点存储信用卡信息、发送地址和偏好。
- 购物车：客户可将商品放到其个人的虚拟购物车中。商品可以立即购买或存放在那里，等客户下次访问该站点时再购买。
- 安全：通过密码(例如 SSL)和认证技术(例如 SET)，站点应保障交易和相关数据的安全性。
- 信用卡核准(credit card approval)：通过到信用卡清算行的电子链接，Web 站点具有即时接收信用卡核准以便使用信用卡支付的能力。
- 配置技术：在配置软件的帮助下，客户能够将产品和服务以各种组合形式集合在一起，从而允许对性能/价格的权衡、系统内复杂部件间的互操作以及普通产品对品牌产品的替代进行分析。
- 订单跟踪：客户具有检查自己所订购产品的交付状态的能力。

- 交付选择：客户可以选择其期望的交付速度和成本。
- 会员订单：有会员计划的站点必须跟踪发自会员站点的订单，并确定会员的交易产生费。

17.3.9 区域

企业需要对客户界面的区域进行重点配置，以突出产品所要表现的核心产品与信息。

1. 视线跟踪技术

视线跟踪(eye-tracking)技术作为一种研究用户行为的手段，通过分析用户的视线扫描路径，来研究人机交互中人的信息加工的一些内在机制，使界面的概念模型与人的心理模型相吻合。视线追踪也称为眼动追踪，它被认为是研究视觉信息加工的有效手段。利用专用设备来记录学习者的眼球运动(eye-movement，简称眼动)情况，可以作为分析学习者内部心理活动情况的依据。在眼动实验研究中，当被试者对视觉信息进行提取时，其注视时间、注视次数、注视点序列、眼跳距离、回视次数、瞳孔直径等通常被视为思维和心理加工的重要参数。客户界面最主要的研究方法之一是视线跟踪，使用特殊的设备跟踪用户目光在结果页面上的浏览及点击数据。

2. F 区域

enquiro. com 是专门做 F 区域的实验及统计的公司。2005 年初，enquiro. com 联合 eyetools. com 和 did-it. com 两家公司进行了一次很著名的视线跟踪实验，实验数据于 2005 年 6 月发表，提出在 SEO 业界很有名的金三角图像，也有人称其为"F 型"浏览图像，如图 17-17 所示。图中的"金三角"区域代表用户目光的停留位置及关注时间，图像中的×号代表点击。从图中我们可以看到，典型搜索用户打开搜索结果页面后，目光会首先放在最左上角，然后向正下方移动逐个浏览搜索结果，当看到感兴趣的页面时，横向向右阅读页面标题。排在最上面的结果得到的目光关注度最多，越往下越少，形成一个所谓的"金三角"。金三角中的搜索结果都有比较高的目光关注度。这个金三角结束于第一屏底部的排名结果，用户向下拉页面查看第二屏结果的概率大为降低。这个浏览统计是针对谷歌搜索结果页面进行的，后来 enquiro. com 针对雅虎及 MSN 搜索结果页面完成的实验也得到大致相同的结果。

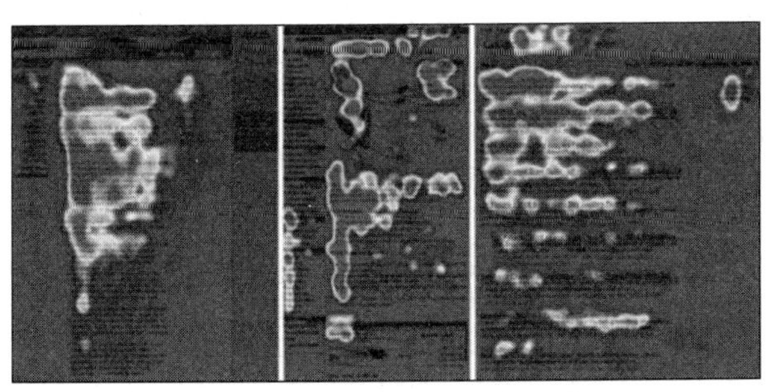

图 17-17　F 图形

如上的研究结果对 SEO 有很大的参考价值，透露给我们直观的一个信息是：将最重要、最能吸引读者的内容放在网页最显眼的位置。

此外，Nielsen(2006)进行的网页阅读模式研究也与 enquiro.com 的研究结果相近。Nielsen 在研究网页阅读的眼动轨迹时发现，用户经常采用 F 型模式阅读网页，其轨迹呈现两个横向条纹和一个纵向条纹。用户采用这种模式可以在几秒钟内快速获取有用信息，从而大大提高阅读速度，这与传统的书本阅读模式有很大的不同。

F 型阅读模式具体表现为：首先，用户对页面顶部区域的内容进行横向阅读，从而构成 F 的第一横；然后，用户的视线稍微向下移动，再次横向阅读，但视线覆盖的区域比上一次短一些，这就形成了 F 的第二横；最后，用户自上而下浏览页面中左边的内容，若阅读速度较缓慢，则会在注意力热点图中呈现一条实心竖条，如快速浏览则会呈现离散的点，这些竖条或散点形成 F 的最后一竖。

思考题

1. 运用格式塔原则分析若干著名网络品牌站点。
2. 基于客户界面要素模拟或真实设计一个网站首页。

第18章 联属网络营销

学习目标

- 理解联属网络营销的概念、主体及计费方式；
- 掌握联属会员网站加入联属网络营销平台的实施过程。

18.1 联属网络营销概述

联属网络营销，又称网站联盟，1996年起源于亚马逊(amazon.com)。亚马逊通过这种新方式，为数以万计的网站提供了额外的收入来源，且成为网络SOHO族的主要生存方式。目前在我国，联属网络营销还处于初步发展阶段，虽然部分个人或企业开始涉足这一领域，但是规模与影响还较为不足，多数网络营销人员对联属网络营销还比较陌生。亚马逊联盟术语参见附录A。

18.1.1 联属网络营销的起源

联属网络营销在美国已经发展多年。联属网络营销理论发端于亚马逊书店在1996年夏推出的一种联属方案(associates program)。根据这一方案，任何网站都可以申请成为亚马逊书店的联属网站，在自己的网站上推介亚马逊书店经营的图书，并依据实际售出书籍的种类和已享折扣的高低获得5%～15%的佣金。该方案一经推出，就在业界引起了轰动。当年加入联属营销计划的网站就超过了4千家，次年夏天突破了1万家，1998年夏天更达到了10万家。最新的数字显示，加入亚马逊书店联属营销计划的网站总数已经超过了50万家。正是这些联属网站使得亚马逊书店声名大震，成为网上零售的第一品牌。

18.1.2 联属网络营销的概念

联属网络营销指集合中小网络媒体资源(又称联盟会员，如中小网站、个人网站等)组成联盟，通过联盟平台帮助广告主实现广告投放，并进行广告投放数据监测统计，广告主则按照网络广告的实际效果向联盟会员支付广告费用的网络广告。Zanox公司即是实施联属网络营销的成功案例(见案例18-1)。联属网络营销的表现形式为网站A为网站B放置广告按钮，然后从为网站B带来的销售额中获得佣金。

【案例18-1】 网站联盟让销售渠道无处不在

网站联盟的吸引力在于，尽管单个网站的流量都不值一提，但累加起来的流量仍然不容小觑。“基于互联网的商业模式一定是全球性的商业模式。”信誓旦旦地掷出这句话后，德国人托马斯·赫斯勒坚信自己的生意在中国必然能够成功。赫斯勒的Zanox公司成立于2000年，是一家盈利公司。赫斯勒(这位曾经的柏林银行高级IT经理)将家搬到了上海，在2005年年底举行的国际数字广告技术大会上，他的演讲听众爆满，成功完成了第一次亮相。赫斯勒将自己的生意定义为“多渠道商务服务”，它基于一个模块式的跨平台系统，构建一个巨大的网上联盟，把企业的搜索、网上销售等各种电子商务行为整合到一个平台上，让企业的销售渠道无处不在。

(1) 蚂蚁雄兵

“不积小流，无以成江海”，用荀子的这句话形容Zanox公司的“联属会员”策略再合适不过。将互联网上形形色色的网站组成一个大联盟，即便单个网站的流量不值一提，但累加起来的流量仍然不容小觑。这就像一只蚂蚁的力量微不足道，但一大群蚂蚁集合起来就称得上“蚂蚁雄兵”。最大范围地销售自己的产品对于企业来说始终是一件好事，但企业不可能跟每个电子商务网站去谈，而这些电子商务网站又希望能够寻找到合适的客户，Zanox公司希望在其中扮演一个“中介”的角色。赫斯勒说：“Zanox公司在全球已经拥有了超过40万个联属会员。”对于加盟的网站来说，这个网上联盟的吸引力在于能够轻松简便地利用自己的访客去创造价值，并且选择哪些广告完全是网站自主决定的。加盟后，网站会收到大量的广告投放要求，其中包括广告主所要求的内容、方式、结算方式等信息，网站根据这些信息进行判断。加盟网站的网页、电子邮件和信息发布渠道都能够作为广告载体。例如，宝洁公司是Zanox公司网站联盟的广告主，希望登出宝洁广告的网站就从联盟下载该广告的代码，放在广告位上即可。如果广告主的策略是按点击量付费，那么网站就可以从每次访问中得到宝洁公司支付的广告费；如果广告主的策略是按销售付费，那么网站的访客在点击该网站上的广告来到宝洁公司的销售网站完成购买活动后，网站就能得到广告费，而Zanox公司在其中得到的则是佣金。赫斯勒说：“在这个流程中，Zanox公司的角色是一个独立的经纪人，帮联盟会员进行支付和账单处理，与相关银行和付款方进行联系。”

(2) CPS的诱惑

事实上，在国内，类似的广告联盟之前已经出现，如新好耶信息技术(上海)有限公司(下称“好耶公司”)旗下的智易营销联盟(SmartTrade)。好耶公司首席执行官朱海龙说：“营销联盟与广告发布技术、广告代理并列，成为好耶的三大块业务之一。这个平台能够做到传统广告永远不可能做到的事情，那就是按照广告效果支付费用。”对于广告主来说，可以选择按照浏览数、点击数、引导数、时间段，甚至按照实际销售额付费(CPS，Cost Per Sales)，CPS无疑是这种营销联盟最吸引他们的地方。“现在互联网广告有80%以上都是按照点击数进行收费的。”Zanox公司国际客户经理张文宇说。对于广告主来说，不同的网站从点击率到销售额的转化率差异很大，很难准确地测定。而实现CPS对于联盟来说，则需要一个强大的技术平台。虽然看上去联盟的流程并不复杂，但会员众多的联盟巨大的广告量、不同的投放策略、不同的结算方式必须有一个强大的后台进行管理。“广告跟踪和监控技术是这个系统的基础。”张文宇说，“只有这样才能真正实现按效果付费”。

Zanox联盟采用的Zanox XS技术是一个模块式的跨平台系统，兼容了XML、ASP

和LDAP等多种公共标准，因此用户登录一个界面就可以管理多个跨国账户，支持多国语言、多币种，支撑多种广告模式。赫斯勒说："这是一个模块化和动态化的系统，可以根据用户的需求，在很短的时间内进行更新和扩展。"并且Zanox XS系统的数据能够集成到企业的资源计划(ERP)等信息系统中去，方便进行数据分析。同国内的广告联盟相比，赫斯勒认为国际化是Zanox公司与它们的明显区别。欧洲的移动娱乐提供商Jamster公司是第一个运用跨国跟踪服务的广告主。Jamster公司通过加入跟踪服务代码，能够保证顺利安全地向跨国的联盟成员支付佣金。通过这项技术，在中国注册的联盟成员也能向匈牙利或者美国发布Jamster公司的信息或者出售它的产品，同时相应的佣金也能被直接打入其在中国的账户。Jamster公司副主席克里斯汀·沃尔曼说："我们需要在美国和亚洲进行市场开拓，这种国际化的技术非常适用于新客户的开拓。"

(3) 价值挖掘

依靠灵活的底层平台和数量巨大的联盟会员，除了互联网广告以外，直接销售、推荐式销售和顾客忠诚度管理等同样能够在互联网上开展。这些业务都是基于按销售额付费的拓展。Zanox公司构建了一个类似于淘宝网等网上购物网站的门户——Zanox-shop@，不同的是联盟成员可以自主选择Zanox-shop@的产品，把这些产品搬到自己的网站上进行销售，然后按照销售额收取佣金。对于很多小型的电子商务网站来说，这是一个既没有风险，又能够增加销售产品门类的方法。对于厂商来说，则意味着销售渠道的增加。按照销售额付费的方式使得这种销售变得几乎没有成本。如果说Zanox-shop@还只是更大限度地利用了联盟内部的网站，那么推荐式营销系统则将用户也网罗进来，形成一个更加广泛意义上的"联盟"。赫斯勒将它称为"顾客雇佣顾客"的系统，即把网站的最终用户变为销售伙伴。如沃达丰公司将推荐式营销系统放到自己的网站上，用户可以将沃达丰公司的新产品和服务通过电子邮件推荐给自己的朋友，这些推荐如果转化为一个成功的销售，他们也可以从系统获得佣金。Zanox公司国际客户经理张文宇说："毋庸置疑，朋友发来的推荐比一个垃圾邮件发过来的广告可信度要高得多，对于厂商来说，这种方式的销售转化率与群发邮件不可同日而语。"另外，除了新客户拓展外，这个系统还可以用于顾客忠诚度的管理。这些对于现有的技术平台价值的挖掘使得联盟显得更有价值，也使得广告主的销售渠道无处不在。

18.1.3 联属网络营销的优势

与传统的网络营销方式相比，联属网络营销是一个商家网站、联属会员网站和消费者各方都能受益的网络营销方式。首先，商家网站可以通过发展联属网络以较小的花费在较短的时间内树立自己的网上品牌，实现网上销售额的快速增长。通过吸引众多的网站加入自己的联属网络营销计划，商家网站公司可以将许多在线站点转变为合作伙伴，这种合作避免了社会资源浪费，特别是营销费用上的无谓浪费。其次，联属网站可以通过加入联属网络营销计划从起点较低的内容网站迅速转变为电子商务网站，实现营业收入。许多内容网站都希望通过销售网络广告获得收入，但实际上只有那些真正的热门站点才有希望得到广告主的垂青。与普通网络广告相比，联属营销计划没有访问量门槛的限制，主力网站欢迎所有的网站加入计划，一个网站还可以同时加入多个联属营销计划，这为一些小网站提供了难得的获取收入的机会。最后，网上消费者也能从联属网络营销中获得实惠。商家网站营销成本的降低导致商品总成本的降低，商家网站就有更大的价格空间回馈顾客，给顾客提供物美价廉的商品。联属网站也因为有了资金支持，可以给网上消费者提供更多更好的内容。联属网络营销还使顾客有可能在浏览高质量内容时有更多机会发现中意的商品。

具体而言，联属网络营销的优势表现在以下 5 点。

1. 双赢局面

对于商家，这种“按效果付费”的营销方式意味着他们只需要在对方真正带来“生意”时才付费。例如，采用联属网络营销方式，主力网站仅仅给实际产生销售的网络广告支付广告费，使广告投入的效率显著提高，使获取新顾客的成本显著降低。而对于联属会员网站，只要有访问量，联属会员就可以获取商业收入，不需要生产，不需要采购，不需要营销，也不需要提供售后服务。

2. 较低的客户成本和广告成本

据麦肯锡公司的统计，相对于电视广告成本和杂志广告成本，联属网络营销所带来的平均客户成本是电视广告的 1/3，杂志广告的 1/2。

3. 更广的网络覆盖面以及品牌强化

假设一下，对于某个特定市场（或者特定关键词），如果商家网站排在 Google 搜索结果的第 21 名，而商家网站的联属会员网站却可能占据了前 20 位的一半，甚至包括前三位。商家网站在他们网站上的链接和旗帜广告可以吸引目标市场的大部分眼球，这对于提高访问量和强化品牌是非常有效的。

4. 有利于联属网络营销相关主体的专业化运营

无论是对于商业网站还是联盟会员，都可以各自集中精力专注于核心竞争力的塑造。对于商家网站，可以把精力放到产品开发、客户服务上面；对于联盟会员，可以持续优化网站内容，不断提升网站流量。通过这种双赢模式，商业网站与联盟会员可以各自提高工作效率。

5. 可衡量的结果

联属网络营销“按效果付费”的广告和分销方式相比传统方式的一个显著特点是，客户的每一个点击行为和在线进程都可以被管理软件记录下来，从而可以让商家知道每一分钱的用途，而且还可以通过对这些记录的分析来为产品开发和营销策略提供科学的决策依据。

18.1.4 联属网络营销的趋势

在电子商务日益蓬勃的时代，联盟网络营销已被作为一种新颖、有效的商务模式而备受推崇。随着广告联盟市场的发展，中国网络广告联盟市场呈现以下发展趋势。

1. 联属网络广告的认知度加强

随着网络广告的快速发展，越来越多的品牌广告主逐步加大在网络广告优势门户媒体上的投放费用。相对门户网站的网络广告，联盟广告价值还未被完全认可，联盟广告中的品牌广告主仍然较少，且各联盟平台的广告主资源重合率较高，广告主仍有待挖掘；聚合长尾的联盟广告的广告价值还未被大部分品牌广告主认可，一些品牌广告主现阶段只是尝试性地开始投放，大多品牌广告主对投放过程及效果持观望态度。投放联盟广告的多以互联网企业为主，随着广告联盟市场的影响日益明显，联属网络广告将会得到传统广告主的关注与应用，并在投放比例上有所增加，从而将提高网络广告联盟营收能力，促进行业快速发展。

2. 网络联盟营销平台的规模化、专业化与品牌化开始显现

大多数广告联盟基本的趋利性以及低水平使得国内现阶段广告联盟平台竞争陷入价格竞争的低级竞争阶段。一方面广告联盟对有影响力的网站吸引力较小，优质流量不多，导致对广告主吸引力不足；而另一方面现阶段中小站点的主要收入来源是网络广告联盟给它们带来的广告收入，因此为获得更高的收益，这些站点往往会加入多个网站联盟，对单个联盟平台的忠实度不高。综合而言，以上原因容易造成联盟平台为聚集优秀站点资源陷入价格竞争的怪圈，而非注重品牌和服务。随着中国联盟广告市场的发展，国内网络联盟营销平台将会呈现出规模化、专业化与品牌化的趋势。

3. 技术的进步与品牌的提升将进一步突破企业伦理瓶颈

在我国，企业的商业伦理观念普遍比较淡漠，作弊等不规范问题危害网络广告联盟产业链的正常发展。例如，由于网络联盟营销平台各方关注的利益不同，因此选择的计费付费方式出发点也不尽相同，许多中小站点为追逐短期收益，经常采用不规范的方式拉动广告效果(如作弊点击)，而非基于广告本身产生新用户或增加活跃用户。因此通常在网络广告停止后，广告主发现广告跟踪数据下降幅度比较明显，这也影响了广告主投放联盟广告的积极性。对于开展网络联盟营销平台的各方而言，计划开展联属网络营销的公司需要有优良的产品和良好的信誉，否则联属网络营销计划便会因为无法吸引到足够的联属网站参与而失败。联属网络营销是网络联盟营销平台与联属网站间进行联合推广并共享销售利润的计划，要求合作方能在相互信任的基础上走共同发展的道路。对于联属网站，则需要慎重选择网络联盟营销平台，不仅要考虑网络联盟营销平台经营的产品是否有竞争力，还要考虑网络联盟营销平台所坚持的伦理标准的高低；否则，便会为他人做嫁衣，无法得到实质性的回报。随着网络营销技术的进步与网络联盟营销平台品牌的提升，作弊成本将越来越高，联盟市场将逐步规范，联属网络营销的企业伦理瓶颈将得以突破。

18.2 联属网络营销的主体与实施

联属网络营销的主要内容体现在联属网络营销的主体、计费方式和实施方面。

18.2.1 联属网络营销的主体

联属网络营销实际上是一种广告渠道和产品分销渠道。联属网络营销的构成主体包括商家网站、联盟会员和网络联盟营销平台，如图 18-1 所示。

1. 广告主(advertiser)

广告主即通过网络广告联盟投放广告或者分销，并按照网络广告的实际效果(如销售额、引导数、点击数和展示次数等)支付广告费用的商家网站。较网络广告代理而言，通过广

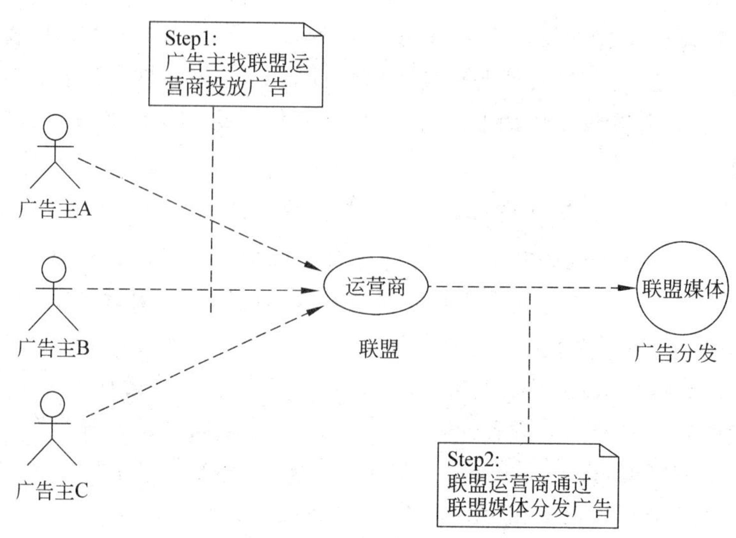

图 18-1　联属网络营销的构成主体

告联盟投放广告的广告主多为中小型企业或者是互联网网站，品牌广告主投放的广告费用还相对较少。通过广告联盟投放广告能节约营销开支，提高营销质量，同时节约大量的网络广告销售费用。商家网站通过联属管理软件（Affiliate Management Software）跟踪记录每一个联属会员所产生的点击数（clicks）、印象数（impressions）、引导数（leads）和成交次数或成交额（sales），然后根据联属协议上规定的支付方法给予联属会员支付费用。

2. **联属会员**（affiliate）

网络中相当数量的站点人气很高，活跃用户也很多。但是令很多站长苦恼的是，由于网站缺乏精力与资金销售网站广告，所以站点无法把巨大的流量转化成收入。联盟会员通过网络联盟营销平台，选择合适的商家网站并通过投放广告主广告提高收益，从而将自身网站访问量转化为网站收益。这样，联属会员只需要专心做好自己的内容，吸引眼球即可。

3. **网络联盟营销平台**

网络联盟营销平台，即广告联盟平台通过连接上游广告主和下游加入联盟的中小网站，通过自身的广告匹配方式为广告主提供高效的网络广告推广，同时为众多中小站点提供广告收入的平台。网络联盟营销平台为联盟会员提供广告主的商品销售、会员注册及第三方的用户访问跟踪、实时报告系统、佣金结算、营销等方面的服务，此外还包括网络营销的咨询、策划、创意、广告投放、效果监测等广泛的增值服务。广告联盟平台作为专门从事网络营销的第三方平台企业，处于商家（merchant）和联属会员（affiliate）之间，在一定程度上可以有效规避商家或联属会员之间的信息不对称与透明度不高的问题。具体而言，网站联盟囊括了众多行业类别的网络站点，通过海量的加盟合作网站影响与覆盖网民。当网民进入互联网网站时，网盟推广可以通过人群细分、网站细分、关键词细分、地理细分等方式，精准定位目标客户，并将企业的推广信息以文字、图片、Flash、动画、视频等多种形式展现在目标客户的浏览网页上，从而有效提升企业的品牌知名度和销售收入。

在中国，大规模的网络联盟营销平台除了最先开展网盟推广的卓越亚马逊外，还有百度的网盟推广、谷歌的广告联盟、阿里妈妈等，主要联盟的对比分析如表 18-1 所示。此外，还有部分中小型网络联盟营销平台也占据一席之地，如成果网、橡果国际等。

表 18-1　主要联盟平台对比分析

类　别	Google AdSense	百度联盟	阿里妈妈
联盟背景	依靠当今世界上市值最大的互联网公司谷歌	中国搜索引擎老大	背靠阿里巴巴集团网络帝国
规模	最早倡导广告联盟者之一，在国内拥有 30 多万家联盟网站，既有门户网站也有个人站点，既有精英的专业网站，也有草根的个人博客，几乎涵盖了各行各业，功能完善、数量庞大	合作伙伴超过 10 万家，虽然绝对数量不及 Google AdSense，但是绝大部分都是人气极旺、美誉度极高的网站，这些合作伙伴的影响力几乎覆盖所有中文网民	上线 100 天，其网站注册会员就超过了 100 万，汇集了超过 14.9 万家的中小网站和超过 13.5 万的个人博客站点
申请条件（共同要求：拥有一个合法站点，并有管理权限，但各大联盟又不尽相同）	起初比较宽松，没有流量的要求，但申请者的不断增多和作弊手段的多样化，现在越来越严格，最低要求是拥有独立域名、内容原创、网站上线时间 3 个月、域名注册半年以上等	对网站 Alexa 排名严格要求，百度自身对网站的页面收录的数量也有很高限制，而且现在加入之前要到站点上加入百度指定的搜索代码，以收集完整数据，包括站点日均展现量和日均检索量等	阿里妈妈要求相对较低，只要注册网站，有淘宝账户就可以进行交易，申请门槛相对较低
广告支付形式（指联盟的付费方式，即联盟大家庭如何分配利润）	一般分为两类：一是直接在站点投放代码，然后按照广告的点击量付费；二是在网站放置搜索框，按照搜索结果广告点击付费，即 Google AdWords 里的广告，这类广告的单个点击费用很高	与 Google AdSense 相差无几，只不过如果放置百度的搜索框，那么客户的搜索量也可以作为付费的一个指标。另外百度 TV 也开始接受联盟申请，作为视频广告的新形式，开始逐鹿网络	是广告交易平台也是广告联盟，即当广告位没有买家购买时，阿里妈妈会自动匹配相关内容广告，广告既可按时长计费也可按点击计费，比较符合国情
广告费用支付情况（指联盟家庭里的利润分配单价和最低标准）	全部以美元结算，每个点击中文 0.1 元，英文 0.2 元，月底结算，最低支付金额是 100 美元，提供邮寄或快递支票和西联汇款两种支付方式	月结，最低支付金额是 100 元人民币，通过银行转账或者邮局汇款	如果按照时长购买，则通过支付宝支付；如果是按照点击量支付则是日结，每日都结算前一天的广告费用，然后通过支付宝直接提现

18.2.2　联属网络营销的计费方式

根据商家网站给联属会员的回报支付方式，联属网络营销可以分为以下三种形式。

1. **按点击数付费**(Cost-Per-Click, CPC)

联属网络营销管理系统记录每个客人在联属会员网站上点击到商家网站的文字链接

或者图片链接(或者 E-mail 链接)次数，商家按每个点击多少钱的方式支付广告费。

2. **按引导数付费**(Cost-Per-Lead，CPL)

又称为 CPA(Cost-Per-Acquisition)，访问者通过联属会员的链接进入商家网站后，如果填写并提交了某个表单，管理系统就会产生一个对应这个联属会员的引导记录，商家按引导记录数给会员付费。

3. **按销售额付费**(Cost-Per-Sale，CPS)

商家只在联属会员的链接介绍的客人在商家网站上产生了实际的购买行为(大多数是在线支付)后才给联属会员付费，一般是设定一个佣金比例(销售额的 10%～50%不等)。

上面三种方式都属于按效果付费的营销方式，无论对于商家还是联属会员都是比较容易接受的。由于网站的自动化流程越来越完善，在线支付系统也越来越成熟，越来越多的联属网络营销系统采用按销售额付费的方式。由于这种方法对商家来说是一种零风险的广告分销方式，商家也愿意设定比较高的佣金比例，这样就使得这种方式的营销系统被越来越多地采用。

18.2.3 联属网络营销的实施

以下以亚马逊中国站为例，简要介绍联属会员网站加入联属网络营销平台的实施过程。

1. **进入联盟站点**

进入亚马逊联盟频道 https://associates.amazon.cn，完成注册并登录后，即进入网页，如图 18-2 所示。联属会员网站可以通过自定义链接，添加引人注目的内容，提高网站流量。

图 18-2 亚马逊联盟页面

2. **制作链接**

联属会员网站浏览并选择网站想添加的产品类型，按照提示说明开始制作亚马逊的产品链接和Banner广告链接。当联盟添加产品链接和Banner广告链接到联盟网站的网页以后，一旦用户点击上述广告并在亚马逊网站实现购买，联属会员网站即可以获得相应的佣金。亚马逊的链接制作分为三种，分别为产品链接、Banner广告和搜索框。

(1) 产品链接

首先，联属会员网站通过产品链接制作工具可以建立亚马逊产品的文本链接、图文链接和图片链接，如图18-3所示。产品链接中包含了联属会员网站的联盟ID，通过此链接带来有效销售额，联属联盟平台将会给联属会员网站支付佣金。其次，创建到Amazon具体页面的产品链接。联属会员网站可以从分类中选择需要显示并链接的具体商品并创建链接，如图18-4所示。在下面的搜索框中输入一个或多个关键词并单击“开始”按钮，联盟网站可以生成所有产品线或者某个产品线的搜索结果链接；同样，也可以输入商品ASIN或ISBN编码。

(2) Banner 链接

联属会员网站可以选择横幅广告放到自身网站。亚马逊通过Banner链接直接向联属会员网站提供转换的广告图片和服务，会员网站只需要选择尺寸后复制到网站的HTML代码中，如图18-5所示。

图 18-3　产品链接示例图

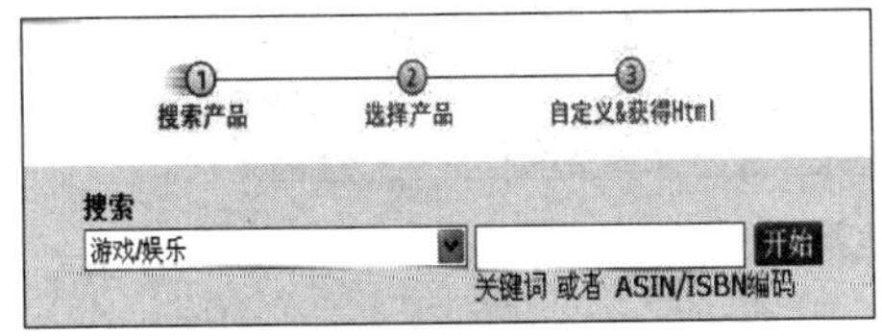

图 18-4　搜索任意产品示例图

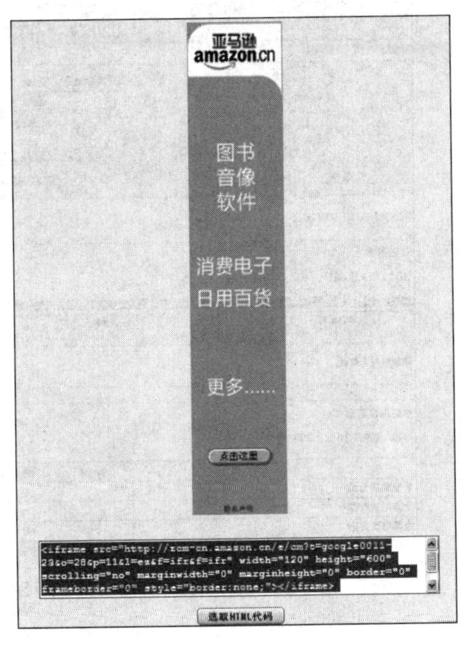

图 18-5　Banner 链接示例图

(3) 搜索框链接

通过在联属会员网站上放置搜索框的产品，可以让联属会员网站的浏览者搜索以下分类，如图18-6所示。

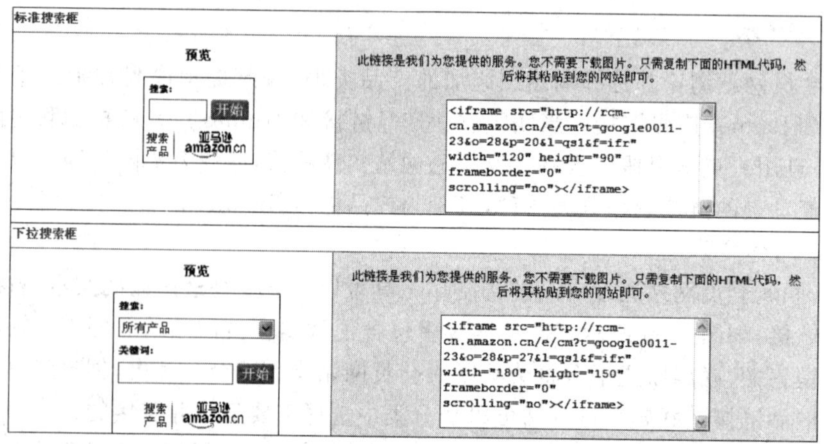

图 18-6　搜索框链接

3. 查看报表

联属会员网站定期查看报表，可以掌握站点加入联盟平台的绩效与收益情况。以亚马逊报表为例，包括收益报表、订单报表、广告分类报表、日业绩报表、跟踪 ID 报表、订单跟踪报表等，如图 18-7 所示。

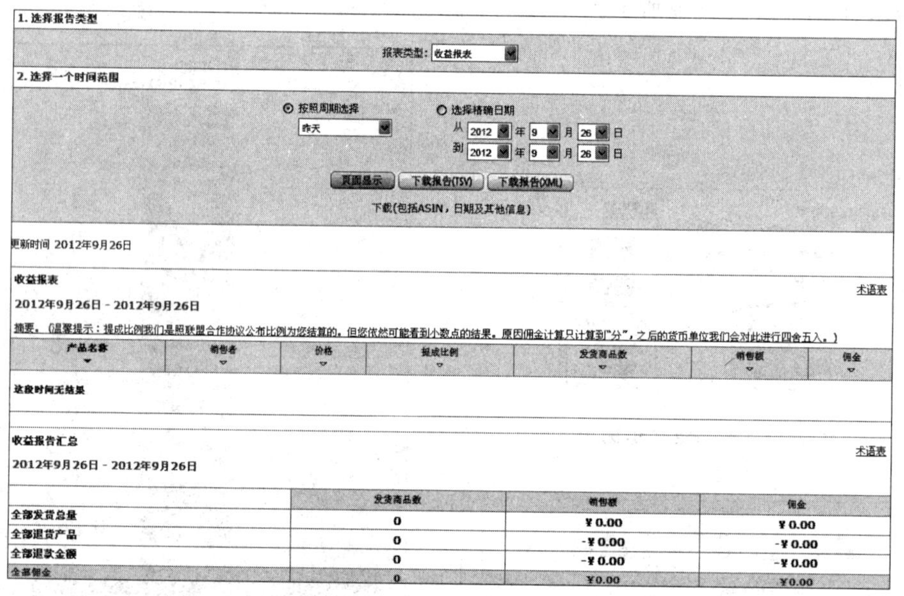

	发货商品数	销售额	佣金
全部发货总量	0	¥0.00	¥0.00
全部退货产品	0	-¥0.00	-¥0.00
全部退款金额	0	-¥0.00	-¥0.00
全部佣金	0	¥0.00	¥0.00

图 18-7　收益报表

思考题

以联属会员网站的身份，在百度的网盟推广、谷歌的广告联盟或阿里妈妈之中任选一个联属网络营销平台加入，模拟实施过程。

附录A 亚马逊联盟术语

亚马逊销售商品：亚马逊销售并配送的商品，不属于第三方销售。

ASIN 编码：Amazon.com Standard Item Number 的缩写，亚马逊销售的所有商品都有一个唯一的10位商品编码，即ASIN。可以在产品最终页产品信息(例如销售排行、出厂日期等)中找到ASIN编码。一般情况下，图书的ASIN编码经常与它们的ISBN一致，不过也有例外情况。请查看FAQ中的ISBN-13获得更多信息。

联盟中心：为联盟会员提供丰富的服务，包括报表、链接制作工作、图片库及营销建议。

联盟ID：自动生成的用来唯一识别联盟账户的名称。

产品链接：可以指向某一个具体产品的链接形式，联盟用户可以下载产品图片、使用产品的文字说明。产品链接引导用户访问具有产品信息的产品页面。

消费电子：日常生活中使用的电器商品。

点击量：用户点击联盟链接的数量。

点击率：点击量除以广告展示量，用百分数表示。例如，如果链接有1000次展示量，产生了50个点击，那么点击率为50/1000 = 0.05，即5%。点击率可以用来衡量链接产生流量的有效性。

转化率：商品数量除以点击量，用百分比表示。例如，如果一个链接点击量是200，销售18件商品，那么转化率是18/200=0.09，即9%。

CSV：Comma Separated Values 的缩写，是一种允许下载的数据存储格式。从联盟中心下载文本格式的报表，使用制表符而非逗号分隔，即TSV(Tab Separated Values)。

日业绩报表：显示每日点击数、订购商品数、转化率，帮助你快速了解网站的业绩。

收益：也称佣金，是通过联盟项目赚取的总金额(包括奖金)。收益报表用来查询某一个时间段内基于有效销售额的佣金情况。

收益概要：查询本季度发货商品数、有效销售额及收益情况。

实际提成比例：基础提成比例加上奖金比例。

热门页面：指向某一个亚马逊页面的链接形式，如销售排行榜、帮助及分类页。

佣金模式和标准：可以在联盟用户合作协议里找到所有相关信息。

首页链接：指向亚马逊首页的链接形式。

HTML 语言：一种用于设计网页的语言，支持文本格式及超链接格式。

JavaScript：一种编程语言，广泛用于增加页面功能，使交互性更强。联盟中许多Widget和链接都是使用JavaScript编写的。

超级列表：超级列表是亚马逊提供给用户的一种功能。可以使用它来生成自己的亚马逊产品清单。

广告分类报表：用来衡量不同广告类型的报表，包括点击量、订购商品数、发货商品数、转化率及佣金。

广告类型：我们提供了多种类型的广告，以下是每种类型广告的简介，可以通过访问不同广告类型的链接制作方法以获得更多信息。

- 产品链接：链接到产品最终页。
- 搜索框：用户可以输入搜索内容并链接到亚马逊相应搜索结果页面。
- Banner 广告：可以引导用户直接访问亚马逊首页、产品分类页或者特色商品促销信息页。
- Easy Link：动态广告类型，可以自动更新，首页链接是这种广告类型。
- 文字链：可以引导客户访问亚马逊的某一具体页面，例如“热门页面”和任意页面链接。

新客户：指在结账过程中输入一个电子邮件地址和密码(这个邮件地址没有注册过亚马逊)，然后支付并接收货物的亚马逊客户。

订单报表：显示客户已经订购的商品件数以及最有效的广告类型。报表数字是基于订购数据，并不一定发货。

收款人：我们付款的对象，我们会使用在“维护我的付款信息”中提供的银行账户信息。

价格：客户支付的某个商品的最终价格，已经扣除了该客户可以享受的任何折扣。

主要 E-mail 地址：最常使用的 E-mail 地址。

首要用户：指这个账户的拥有人。他有权力改变付款方式和信息，并增加其他用户。

产品最终页：客户可以阅读到产品详细信息的页面，包括商品名称、图片、价格、描述、客户评论及订购选项。

商品链接点击数：客户通过商品链接广告点击亚马逊商品最终页的数量。

产品链接转换率：一个可以体现的用户点击率和购买率百分比，是用产品链接点击数去除相应商品的售出数得到的。例如一个用户点击你的摄像机的链接并购买了该产品，你的转换率就是 100%。如果第二个用户也点击了这个链接，但最终却购买了一块手表，那么你摄像机产品链接的转换率就降到了 50%(1 件售出商品/2 个点击)。

季度(Quarter)：每年被分为四个季度：Q1(第一季度为 1～3 月)，Q2(第二季度为 4～6 月)，Q3(第三季度为 7～9 月)，Q4(第四季度为 10～12 月)。

本季度：指一个时间段，从本季度开始的第一天到今天。

本季度收益：本季度第一天到昨天的收益总额。

退货：如果客户对购买的商品不满意，可以将商品退回给亚马逊并获得退款，我们称之为“退货”。

销售额：从亚马逊或者第三方卖主购买商品所支付的总金额。

搜索框：客户可以使用亚马逊的搜索功能查找他们想要商品的链接形式。

销售方(卖主)：指履行订单方，亚马逊或者第三方。

发货金额：支付给亚马逊或者第三方卖主的实际发货商品的金额。

独立访客(Unique Visitors)：通过联盟链接访问亚马逊的客户数量，不记录同一天相同的客户重复点击。

URL：Uniform Resource Locator 的缩写，在互联网中用来识别页面所处的地址。

XML：Extensible Markup Language 的缩写，是一种可以在各种系统中共享的创建文件的编程语言。可以用 XML 格式下载报表，然后转换成内部系统可以应用的信息。

参考文献

[1] Alvin C. Burns，Ronald F. Bush. 营销调研[M]. 6 版. 于洪彦，金钰，译. 北京：中国人民大学出版社，2011.

[2] Bailey J P. Electronic commerce：Prices and consumer issues for three products：Books，compact discs，and software[R]. Organization for Economic Cooperation and Development. 1998.

[3] Barry Berman，Joel R. Evans. 零售管理[M]. 11 版. 吕一林，宋卓昭，译. 北京：中国人民大学出版社，2011.

[4] Brian Halligan，Dharmesh Shah. 网络营销 3.0：Google，社会化媒体和博客引爆的集客式营销[M]. 侯德杰，译. 北京：人民邮电出版社，2011.

[5] Bryniolfsson，Michael Smith. Frictionless Commerce a Comparison of Internet and Conventional Retailers[J]. Management Science，2000，46 (4)：563～585.

[6] Dave Chaffey. Internet Marketing：Strategy，Implementation and Practice[M]. 4th ed. Prentice Hall，2009.

[7] Gray Armstrong，Philip Kotler. 市场营销学[M]. 9 版. 吕一林，等译. 北京：中国人民大学出版社，2010.

[8] Jesse James Garrett. 用户体验要素——以用户为中心的产品设计[M]. 范晓燕，译. 北京：机械工业出版社，2011.

[9] Lon Safko. The Social Media Bible：Tactics，Tools，and Strategies for Business Success[M]. 2nd ed. John Wiley & Sons Inc，2010.

[10] Michael R. Solomon. 消费者行为学[M]. 8 版. 卢泰宏，杨晓燕，译. 北京：中国人民大学出版社，2011.

[11] Philip Kotler，Kevin lane Keller. 营销管理[M]. 13 版. 卢泰宏，高辉，译. 北京：中国人民大学出版社，2009.

[12] Ramos A，Guan M. 搜索引擎营销的成功策略与技巧解密[M]. 赵利通，译. 北京：清华大学出版社，2009.

[13] Robin J Birn. 市场调研技术手册[M]. 卢媛，孟朝晖，译. 北京：人民邮电出版社，2005.

[14] Tamar Weinberg. 正在爆发的营销革命：社会化网络营销指南. 赵俐，刘霞，高朝勤，等译. 北京：机械工业出版社，2010.

[15] 埃弗雷姆·特班，戴维·金，朱迪·麦凯，等. 电子商务：管理视角[M]. 5 版. 严建援，译. 北京：机械工业出版社，2010.

[16] 埃弗瑞姆·特伯恩，戴维·金，朱迪·兰. 电子商务导论[M]. 2 版. 北京：中国人民大学出版社，2010.

[17] 贝恩特·施密特. 顾客体验管理——实施体验经济的工具[M]. 北京：机械工业出版社，2004.

[18] 布拉德利·T. 盖尔. 客户价值管理[M]. 北京：中国人民大学出版社，2006.

[19] 藏锋者. 网络营销实战指导：知识·策略·案例[M]. 北京：中国铁道出版社，2011.

[20] 曹芳华. 聚合营销：网络整合营销传播[M]. 北京：人民邮电出版社，2010.

[21] 曹修源，林豪锵. 网络营销与案例解析[M]. 北京：清华大学出版社，2009.

[22] 陈墨. 网络营销应该这样做：制造非一般的网络影响力[M]. 北京：机械工业出版社，2011.

[23] 戴夫·查菲. 电子商务管理：战略、执行与实务[M]. 3 版. 甄阜铭，译. 大连：东北财经大学出版

社，2011.
[24] 戴维德・米尔曼・斯科特. 新规则：社会化媒体营销和公关[M]. 赵俐，等译. 北京：机械工业出版社，2011.
[25] 费雷德里克・莱希赫尔德. 忠诚的价值[M]. 常玉田，译. 北京：华夏出版社，2001.
[26] 弗雷德里克・纽厄尔. 网络时代的顾客关系管理[M]. 李安方，等译. 北京：华夏出版社，2001.
[27] 黄敏学，朱华伟，肖莉. 国外网络价格研究成果评介[J]. 外国经济与管理，2003.
[28] 加里・阿姆斯特朗，菲利普・科特勒. 科特勒市场营销教程[M]. 6 版. 俞利军，译. 北京：华夏出版社，2004.
[29] 加瑞特. 用户体验要素：以用户为中心的产品设计[M]. 2 版. 范晓燕，译. 北京：机械工业出版社，2011.
[30] 贾丹阳. 开心网：开启营销新时代[J]. 销售与市场(评论版)，2011(3)：72-73.
[31] 柯惠新，沈浩. 调查研究中的统计分析法[M]. 2 版. 北京：中国传媒大学出版社，2005.
[32] 柯惠新，祝建华，孙江华. 传播统计学[M]. 北京：中国传媒大学出版社，2003.
[33] 拉菲. 默罕默德. 网络营销[M]. 2 版. 北京：中国财政经济出版社，2004.
[34] 莱特福特. 搜索引擎优化宝典[M]. 马煜，译. 北京：清华大学出版社，2010.
[35] 朗包卡斯. 网络成功营销权威指南[M]. 赵俐、杨建军，等译. 北京：机械工业出版社，2010.
[36] 李庆梅，段誉，聂佃忠. 电子商务市场价格离散问题实证分析：基于不同类型的畅销书在不同网络零售商之间价格离散程度的分析[J]. 未来与发展. 2011，5.
[37] 理查德・格里格，菲利普・津巴多. 心理学与生活[M]. 王垒，王甦译. 北京：人民邮电出版社，2003.
[38] 郦瞻. 中国网络广告形式初探[J]. 浙江万里学院学报，2007，2.
[39] 刘德寰. 市场研究与应用[M]. 北京：北京大学出版社，2006.
[40] 刘东明. 网络整合营销兵器谱[M]. 沈阳：辽宁科学技术出版社，2009.
[41] 刘枚莲. 电子商务环境下的消费者行为建模与模拟研究[M]. 上海：上海财经大学出版社，2008.
[42] 刘瑞生，尹韵公. 新媒体蓝皮书・中国新媒体发展报告(2011)[M]. 北京：社会科学文献出版社，2011.
[43] 刘业政，姜元春，张结魁，等. 网络消费者行为：理论方法及应用[M]，北京：科学出版社，2011.
[44] 鲁道夫・阿恩海姆. 艺术与视知觉[M]. 滕守尧，译. 成都：四川人民出版社，1998.
[45] 罗纳德・S. 史威福特. 客户关系管理[M]. 杨东龙，等译. 北京：中国经济出版社，2001.
[46] 马尔科姆・格拉德威尔. 引爆点[M]. 钱清，覃爱冬，译. 北京：中信出版社，2006.
[47] 毛从任. E-mail 营销：网商成功之道[M]. 北京：电子工业出版社，2010.
[48] 帕翠珊. B. 客户关系管理理念与实务[M]. 北京：机械工业出版社，2002.
[49] 潘雪峰，花贵春，梁斌. 走进搜索引擎[M]. 北京：电子工业出版社，2011.
[50] 秦立建. 浅谈网络销售促进[J]. 安徽电子信息职业技术学院学报，2005，4.
[51] 邵兵家. 客户关系管理[M]. 北京：清华大学出版社，2010.
[52] 盛天翔，刘春林. 网络渠道与传统渠道价格差异的竞争分析[J]. 管理科学，2011，3.
[53] 盛振中. 解构社会化消费者[J]. 销售与市场(管理版)，2011(10)：63-65.
[54] 施内德. 电子商务[M]. 9 版. 北京：机械工业出版社，2011.
[55] 史密斯. SEO 和 AdWords 营销的 59 个实用技巧[M]. 高采平，史鹏举，译. 北京：电子工业出版社，2011.
[56] 田强. 网站联盟让销售渠道无处不在[N]. 信息周刊，2006-05-18.
[57] 王强，陈宏民，郭冰. 声誉及网络外部性网上市场价格离散[J]. 上海交通大学学报，2010，12.

[58] 王宜.赢在网络营销[M].2版.北京：人民邮电出版社，2011.
[59] 王毅达.网络零售商定价能力的影响因素与渠道使用研究[D].杭州：浙江大学，2006.
[60] 魏兆连，刘占军.网络营销[M].北京：机械工业出版社，2011.
[61] 文武赵.微博营销手册(李开复：微博改变一切)[M].合肥：黄山书社，2011.
[62] 吴泽欣.SEO教程：搜索引擎优化入门与进阶[M].北京：人民邮电出版社，2009.
[63] 杨帆.SEO攻略——搜索引擎优化策略与实战案例详解[M].北京：人民邮电出版社，2009.
[64] 杨漾.商业博客营销与写作[M].武汉：武汉大学出版社，2010.
[65] 约瑟夫·派恩，詹姆斯·H.吉尔摩.体验经济[M].夏业良，等译.北京：机械工业出版社，2002.
[66] 昝辉.SEO实战密码——60天网站流量提高20倍[M].北京：电子工业出版社，2011.
[67] 张弛."大堡礁营销"：世界上最伟大的策划？[J].名人传记(财富人物)，2009(9)：67-68.
[68] 张俊林.这就是搜索引擎：核心技术详解[M].北京：电子工业出版社，2012.
[69] 张书乐.实战网络营销——网络推广经典案例战术解析[M].北京：电子工业出版社，2010.
[70] 郑宗成，陈进，张文双.市场研究实务与方法[M].北京：广东经济出版社，2011.
[71] 周亮.搜索引擎营销向导[M].北京：电子工业出版社，2012.
[72] 周锡冰.博客营销技巧[M].北京：中国经济出版社，2010.
[73] http：//baike.baidu.com/view/269113.htm.
[74] http：//baike.baidu.com/view/733.htm.